Next 教科書シリーズ

労働法

[第2版]

新谷 眞人 編

弘文堂

第2版はじめに

　本書の初版を刊行してから、5年が経過した。この間、労働法領域においていくつかの新しい動きがみられる。例えば、労働者派遣法の改正（2015年）、女性活躍推進法の施行（2016年）、労契法における無期転換ルール（18条）の現実化（2018年）などが挙げられる。

　その中で、最も大きな変化は、働き方改革関連法の成立であろう。これには、①時間外労働の限度を明記し、違反に対して罰則を設ける、②高度プロフェッショナル制度を創設する、③勤務間インターバル制度の促進、④同一労働同一賃金の実現などが盛り込まれている。働き方改革は、労働基準法はもとより、労契法、パート・有期労働法、労働者派遣法、雇用対策法、安衛法など、主要な労働法規の改正を伴うものである。本書では、各章において、できるかぎり法改正の動向を紹介することとする。これが、今回の改訂の大きな理由である。

　その他の改訂のポイントは、『労働判例百選〔第9版〕』の刊行に伴い、判例紹介をそれに合わせたこと、各章間の若干の重複を調整したこと、誤字脱字を修正したことである。それ以外については、基本的に初版の編集方針を踏襲している。例えば、通説判例を中心に簡潔明解な記述を心掛けること、本書により労働法の全体像を理解できるようにすることなどである。

　本書が、引き続き学生諸君の学修の手助けとなれば幸いである。

平成 31（2019）年 1 月

編者　新谷眞人

初版はじめに

　労働法の領域では、近年、重要な法改正が相次いでいる。例えば、有期労働契約の無期転換制度を盛り込んだ労働契約法、日雇派遣を禁止した労働者派遣法、65歳までの希望者全員雇用の原則を強化した高年齢者等雇用安定法などがある。これらの動向は、そのつどマスコミ等でも報道され、社会の注目を集めている。また、学生諸君は、アルバイトを通じて労働法を学ぶことの大切さを身近に痛感しているであろう。

　一方、労働法は、集団的ないし個別的な労使関係を規制する法律という性格から、労働者側と使用者側のそれぞれの立場から解釈論が展開され、理論的対立が少なくない。特に、終戦直後から高度成長期にかけて、大規模な労働争議が発生し、労働訴訟も「労働弁護士」「経営弁護士」に分かれて論争が展開されてきた。しかし、現在は、戦後60数年を経て、確立した学説・判例が蓄積され、その一部は労働契約法等の実定法に反映されるに至っている。

　本書は、理論的な論争状況の紹介は原則として省略し、通説・判例を中心に基礎的知識を提供することを基本方針としている。内容は、労働基準法を中心とした個別的労働法と、労働組合法を中心とした集団的労働法の2つの領域を含む。この2つは、労働法体系を支える車の両輪であり、本書によって、コンパクトながらも労働法の全体像がつかめるはずである。基本的な最高裁判例は、できるだけ指摘するよう心がけた。また、新しい立法動向を反映させることによって、若い学生諸君の旺盛な知的関心に応えられるようにした。本書が、通説・判例と新しさを兼ね備えた、教員と学生の双方にとって使いやすいテキストとして、多くの大学で活用され、労働法の学習の手助けとなれば幸いである。

　最後に、本書の刊行にあたり、弘文堂の世古宏氏はじめスタッフの方々には、何度も丁寧な校正をしていただくなど大変お世話になった。執筆者全員を代表して心より感謝申し上げたい。

平成26（2014）年1月

編者　新谷眞人

目　次　▎Next 教科書シリーズ『労働法』［第 2 版］

第 2 版はじめに…ⅲ

初版はじめに…ⅳ

略語表…ⅻ

第 1 章　労働法の原理…1

1　労働法の誕生と展開…2

A. 労働法とは…2　　B. 現代における労働の特徴…2
C. 労働法の誕生と展開…3

2　労働法と市民法…5

A. 法的人間像の違い…5　　B. 労働力商品の特殊性…6
C. 市民法原理の修正…7

3　日本国憲法と労働法…8

A. 戦前の労働立法…8　　B. 日本国憲法の誕生…8

4　労働法の体系と法源…11

A. 労働法の二大領域…11　　B. 集団的労働法…11
C. 個別的労働法…11　　D. 労働法の法源…12
コラム　戦後労働法の転換点となった二・一スト…15

●知識を確認しよう…16

第 2 章　労働基準法の理念と労働契約…17

1　労働契約の基本構造…18

A. 労働契約上の権利義務…18　　B. 他の役務提供型契約…18

2　労働基準法・労働契約法の規制の仕組み…19

A. 労働基準法の概要と特徴…19　　B. 労働契約法の概要と特徴…20
C. 規制対象とする当事者…20

3　労働基準法の基本原則…22

A. 労働条件の最低基準の確保と労使対等決定の原則…22
B. 均等待遇の原則…22　　C. 人身拘束の防止…24
D. 中間搾取の禁止…26　　E. 公民権行使の保障…26

4　労働契約の締結と規制…27

A. 募集と職業紹介…27　　B. 採用の自由…27

C. 採用の理由に関する規制…28　　D. 労働条件の明示・内容理解…28

5　採用内定・試用期間…29

A. 採用内定…29　　B. 試用期間…31
コラム　労働契約の特徴…33

● 知識を確認しよう…34

第3章　就業規則と労働契約…35

1　労働条件を決める3つのシステム…36

A. 当事者の合意…36　　B. 就業規則…36　　C. 労働協約…38

2　労働条件決定システムそれぞれの関係…38

A. 労働契約と就業規則…38　　B. 就業規則と労働協約…39
C. 労働協約と労働契約…39

3　就業規則の作成…40

A. 就業規則の作成・変更の手続き…40　　B. 周知義務（労基法106条）…41
C. 罰則…41

4　就業規則による労働条件の不利益変更…41

A. 合意原則と例外…42　　B. 就業規則の法的性質論に関する議論…43

5　企業秩序と使用者の懲戒権…44

A. 企業秩序…44　　B. 使用者の懲戒権…44　　C. 懲戒事由…46
D. 懲戒処分の種類…46　　E. 懲戒処分の有効性…48
コラム　就業規則の変更と高齢労働者の処遇…50

● 知識を確認しよう…52

第4章　配転・出向・転籍…53

1　労務指揮権と労働契約…54

A. 労務指揮権の法的根拠…54　　B. 労務指揮権行使の限界…54
C. 配転・出向・転籍の定義…55　　D. 配転・出向・転籍の意義と機能…56

2　配転…57

A. 配転命令権の法的根拠…57　　B. 配転命令権行使の限界…59

3　出向…61

A. 出向中の法的地位…61　　B. 出向命令権の法的根拠…61
C. 出向命令権行使の限界…62

4　転籍…63

A. 転籍の法的構造…63　　B. 転籍命令の限界…64
コラム　教育訓練と労働法…64

● 知識を確認しよう…66

目 次　vii

第5章　賃金の保護…67

1　賃金保護の枠組み…68

A. 賃金の意義…68　　B. 賃金の体系…68　　C. 労働基準法の賃金概念…69

2　賃金・関連給付請求権の得喪…70

A. 賃金…70　　B. 賞与・退職金…72

3　賃金額の保障——最低賃金制度…74

4　賃金の支払方法に対する規制…75

A. 通貨払いの原則…76　　B. 直接払いの原則…76
C. 全額払いの原則…77　　D. 月1回以上・一定期日払いの原則…78
E. 非常時払いの原則…79　　F. 出来高払いの保障…79

5　賃金債権の履行の確保…80

A. 先取特権…80　　B. 賃金の支払の確保等に関する法律に基づく保護…80
コラム　賃金の決定と人事考課…81

●知識を確認しよう…82

第6章　労働時間の規制…83

1　法定労働時間の原則…84

2　労働時間の概念…84

A. 労働基準法上の労働時間…84
B. その他の労働時間——労働契約上の労働時間…85

3　労働時間の規制緩和…86

A. 変形労働時間制…86　　B. フレックスタイム制…88
C. 事業場外労働・裁量労働制…90

4　時間外・休日労働…93

A. 時間外・休日労働の意味…93　　B. 時間外・休日労働の要件…93
C. 割増賃金…95　　D. 労働時間の適用除外…97
コラム　高度プロフェショナル制度の創設（41条の2、2019年4月1日施行）
…97

●知識を確認しよう…99

第7章　休憩・休日・年次有給休暇…101

1　休憩の原則…102

A. 休憩時間の保障…102　　B. 一斉付与の原則…102
C. 自由利用の原則…102　　D. 休憩時間中の組合活動…103
コラム　休憩時間の自由利用中の災害と労災保険…103

2　休憩の特例…104

A. 休憩時間付与の例外…104 　B. 一斉付与の例外…105
C. 自由利用の例外…105

3 休日の原則…105

A. 週休制の原則…105 　B. 休日の特定…106 　C. 変形休日制…106
D. 休日の振替…106 　E. 事後の振替…107

4 有給休暇の保障…107

A. 年休権の要件と法定年休日数…107 　B. 継続勤務…108
C. 全労働日と出勤日…108 　D. パートタイム労働者の年休…108
E. 年休の法的性質…109 　F. 時間単位の年休…109
G. 年休取得手続と時季指定権・時季変更権…110
H. 年休の利用目的…111 　I. 計画年休…111 　J. 年休取得義務…112
K. 未消化の年休の扱い…112 　L. 不利益取扱い…113
コラム　改正通達「年次有給休暇算定の基礎となる全労働日の取扱いについて」…113

●知識を確認しよう…114

第8章　労働災害の予防と災害補償…115

1 労働安全衛生法…116

A. 労働安全衛生法の制定…116 　B. 安全衛生管理体制…116
C. 安全衛生の基準…117

2 労災保険法…119

A. 労基法と労災保険法…119 　B. 労災保険の仕組み…120
C. 業務災害の認定…121 　D. 保険給付…125
E. 通勤災害の認定…125 　F. 労災民事訴訟…127
コラム　「精神障害の認定基準」の策定効果と課題…129

●知識を確認しよう…130

第9章　女性・非正規労働者と労働法…131

1 男女雇用機会均等法…132

A. 男女雇用機会均等法の制定と改正…132 　B. 間接差別…133
C. ポジティブアクション…134

2 セクシュアルハラスメント…134

A. セクシュアルハラスメントの類型…134
B. 加害者の責任——不法行為責任…135 　C. 使用者の義務と責任…135

3 有期契約労働・パートタイム労働・派遣労働…136

A. 有期契約労働…136 　B. パート・有期雇用労働…138
C. 労働者派遣…139

4 労基法上の女性保護…143

A. 一般女性保護の廃止…143 　B. 母性保護の充実…144

目　次 ix

　　　C. 一般女性保護の現状…145
　　　コラム　セクシュアルハラスメントと PTSD…146

　　●知識を確認しよう…147

第 10 章　雇用の終了…149

　1　雇用関係の終了…150

　　　A. 雇用関係が終了する 3 つの場合…150　　B. 労働者からの解約（辞職）…150

　2　解雇…153

　　　A. 解雇に対する法規制…153　　B. 就業規則と労働協約による規制…156
　　　C. 解雇権濫用法理…156　　D. 整理解雇と規制…157
　　　E. ユニオン・ショップ協定による解雇…159
　　　F. 解雇期間中の賃金（解雇無効と、その間の収入の精算）…160
　　　G. 変更解約告知…161

　3　定年による雇用の終了…162

　　　A. 定年制の意義…162　　B. 高年齢者雇用確保措置…163
　　　コラム　解雇の金銭解決制度…163

　　●知識を確認しよう…165

第 11 章　団結権保障と労働組合法…167

　1　団結権保障の意義…168

　　　A. 団結権の性格…168　　B. 労働三権の内容…169
　　　C. 団結権保障と企業別組合…170

　2　公務員と労働基本権の制限…171

　　　A. 労働基本権制限の経緯…171　　B. 労働基本権の制限の内容…171
　　　C. 最高裁判例の変遷…172

　3　労働組合法上の労働組合…174

　　　A. 労働組合の組織と自主性の要件…174
　　　B. 労働組合の資格審査と民主性の要件…175
　　　C. 組合加入・脱退の自由と組織強制…176　　D. 労働組合の統制権…177

　4　組合活動の法理…178

　　　A. 就業時間中の組合活動…178　　B. 組合活動と施設管理権…179
　　　C. 情宣活動…179　　D. チェック・オフ…180
　　　コラム　労組法上の労働者…180

　　●知識を確認しよう…182

x ■ 目　次

第12章　不当労働行為制度…183

1　制度の意義と不当労働行為の概要…184

A. 不当労働行為制度の意義と性格…184
B. 不当労働行為のあらましと沿革…185

2　不当労働行為の類型…186

A. 総論…186　　B. 不利益取扱い…187　　C. 黄犬契約…188
D. 団交拒否…188　　E. 支配介入…189　　F. 経費援助…192

3　使用者概念…192

A. 労組法上の「使用者」概念の拡大…192　　B. 支配介入における使用者…193

4　不当労働行為の救済…194

A. 行政救済…194　　B. 司法救済…195
コラム　労働委員会…196

●知識を確認しよう…198

第13章　団体交渉と労働協約…199

1　団体交渉の意義とその主体…200

A. 団体交渉の意義…200　　B. 団体交渉の主体…201

2　団体交渉権の内容…202

A. 団体交渉の対象事項…202　　B. 団交拒否の救済…203

3　労働協約の締結…203

A. 労働協約の意義と当事者…203　　B. 労働協約の方式…204
C. 労働協約の終了…204

4　労働協約の効力…205

A. 労働協約の法的性質…205　　B. 労働協約の効力…206
C. 協約自治の限界…208　　D. 一般的拘束力…210
E. 地域単位の一般的拘束力…212
コラム　地域労組への駆込み加入…212

●知識を確認しよう…214

第14章　争議行為…215

1　争議行為の意義…216

A. 争議行為の概要…216　　B. いわゆる刑事免責と民事免責…217

2　争議行為の正当性…218

A. 争議行為の正当性…218　　B. 正当性を欠く争議行為の法的責任…220

3　争議行為と賃金…221

A. 争議行為参加者の賃金…221　　B. 賃金 2 分説…221
C. ストライキ不参加者の賃金…223

4　使用者の争議行為…224

A. 使用者による対抗手段──ロックアウト…224
B. ロックアウトの成立…225
C. ロックアウトの正当性と賃金支払義務…226
コラム　労働争議の調整…226

●知識を確認しよう…228

参考文献…229

事項索引…234

判例索引…238

略語表

法令名 (略語の五十音順)

安衛法	労働安全衛生法
育児介護休業法	育児休業、介護休業等育児又は家族介護を行う労働者の福祉に関する法律
確給年	確定給付企業年金法
行政執行法人法	行政執行法人の労働関係に関する法律
均等法	雇用の分野における男女の均等な機会及び待遇の確保等に関する法律
公益通報法	公益通報者保護法
国公法	国家公務員法
最賃法	最低賃金法
障害者雇用促進法	障害者の雇用の促進等に関する法律
職安法	職業安定法
地公法	地方公務員法
地公労法	地方公営企業等の労働関係に関する法律
賃確法	賃金の支払の確保等に関する法律
能開法	職業能力開発促進法
派遣法	労働者派遣事業の適正な運営の確保及び派遣労働者の保護等に関する法律
パート・有期労働法	短時間労働者及び有期雇用労働者の雇用管理の改善等に関する法律
労基法	労働基準法
労契法	労働契約法
労災法	労働者災害補償保険法
労組法	労働組合法
労働施策推進法	労働施策の総合的な推進並びに労働者の雇用の安定及び職業生活の充実等に関する法律

判例

最大判 (決)	最高裁判所大法廷判決 (決定)
最一(二、三)小判(決)	最高裁判所第一 (第二、第三) 小法廷判決 (決定)
高判 (決)	高等裁判所判決 (決定)
地判 (決)	地方裁判所判決 (決定)

判例集

民集	最高裁判所民事裁判例集
刑集	最高裁判所刑事裁判例集
集民	最高裁判所裁判集民事
労民集	労働関係民事裁判例集
判時	判例時報
判タ	判例タイムズ
労判	労働判例
労経速	労働経済判例速報

告示・通達

厚労告	厚生労働大臣が発する告示
基収	労働基準局長が疑義に答えて発する通達
基発	職業安定局長通達
発基	労働基準局関係の事務次官通達

百選	村中孝史 = 荒木尚志編『労働判例百選〔第9版〕』 (別冊ジュリスト 230 号、有斐閣、2016)
社保百選	岩村正彦編『社会保障判例百選〔第5版〕』 (別冊ジュリスト 227 号、有斐閣、2016)

第1章 労働法の原理

本章のポイント

1. 労働法は、資本制社会の誕生とともに生成発展してきた。当初は団結禁止の時代、次に団結放任の時代、そして団結保障の時代を迎えて現在に至っている。

2. 労働法は、従属労働の現実を直視する法領域であり、市民法の原理に修正を迫るものである。例えば、契約自由の原則、過失責任の原則、所有権絶対の原則などは、労働法ではストレートには当てはまらない。

3. 労働法は、集団的労働法と個別的労働法に大別することができる。今日では、それぞれの法領域で、多数の実定労働法が立法化されている。

1 労働法の誕生と展開

A 労働法とは

労働法とは、資本主義社会における労働関係を規律する法の総称である。人類は、原始時代、古代、中世、近世という発展段階を経て、近代以降は資本主義経済を基盤とする社会制度を確立している。もちろん、人間は原始時代から今日まで働き続けているのであり、いつの時代にも労働に関するルールはあったであろう。しかし、近代より前の時代の労働規制を労働法とは呼ばない。なぜなら、そこには、契約意思もなければ労働者保護という発想もみられないからである。労働法は、あくまでも近代以後の労働関係を対象としているのであり、その意味では特殊な歴史的性格をもつ法である。

B 現代における労働の特徴

人間は、まず何を作りたいかを頭で考え、次に手足を動かし道具を使って目的を実現しようとする。この人間労働こそ、人間を他の動物と区別する本質的な要素である。その生産物は、自己実現の賜物であり、うまくできたときは満足と喜びをもたらす。これは、どの歴史段階においても共通する人間労働の普遍的な特質である。これに対し、資本主義経済は、すべての労働生産物を商品化して取引の対象とする。人間の労働力もまた、その例外ではない。労働者は、自分の労働力以外に生産手段をもたず、これを資本家に売り渡し賃金を得て生活するほかはない。

しかし、商品としての労働力は、生身の人間と切り離すことができない。労働者は、生活を維持するために自己の労働力を売り惜しみすることができず、資本家に従属せざるをえない。資本制社会における労働は、他人のための労働であり、自己の判断ではなく他人の指揮命令に従って働く「従属労働（abhängige Arbeit）」である。言い換えると、労働法は、歴史段階としての資本主義に特有の「従属労働」に関する法である。

労働者は、日々従属労働に従事することによって生活を維持していくほかはない。労働の従属性のゆえに、労働者は、低賃金、長時間労働、失業

の恐怖に脅かされる。労働法は、労働者からこれらの不安を取り除き、労働者の生存と人間の尊厳を確保することを理念としている。労働法の第一義的原理は、生存権である。

C 労働法の誕生と展開
[1] 社会問題の発生と工場法の制定

18世紀後半のイギリスから始まった産業革命は、マニュファクチュアから機械制大工場へと生産性を飛躍的に増大させ、同時に大量の労働者を生み出した。初期資本主義の時代は労働の無法地帯であり、労働者は、低賃金、長時間労働、解雇・失業および労働災害・疾病に苦しんだ。これらの問題は、当初は、労働者の個人責任と考えられていたが、失業や低賃金に抗議して機械を打ち壊すラッダイト運動（1811〜17年）が現れると、労働問題は、社会問題として認識されるようになった。

当時の低賃金、長時間労働の最大の被害者は、女性と年少者であった。成人男性労働者は、高賃金の熟練工として大事にされ、それなりの休憩・休日を与えられていたが、従順な女性と年少者は、熟練を要しない低賃金の単純作業に長時間拘束されたのである（12時間以上）。このような状態は、家庭生活の崩壊、児童の健康被害、学校教育の欠如、国民の道徳的腐敗をもたらすほどであった[1]。

各国政府は、これらの事態を放置できなくなり、まず女性と年少者を対象に、工場法が制定された。例えば、イギリス工場法（1819年）、ドイツ工場法（1839年）、フランス工場法（1841年）を挙げることができる。わが国でも、1911（明治44）年に初めて工場法が制定され、1916（大正5）年に施行されている。適用対象は、女性および15歳未満の職工、労働時間は「1日12時間を超えて就業させてはならない」などとされていた。

これらの工場法は、国家による社会政策的な配慮に基づいて制定されたものであって、今日的な意味での労働法とはいえない。なぜなら、工場法は、適用対象が限定されているばかりでなく、何よりも人間の尊厳を希求する労働者の権利という発想がまったくみられないからである。

[2] 団結禁止の時代（18世紀～19世紀前半）

社会政策的な性格の工場法が、労働者の権利としての労働保護法へと転換するためには、労働組合運動の発展が不可欠であった。しかし、工場法の時代は、労働組合の存在を違法とする団結禁止の時代でもあった。たしかにフランス革命（1789年）以後、市民的自由としての結社の自由が確立されたが、労働者団結は、国家と市民社会の秩序を乱す夾雑物であり、取引の自由を侵害し、治安を脅かす存在とみなされた。その結果、労働者の団結の自由は、団結禁止法により否定された（例えば、1791年のル・シャプリエ法）。

[3] 団結放任の時代（19世紀前半～後半）

資本主義経済が発展し、労働者大衆による労働運動が、国家による弾圧に抗して衰えをみせない状況を迎えて、各国は、相次いで団結禁止法を廃止した。労働組合は、その存在そのものを犯罪視されることはなくなったが、その代わりに刑法や民法などの一般市民法理にさらされることとなった。労働組合は、ストライキを企画・実行すれば、共謀罪、威力業務妨害罪、住居侵入罪などの刑事責任を追及され、団体交渉を行えば、民事共謀、脅迫などの不法行為や債務不履行などの民事責任を負った。この時代は、実質的には、労働組合の活動を否定するに等しかった。

[4] 団結保障の時代（19世紀後半～20世紀前半）

労働組合は、市民法上の責任を負いながらも発展し続け、社会的にも無視できない一大勢力に成長した。各国において、それまでの熟練工を中心とした職種別労働組合から、熟練を要しない大衆的な産業別労働組合へと労働組合組織が転換していったのもこの時期である。労働組合は、市民法上の民事・刑事責任からの解放を叫び、労働者政党の支援を受けながら、労働組合活動の合法化を政府に要求した。

イギリスでは、1871年に労働組合法が制定され、労働組合とその活動を合法化した。とりわけ、1919年に誕生したドイツのワイマール憲法159条は「労働および経済条件の維持促進のためにする団結の自由は、何人に対してもかつすべての職業に対して、これを保障する。この自由を制限し又は妨害しようとするすべての約定及び措置は違法である」[2]と規定し、世界

で初めて、憲法において団結権を保障した。ILO（国際労働機関）が設立されたのもこの年である（1919年）。さらに、アメリカでは、1935年全国労働関係法において、使用者による労働組合活動の妨害行為を不当労働行為として禁止し、より積極的な労働組合の助成策がとられた。

　この時期以降、労働者に対する団結権の保障と労働組合の民事・刑事免責が国際社会の常識となり、労働組合は、完全に合法的な団体として承認されるようになった。わが国でも、戦後の日本国憲法において、勤労権（27条）および団結権（28条）が保障されていることは周知の通りである（**表1-1**参照）。

表1-1　労働法の生成と展開

時期区分	特　色	法律・政策
19世紀前半まで （産業革命期）	団結禁止法 労働組合は治安妨害団体	イギリス・団結禁止法（1799、1800） フランス・ル・シャプリエ法（1791） ドイツ・フロイセン工業条例（1845） 日本・治安警察法（1890）
19世紀前半～ 19世紀中葉 （産業資本主義）	団結「自由化」 団結禁止法廃止 一般法による規制 （実質違法化）	イギリス・団結禁止法廃止法（1824・25） ドイツ・ライヒ工業条例（1869） フランス・1864年法 日本・治安警察法17撤廃（1926）
19世紀後半～ 20世紀初頭 （独占資本主義）	労働組合法制定	イギリス・労働組合法（1871） イギリス・共謀罪・財産保護法（1875） イギリス・労働争議法（1906） フランス・労働組合法（1884）
20世紀中期～ 20世紀末 （独占資本主義）	団結権の憲法上の保障 団結権の助成（不当労働 行為）	ドイツ・ワイマール憲法159条団結権保障(1919) アメリカ・ワグナー法（1935）不当労働行為制度 日本・労働組合法（1945）

出典）林和彦編『労働法（第2版）』（三和書籍、2013）9頁より。

2　労働法と市民法

A　法的人間像の違い

　労働法は、資本主義の発展とともに、市民法では捉えきれない社会問題に対処するために生まれた法分野である。以下では、労働法と市民法のいくつかの違いをみていこう。

まず、大きく異なるのは、法的人間像が違うということである。民法などの市民法が前提とする法的人間像は、自由・平等・独立した個人である。封建的な身分制度を否定し、すべての人間を自由な存在と捉えることによって初めて、契約の自由が支配する近代市民社会が成立するのである（「身分から契約へ」）。すべての人間を一律に自由・平等・独立した存在とみなすのであるから、これを抽象的人間像と呼ぶことができる。

これに対し、労働法が対象とするのは、具体的人間像である。市民法が捉える抽象的人間像の中から、特に労使関係に着目して「労働者」と「使用者」という人間像を設定する。それらは、もはや抽象的な個人や市民ではなく、労使関係という部分社会における具体的な性格をもつ人間像である（労基法9条・10条、労契法2条1項・2項参照）。この意味では、労働法は民法の特別法であるといってよい。しかし「特別法は一般法を破る」という法ことわざを忘れてはならない。民法と労働法の解釈が競合する場合には、労働法が優先するのである。

B　労働力商品の特殊性

労働者は、自己の所有する唯一の商品である労働力（労働能力）を使用者にゆだねることによって労働を提供し、使用者は、これに対して対価（賃金）を支払う。これが労働契約である（労契法6条）。そこでの取引対象である労働力商品は、一般に民法が想定する「物」としての商品とは異なる特殊性をもっている。

第1に、労働力商品は、生身の人間と切り離すことができない。労働者は、過酷な肉体労働、長時間労働、危険作業などに耐えられない。使用者は、労働力商品について、物としての商品とは異なる取扱いが要求されるのである。

第2に、労働力商品は、売惜しみをすることができない。労働者は、賃金が低いからといって労働契約の締結を先延ばしにすることはできない。失業から逃れ、生活の糧を得ようとすれば、いやおうなしに使用者の提示した労働条件をのまざるをえない。使用者は、採用の自由があるが、労働者は、採用を拒否する自由がない。このように、労働契約の締結において、使用者と労働者は、対等な立場に立つものではない。労働法は、使用者と

労働者の立場の不平等を直視して、弱者としての労働者を保護するための法律である。

C　市民法原理の修正

[1]　契約の自由の修正

　労働力商品の特殊性は、直ちに市民法原理に対する修正を迫る要因となる。まず、労働法においては、民法の契約自由の原則は、そのままでは当てはまらない。現実の労働者と使用者は、社会的な弱者と強者であり、民法の前提とする相互に対等な自由・平等・独立した個人ではないからである。したがって、労働者の立場の弱さを補う保護立法が必要となる。労働基準法や労働組合法は、市民法的な契約の自由を規制するものということができる。

[2]　過失責任の原則の修正

　民法上の「過失なければ責任なし」という過失責任の原則もまた、労働法では修正される。その典型は、労働災害に対する使用者の責任である。労基法は「労働者が業務上負傷し、又は疾病にかかった場合においては、使用者は、その費用で必要な療養を行い、又は必要な療養の費用を負担しなければならない」と規定して、無過失責任であることを明らかにしている（75条1項）。

[3]　所有権絶対の原則の修正

　民法では、商品所有者どうしの取引の自由を保護する観点から、財産権の中でも特に所有権を絶対視し、これに対する侵害は、不法行為として損害賠償責任を負うことになる（709条）。労働法では、労働者や労働組合の正当な行為によって使用者に損害を与えた場合、使用者は、相手方に損害賠償を請求することはできない（民事免責）。例えば、ストライキは、必然的に使用者の業務を阻害し、多大な経営上の損失をもたらすものであるが、労働条件の維持改善を目的とする正当な争議行為であれば、使用者は、その損害賠償を請求することはできないのである（労組法8条）。

8 ■ 第1章 ■ 労働法の原理

3 ● 日本国憲法と労働法

A 戦前の労働立法

　戦前のいわゆる明治憲法（大日本帝国憲法、明治22〔1889〕年制定）の「臣民権利義務」の中に、生存権や団結権に関する規定はまったくみられない。それでも、社会政策立法として、女性・年少者の保護を目的とする工場法が制定された（明治44〔1911〕年）。成人男性労働者の労働保護法は制定されず、民法の雇用の規定が適用された。

　一方、明治30（1897）年以降、わが国で初めて職業別労働組合が結成された。例えば、機械工・鍛冶工などを中心とした鉄工組合、鉄道労働者を組織した日鉄矯正会、活字工の活版工組合などがある。しかし、これらの労働組合は、団結への加入を禁止する治安警察法17条（明治33〔1900〕年制定）によって衰退・消滅した。この時期は、わが国における団結禁止の時代ということができる。

　大正期に入って、労働者の親睦団体として友愛会が結成されたが（大正元〔1912〕年）、ロシア革命（大正6〔1917〕年）による国際労働運動の高まり等を背景に、労働組合としての大日本労働総同盟友愛会（総同盟）へと脱皮した（大正8〔1919〕年）。治安警察法も改正され、17条は削除された（大正15〔1926〕年）。これは、団結放任の時代に相当するといえよう。

　しかし、昭和11（1936）年の二・二六事件以降、軍国主義の傾向が強まり、メーデーが禁止され（同年）、総同盟も解散した（昭和15〔1940〕年）。この間、数度にわたり労働組合法案が公表され国会でも審議されたが、結局成立することなく終わった[3]。

B 日本国憲法の誕生

[1] 労働三法の制定と新憲法の誕生

　昭和20（1945）年8月15日、日本は終戦を迎え、連合国軍総司令部（General Headquarter＝GHQ）の占領下におかれた。GHQの民主化政策のもとで、早くも同年12月12日、旧労働組合法が制定された（旧労組法は、昭和24〔1949〕年に全面改正され、現行労働組合法の原型となった）。また、昭和21（1946）年9月

27日には労働関係調整法（労調法）、昭和22（1947）年8月31日に労働基準法が制定された。新憲法（日本国憲法）が公布されたのは、昭和21年11月3日であり、翌昭和22年5月3日施行される。新憲法が施行される以前に、いわゆる労働三法（労組法、労調法、労基法）が立法化されている事実に注目すべきである。終戦直後の2年間こそ、わが国労働法の揺籃期であり、原点にほかならない（**表1-2**参照）。

表1-2　終戦直後の労働立法

1945. 8.15	終戦
1945.12.22	旧労働組合法公布（1946.3.1 施行）
1946. 5. 1	メーデー復活（2.26 事件の 1936 年以来 10 年ぶり）
1946. 5.19	食糧メーデー
1946. 9.27	労調法公布（10.13 施行）
1946.11. 3	日本国憲法公布（1947.5.3 施行）
1947. 2. 1	二・一ゼネスト中止—GHQ 占領政策の転換
1947. 4. 7	労基法公布（9.1 施行）
1947. 5. 3	日本国憲法施行

[2] 労働基本権の保障

　日本国憲法は、基本的人権として、生存権（25条1項）、勤労権（労働権、27条1項）および団結権（28条）を保障する。これらの権利は、明治憲法にはみられなかったものであり、わが国の法制史からみても画期的な意義をもつといっても過言ではない。これらの3つの権利は、生存権を共通の理念としていることから、生存権的基本権と呼ばれる。さらに、これらの権利の上位理念として、個人の尊重、幸福追求権を含む人間の尊厳を挙げることができる（13条）。

　勤労権と団結権を合わせて、広義の労働基本権と呼ぶ（狭義には、憲法28条のいわゆる労働三権を労働基本権ということがある）。生存権的基本権は、国家の干渉を排除する自由権的基本権（思想良心の自由〔19条〕、信教の自由〔20条〕、表現の自由〔21条〕、居住・移転・職業選択の自由〔22条〕など）とは異なり、権利実現のために、国家に対して具体的な措置を講じることを要請する積極的な性格をもつ基本的人権である。

　生存権は、すべての国民に保障された「健康で文化的な最低限度の生活

を営む権利」（25条1項）である。労働法の理念が、生存権を基礎としていることは前述した通りである（3頁）。

勤労権もまた、すべての国民に保障された基本的人権である（27条1項）。これにより、国は、すべての国民に雇用機会を保障し、失業者に対しては所得の補助を行うことが要請される。なお、憲法27条1項は、勤労権と並んで勤労の義務を規定する。これは、国は、労働意欲をもたない者に対して生存を確保する施策を講じる必要はないとの政策上の指針を表明したものと解されている[4]。雇用労働者には、労働条件の法律による保護を保障している（労働条件法定主義、27条2項）。また特に、児童の酷使を禁止している点が注目される（3項）。工場法時代の、過酷な児童労働の歴史に対する反省にたった規定にほかならない。

団結権は、すべての国民ではなく「勤労者」（労働者と同義）だけに認められた「団結する権利及び団体交渉その他の団体行動をする権利」を保障する（28条）[5]。狭義の団結権、団体交渉権、団体行動権（争議権）を、労働三権という。労働組合の歴史が示すように、労働者が使用者と対等の立場で交渉するためには、団結の力が不可欠である。先にみたように、諸外国では、20世紀初頭に法的権利としての団結権が承認されたが、わが国では、新憲法の施行をもって団結権保障の時代を迎えたことになる。

[3] 団結権保障の効果

団結権保障は、どのような法的効果をもたらすであろうか。団結権の保障とは、何よりも労働組合を合法的な存在として承認し、労働組合の活動を一定の範囲で権利として保障することを意味する。したがって、先にみた治安警察法のような弾圧立法は違憲となる。また、正当な団結活動に対しては、実定法上の規定がなくても、憲法28条から直接、民事免責、刑事免責が導かれる。このことは、憲法28条には第三者効があり、私人間に直接適用されることを意味する（直接適用説＝通説）。労働三権のそれぞれの内容については、第11章（165頁以下）で再論する。

4 労働法の体系と法源

A 労働法の二大領域

憲法の労働基本権保障に対応して、労働法は、集団的労働法と個別的労働法の2つの領域に大別することができる。集団的労働法とは、憲法28条の団結権保障を具体化したもので、労働組合と使用者または使用者団体との集団的労使関係を規律する法領域である。主な法律としては、労働組合法、労働関係調整法がある。憲法27条の勤労権保障に由来するのが、個別的労働法であり、労働者個人と使用者との法律関係を対象とする。これは、さらに労働保護法と雇用保障法（労働市場法）に分けることができる。労働保護法の典型的な法律は、労働基準法であり、雇用保障法の代表としては、職業安定法がある。

B 集団的労働法

集団的労働法の中心は、労働組合法である。労働組合法は、労働組合の正当な活動について刑事免責（1条2項）および民事免責（8条）を規定し、また労働委員会による不当労働行為救済制度（7条）を設けるなどして、団結権保障を具体化している。労働関係調整法は、争議行為の際のルールを定めたものである。

C 個別的労働法

[1] 労働保護法

個別的労働法のうち、労働保護法は、近年、発展・充実が著しい。中心となる労働基準法の他、男女雇用機会均等法（昭和60〔1985〕年制定）、育児介護休業法（平成3〔1991〕年制定）、労働契約承継法（平成12〔2000〕年制定）、労働契約法（平成19〔2007〕年制定）、パート・有期労働法（平成30〔2018〕年改正）など、時代の変化に対応して次々と新しい立法と法改正が行われている。平成24（2012）年に改正された労働者派遣法は、「派遣労働者の保護」が明記された。この他、賃金に関する最低賃金法、労働災害に関する労災保険法も、労働条件の保護として重要な法律である。

[2] 雇用保障法

　雇用保障法 (労働市場法) は、憲法 27 条 1 項の勤労権を具体化した立法領域である。職業紹介に関する職業安定法、完全雇用の達成に資することを目的とする雇用対策法の他、失業者の所得保障を定める雇用保険法、労働者のキャリア形成を援助する職業能力開発促進法、高年齢者等の雇用を確保する高年齢者等雇用安定法、障害者の雇用のための障害者雇用促進法などがある。

D　労働法の法源

[1] 法令

　労働訴訟では、どのようなものが裁判規範として用いられているであろ

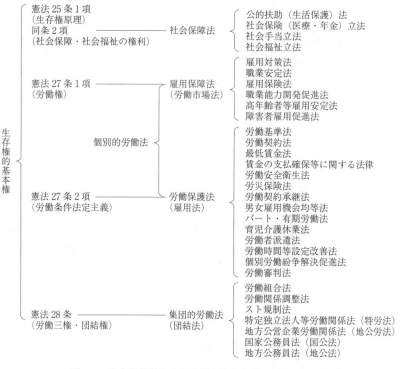

図 1-1　生存権的基本権と労働立法の体系（林編・前掲、14 頁を一部変更）

うか。前述の憲法上の勤労権や団結権の保障に由来する多くの実定労働法規は、そのまま労働裁判における法的判断の根拠となる。ILO 条約などの国際法のうち批准されたものは、国内法としての効力をもつと解される。法律による委任に基づいて発せられる政令、省令もまた、法源として機能する。例えば、労働基準法は、重要な細目を労働基準法施行規則（省令）にゆだねている（図1-1 参照）。

[2] 労働契約

　労働契約とは「労働者が使用者に使用されて労働し、使用者がこれに対して賃金を支払うことについて、労働者及び使用者が合意すること」をいう（労契法6条）。労働契約の締結によって、個別的労働関係が成立する。わが国では、労働契約は多くの場合「空の箱」であり、具体的な労働条件は、後述の就業規則によることになる。しかし、専門職や嘱託などで、労働契約において、職種、勤務地、労働時間などに関して、個別に特約を設ける場合もありうる。労働契約に明文の定めがない場合でも、当事者の意思解釈によって契約内容を決定することがある。このように、労働契約の内容を探求することは、労働訴訟において重要な判断要素となる。

[3] 社会自主法

　労働法では、労使自治が尊重される。その結果、企業内や職場において、労使が自主的に定めた規範が多数存在する。これらも、労使の規範意識に支えられている限り、裁判規範として機能する。この点は、他の法領域にはみられない労働法の特徴といってよい。

　就業規則は、使用者が、労働組合ないし労働者代表の意見を聴いた上で作成・変更するものであり、当該企業における賃金、労働時間などの重要な労働条件が定められている（労基法89条・90条）。就業規則の内容が合理的なものであって、それが労働者に周知されている限り、それらが個々の労働契約の内容となる（労契法7条本文）。就業規則の定めがどのようになっているかは、しばしば労働訴訟で重要な判断要素となる。

　労働協約は、労働組合と使用者が、団体交渉を経て労働時間その他の事項について協定を締結したものであり、社会自主法の1つである。ドイツ

では、協約自治（Tarifautonomie）が尊重され、労働協約は、当然に法規範的効力が承認されている。わが国の労組法も、労働協約の労働条件を定めた部分について、明文で規範的効力を認めている（16条）。労働協約に付随して労使が合意した覚書もまた、労働協約を補充する規範として法源となると解される。

　労働協約と類似のものに、労使協定がある。これは、労働組合が存在しない事業場であっても、労働者の過半数代表者を選出して、使用者と協定を結ぶことができる制度である。例えば、労基法36条の時間外労働に関する三六協定が典型的なものである。

　明文の規定がなくても、当該労使の規範意識に支えられた確立したルールであると認められる場合には、労使慣行として法源となりうる。労使慣行は、民法上の事実たる慣習（92条）に類似の法規範であると解される。

　最後に、集団的労働法においては、労働組合の組合規約も重要な社会自主法の1つである。組合規約は、労働組合内部の組合員の権利・義務に関する法的紛争（いわゆる労労問題）を解決するための判断要素となる。

[4] 判例・通達

　労働判例は、具体的な事案の判断において裁判官が最も重視する重要な要素であり、法源の1つといってよい。労働法においては、とりわけ最高裁判例の影響が大きい。平成24（2012）年の労働契約法改正では、有期労働契約に関する最高裁の判例法理が、改正法19条として条文化された。それ以外にも、配転、整理解雇、時間外労働義務に関して、ほぼ確立した判例法理が存在する。労働法の解釈においては、判例法理の理解が不可欠である。

　通達とは、厚生労働省内部における行政上の取扱いの解釈を示したもので、それ自体は裁判所を拘束するものではなく、裁判規範とはいえない。しかし、裁判所が行政解釈を判断の参考に用いることはありうる。通達の主な例としては「労働契約法の施行について」（平成24年8月10日基発第0810第2号）、「脳血管疾患及び虚血性心疾患等（負傷に起因するものを除く。）の認定基準について」（平成13年12月12日基発第1063号）などがある。

コラム 戦後労働法の転換点となった二・一スト

　二・一スト（「にいいちスト」または「にいてんいちスト」と読む）とは、昭和22 (1947) 年2月1日に計画されていたゼネラルストライキ（全国一斉ストライキ、ゼネスト）のことである。その中心となったのは、約153万人の公務員を組織する全官公庁共同闘争委員会（全官公）と、約400万人の全国労働組合共同闘争委員会（全闘）であった。ストの主要な目的は、戦後の急激なインフレと食糧不足に苦しむ労働者たちの賃金引き上げであったが「内閣打倒・民主政府樹立」などの政治的スローガンも掲げられていた。同年1月31日、GHQ最高司令官マッカーサーは、ストは占領目的に反するとして、全官公庁議長伊井弥四郎に対し、ゼネスト中止命令を発し、二・一ストは中止された。

　このように、戦後の混乱期における労働運動の中心は、官公労働者であった。当時、公務員は、警察官、消防職員および刑務所職員を除き、民間労働者と同様に旧労組法が適用され、ストライキ権もあると解されていた。ところが、昭和23 (1948) 年7月22日、マッカーサーは芦田均首相宛てに書簡を送り、公務員の団体交渉権および争議権の否認、国家公務員法の全面改正などを求めた（マッカーサー書簡）。政府はこれを受けて、同年7月31日、政令201号を発し、国家・地方公務員の団体交渉、争議行為を禁止した。同年11月には、国公法を全面改正し、昭和24 (1949) 年6月、公共企業体労働関係法（公労法）を制定して、国鉄と専売を公共企業化して争議権を否定した。

　マッカーサー書簡から政令201号の動きは、今日に至る官公労働者に対する労働基本権制限・禁止法制の枠組みを形成した。この時期は、一般に占領政策の転換ないし「逆コース」といわれる。しかし、その淵源をたどれば、マッカーサーによる二・一スト中止命令にさかのぼるとみることができるのである。

もっと知りたい方へ
- 大原社会問題研究所編『日本の労働組合100年』（旬報社、1999）
- 同編『社会労働大事典』（旬報社、2011）

16 ■ 第 1 章 ■ 労働法の原理

注)

1) エンゲルス（一條和生・杉山忠平訳）『イギリスにおける労働者階級の状態(上)(下)』（岩波文庫、1990）、細井和喜蔵『女工哀史』（岩波文庫、1954）、犬丸義一校訂『職工事情(上)(中)(下)』（岩波文庫、1998）参照

2) ジンツハイマー（楢崎次郎・蓼沼謙一訳）『労働法原理第 2 版』蓼沼謙一著作集別巻（信山社、2009）307 頁

3) 大原社会問題研究所編『日本の労働組合 100 年』（旬報社、1999）参照

4) 菅野和夫『労働法〔第 11 版補正版〕』（弘文堂、2017）26 頁

5) 参考までに英文の条文を挙げておく。Article28. The right of workers to organize and to bargain and act collectively is guaranteed.

知識を確認しよう

問題

(1) 労働法が対象とする「労働」の歴史的な特徴を説明しなさい。

(2) 労働法と民法の関係について、いくつかの原理上の違いを挙げて説明しなさい。

(3) 憲法上の労働基本権保障を具体的に指摘し、そこから導かれる労働法の体系を説明しなさい。

解答への手がかり

(1) まず、人間労働の歴史を考えてみよう。原始共産制、奴隷労働、農業労働、家内制手工業、資本制労働……。労働法は、これらすべての労働を対象とするのだろうか。そうではないとすれば、その労働にどのような特徴があるのか。

(2) 労働法と民法は、それぞれの捉える法的人間像が異なっている。労働法は、労働者と使用者という具体的な人間像を捉えているのであり、現実の労使関係における立場の強弱を直視して、契約の自由などに制限を設けている。

(3) 憲法では、勤労権の保障と団結権の保障が重要である。これらを根拠に、現在は多くの実定労働法が制定されている。労働法の体系は、大きく集団的労働法と個別的労働法に分けることができる。

第2章 労働基準法の理念と労働契約

本章のポイント

1. 労働契約関係は、労働者の労務提供義務と使用者の賃金支払い義務から構成される。これを基礎として、労働契約や労働協約、就業規則などによって具体的な労働条件が決定される。

2. 労働基準法や労働契約法は、労働者と使用者との間の交渉力の格差を、労働契約内容を直接的に規律することで是正する法律である。前者は最低限必要とされる労働条件、後者は労働契約の解釈適用に関するルールを主に定める。

3. 使用者の採用行為は、契約締結の自由という市民法上の原則を根拠に、原則として自由である。ただし、求職者の個人情報収集の制限や差別的な採用の禁止等の規制を受ける他、採用内定の取消について解雇規制を基礎とする規制が講じられている。

18 ■ 第 2 章 ■ 労働基準法の理念と労働契約

1 労働契約の基本構造

A 労働契約上の権利義務

　私たちの社会には、顧客獲得のために外回りをしたり、飲食店で客に料理を提供したりするなど、無数の働き方が存在する。こうした働き方を形作る法的根拠の代表例が労働契約である。

　労働契約は、労働者が使用者に使用されて労働し、使用者がこれに対して賃金を支払うことを合意することによって成立する（労契法6条）。この関係をそれぞれが負う義務に置き換えて表現すれば、労働者は使用者に対して労務提供義務を負い、これに対応して使用者は労働者に対して賃金支払義務を負う関係ということができる。この基本的な権利義務関係を基礎に、提供すべき労務の大枠や、支払われる賃金の額等、より詳細な労働条件が肉付けされ、実際の働き方を形作っていく。労働契約の中にこの点に関する取り決めがなされることもあるし、労使が明示に合意していなくても、労使間の信義則（労契法3条4項、民1条2項）を根拠に、例えば労働者の健康や生命を職場の危険から保護する使用者の安全配慮義務（現在は労働契約法に明文化された。労契法5条）や使用者の利益に著しく反する競業行為を控える労働者の競業避止義務など、労使が一定の義務を負うことがある（付随義務）。また、労働基準法や労働契約法などの法令や、労働協約、就業規則、労使慣行によってその内容が追加、修正されることもある。

B 他の役務提供型契約

　働くことと関連する契約類型としては、労働契約以外にも雇用契約（民623条）や請負契約（632条）、委任契約（643条）などがある。

　雇用契約は、当事者の一方が相手方に対して労働に従事することを約し、相手方がこれに対してその報酬を与えることを約することによって、その効力を生ずる契約である。労働契約とその内容はほぼ同じであるが、民法に規定される雇用契約は、当事者が対等な立場にあって自由に意思決定をすることができることを前提として、私的自治や個人の契約自由を理念的背景とするのに対し、労働法の文脈で現れる労働契約は、交渉力に格差の

ある当事者を前提として、この格差の是正を目指す生存権を理念的背景とする点で異なる。

　請負契約は、注文者から独立して請負人が役務を提供し、仕事の完成を目的とする契約である。典型例は、大工が注文主と家の完成を目的とする契約を取り交わすケースである。

　委任契約は、受託者が委託者から独立して法律行為を行うことを目的とする契約である。法律行為でない事務の委任は準委任と呼ばれるが、法的関係は委任と基本的に同じである（民656条）。具体例として、弁護士への訴訟の委託（委任）や医師との診療契約（準委任）を挙げることができる。

2　労働基準法・労働契約法の規制の仕組み

A　労働基準法の概要と特徴

　労働基準法は、労働者と使用者との間に存在する交渉力格差が生み出す労働者にとって不利な労働条件を、基準に満たない労働条件を無効にしたり、労働者に権利を付与したりするなど、労働者が人たるに値する生活を営むために必要な労働条件の最低基準を定めることによって是正しようとする法律である（労基法1条）。この法律は、憲法27条2項が要請する勤務条件の法定を具体化したものである。

　昭和22（1947）年に制定された労働基準法は、労働契約や賃金、労働時間等、労働条件に関する基本的な規制を定めている。社会の発展に伴い、より詳細な規制が必要となった箇所については、例えば最低賃金（労基法28条）について最低賃金法、安全衛生（42条）について労働安全衛生法が制定されたように、新たな法律にその規制を委ねてきた。こうした経緯から、労働基準法は労働関連立法の中心的位置にあり、派生して成立した法律と用語や解釈方法が共通する部分が多い。

　労働基準法の内容を実現するために、各地の労働基準監督署に属する労働基準監督官が事業主に対して労働基準法違反に関する監督・摘発・指導（労基法97条〜105条）を行っている。労働基準法に違反した事業主には刑事

罰（117条〜121条）が適用され、労働基準法に満たない労働条件を定める労働契約は無効となり（強行的効力）、無効となった部分は労働基準法の定める基準に置き換えられる（直律的効力、13条）。

労働基準法は、労働者を1人でも使用する事業ないし事業場に適用される。ただし、同居の親族のみを使用する事業や、家事使用人については、これらを労働基準監督の対象にすることがなじまないという理由で、適用対象から除外されている（116条2項）。

B 労働契約法の概要と特徴

平成19（2007）年に成立した労働契約法は、労働契約に関する基本的ルールを定めることにより、合理的な労働条件の決定または変更が円滑に行われるようにすることを通じて、労働者の保護を図りつつ、個別の労働関係の安定に資することを目的とする法律である（労契法1条）。具体的には、労働契約の成立要件（6条）や就業規則による労働条件変更のルール（9条・10条）などの労働契約の成立および変更に関するルールや、出向命令の限界（14条）や解雇権濫用法理（16条）などの労働契約の継続および終了に関するルール等を定めている。

労働契約法は、労働基準法と同様、当事者間の交渉力格差を意識して、民法に対する特別法として契約内容やその行使を規制する。同法に違反する契約部分を無効にする点も労働基準法と共通するが、違反者に対する行政指導や刑事罰を予定しない完全な民事法規である点で異なる。

C 規制対象とする当事者

[1] 労働者

このように労働基準法と労働契約法は、いずれも労働契約の内容やその行使を規制することから、労働契約関係にある当事者を規制対象として想定している。

労働契約関係の当事者の一方は「労働者」である。労働契約法は、労働者を「使用者に使用されて労働し、賃金を支払われる者」（労契法2条1項）と定義し、ほぼ同じ定義である労働基準法の労働者（労基法9条）も同様の意味を有する。これらによれば、労働者として認められるためには、①使

用者に「使用され」ること、すなわち使用者の指揮監督の下に労働することと、②労務提供と賃金支払いが対価関係にあることが必要であることがわかる。

上司の指示を受けて会社の会計処理を行っている正社員や店長の指示を受けて接客業務に従事している居酒屋のアルバイトが、労働者に該当することはほぼ争いはない。だが働き方が多様化し、就業時間をある程度自分で決めることができる電気やガスの検針員や契約締結から履行まで全てWeb上で完結するクラウドワークのような、これらの要件を満たすか否かが明確でない働き方も増えている。また、労働法規の適用を免れることを意図して、使用者が労働者と認められにくい就労形態を取ろうとすることも少なくない。そのため、労働者か否かを判断する基準の明確化が、他の役務提供型契約との区別を意識しながら課題となってきた。

労働者という文言は、労働基準法等が誰に適用されるかを決定する役割を担っている。そこで従来、労働基準法等の保護が必要な者は誰かという観点から、労働者は使用者に対して従属的関係にある者と解されてきた。

判例は、このような議論や行政が作成した報告書（厚労省「労働基準法研究会報告」〔昭和60年〕）を参考に、労働者に該当するか否かを、①仕事の依頼、業務従事の指示等に対する諾否の有無（業務遂行上の指揮監督の有無、勤務場所・勤続時間に関する拘束性の有無、労務提供の代替性の有無）や②報酬の労働対償性に着目したうえで、事業者性の有無（機械器具の負担関係、事業損害に対する責任等）や専属性の程度等を加味して総合的に判断している（横浜南労基署長（旭紙業）事件・最一小判平8.11.28労判714-14〔百選1事件〕）。この判断基準は、多様な就労実体を捉えることができる反面、結論を予想することが難しく、その精緻化が課題となっている。

[2] 使用者

もう一方の当事者は「使用者」である。労働契約関係を規律することを目的とする労働契約法の使用者は、その使用する労働者に対して賃金を支払う者と定義され（労契法2条2項）、労働者が入社した会社や労働者を雇った事業主など、労働契約の相手方に限定される。

これに対し労働基準法の使用者は、事業主または事業の経営担当者その

22 ■ 第 2 章 ■ 労働基準法の理念と労働契約

他その事業の労働者に関する事項について、事業主のために行為をするすべての者と定義される（労基法 10 条）。最低限の労働条件を保障するという労働基準法の目的を効果的に実現するために、労働契約の相手方だけでなく、法人の理事や会社役員、部長や課長など実際に労働条件を決する立場にある者が広く定義に含まれている。

3 労働基準法の基本原則

A 労働条件の最低基準の確保と労使対等決定の原則

労働基準法は、冒頭で、労働条件は、労働者が人たるに値する生活を営むための必要を満たすべきものでなければならないことを宣言し（労基法 1 条 1 項）、同法が生存権の保障（憲 25 条）を基礎とすることを確認する。労働基準法を根拠に労働条件を低下させることは同法の趣旨に反し、むしろ労働条件を引き上げる努力が必要となる（労基法 1 条 2 項）。

また、労使は、対等の立場において労働条件を決定すべきであり（労基法 2 条 1 項、労使対等決定の原則）、労働協約、就業規則および労働契約を遵守し、誠実に各々その義務を履行しなければならない（同条 2 項）。この定めは、信義則上の要請を再確認することで、前近代的な労使関係を排除することを目的とする。

これらの定めは法的拘束力を持たない訓示規定であるが、労働基準法を解釈する際の指針となる。

B 均等待遇の原則

[1] 均等待遇の原則

使用者は、労働者の国籍、信条または社会的身分を理由として、賃金、労働時間その他の労働条件について、合理的な理由無く、差別的取扱いをしてはならない（労基法 3 条）。差別的取扱いには、不利益取扱いの他、有利取扱いも含まれる。性別が差別禁止理由の中に存在しないのは、労働基準法の中に女性に対する特別規制が存在することと整合性を取ろうとしたこ

とによる。

「国籍」には、日本国籍、アメリカ国籍のような国籍だけでなく、黒人、白人のような人種も含まれる。

「信条」には、キリスト教、イスラム教のような宗教的信条や、自民党支持、立憲民主党支持などの政治的信条など、思想、信念、その他、人の内心におけるものの考え方が含まれる。

「社会的身分」は、憲法14条の「門地」に該当する被差別部落出身という出自というような、自己の意思では逃れることのできない社会的な分類を意味する。パートタイム労働者や有期契約労働者等の従業員としての地位は、労働者が一応選択して獲得するため、社会的身分に含まれない。

規制対象とする「労働条件」は、採用後の労働条件であって、採用時の採用条件はこれに含まれない（三菱樹脂事件・最大判昭 48.12.12 民集 27-11-1536〔百選 8 事件〕）。ある取扱いの決定に複数の事由が関連している場合には、本条に列挙されている差別禁止事由が当該差別的取扱いの決定的な動機であった場合に本条違反が成立する（セントラル硝子事件・大阪地裁堺支判昭 45.2.3 判時 586-94）。

[2] 男女同一賃金原則

男女別に賃金表を設定したり、住宅手当や家族手当を男性のみに支給したりするなど、女性であることを理由とする賃金差別は禁止される（労基法 4 条）。均等待遇原則と同様、差別的取扱いには有利な扱いも含まれるので、女性を賃金について有利に扱うことも禁止される。

男女間に賃金格差が存在し、これが職務内容や労働の成果の違いといった性別以外の理由によるものであることを使用者が証明することができない場合、この格差は性別を理由とする差別と推定される（秋田相互銀行事件・秋田地判昭 50.4.10 労民集 26-2-388）。また、採用当初は男女の仕事内容の違いを理由に賃金の差が適法と認められていた場合でも、その後両者が同様の仕事をするようになった後は、使用者に賃金格差の是正義務が生じる（塩野義製薬事件・大阪地判平 11.7.28 労判 770-81）。本条に反した賃金制度は無効となり、損害分の損害賠償責任が発生する。

C 人身拘束の防止

[1] 強制労働の禁止

使用者は、暴行、脅迫、監禁その他精神または身体の自由を不当に拘束する手段によって、労働者の意思に反して労働を強制してはならない（労基法5条）。これは、憲法18条が定める奴隷的拘束および苦役からの自由を労働の場において具体化したものであり、労働基準法の中で最も重い処罰規定が用意されている（労基法117条）。使用者が労働者を常時監視下に置いて劣悪な環境にある部屋に詰め込んで住まわせる「タコ部屋」のようなケースは近年減少傾向にあるが、不法就労の外国人をその弱みにつけ込んで強制労働させるなどの問題は、今日もなお残る。

[2] 期間の定めの設定

労働契約に期間の定めを設ける場合、あるプロジェクトの完成のような一定の事業の完了に必要な期間を定める場合を除き、原則として3年が期間の定めの上限となる（労基法14条1項）。期間の定めを設けることは、その期間労働者をその使用者の下に拘束することを意味する。これにより労働者の自由な職業選択を妨げるおそれを小さくするために、民法が定める5年の期間の定めの上限（民626条1項）を修正することを目的とする規制である。なお労働者は、契約期間をどのように定めた場合であっても、就労開始から1年経過後はいつでも退職することができる（労基法137条）。

反面、期間の定めは、その期間労働者の雇用を保障する機能も有する。そのため、高度な専門的知識等を有する公認会計士や税理士など交渉力が比較的強く、契約期間を規制する必要性が相対的に低いと考えられる者（労基法14条1項1号、平成15.10.22厚労告356号）や、雇用保障の要請が特に強い60歳以上の者（同項2号）については、期間の定めの上限は5年とされている。

契約期間は更新することができ、この更新をめぐってトラブルになることがしばしばある（**10章**参照）。そこで労基法14条2項に基づいて「有期労働契約の締結、更新及び雇止めに関する基準」（平20.1.23厚労省告示12号）が定められ、更新の有無や基準を契約締結時に明示することが使用者に義務付けられている。また、期間の定めのある労働契約が更新されて5年を

超えた場合、労働者は期間の定めのない労働契約へ転換を申し込むことができる（労契法 18 条）（**10 章**参照）。

[3] 賠償予定の禁止

契約に違反したときに一定の金銭の支払いを義務付ける違約金の定めはよくみられる（民 420 条）。しかし労働契約の不履行について違約金を定め、または損害賠償額を予定する契約をすることは禁止される（労基法 16 条）。これは、戦前、契約期間の途中で退職することや、業務遂行過程で利用する機械の破損等企業に対する不法行為について、損害の額や損害発生に関する労働者の責任の有無にかかわらず一定額の損害賠償を予定することで、労働者をその職場に足止めし、使用者に対する従属性を強化する問題が生じたことに対する反省を背景とする。

この定めは、損害賠償額の予定を禁止するものであり、労働者が事業の遂行過程で実際に発生させた損害に応じて、使用者が労働者に損害賠償を請求することを禁止するものではない。もっとも使用者が労働者に請求することができる損害賠償の範囲は、使用者が保険などを利用して事業遂行過程で生じる損害を回避することができる立場にある一方、労働者は損害が発生する可能性があったとしても使用者からの業務命令を断ることが困難な立場にあることなどの理由から、損害の発生への労使の帰責性や労働者の地位などを考慮して、損害の公平な分担という見地から信義則上相当と認められる範囲に限定される（茨城石炭商事事件・最一小判昭 51.7.8 民集 30-7-689〔百選 26 事件〕）。

[4] 前借金相殺の禁止

使用者は、前借金その他労働することを条件とする前貸の債権と賃金を相殺してはならない（労基法 17 条）。戦前、子女を採用するにあたり、親と前借金契約を締結し、その債務を子女の賃金等によって返済することを約し、子女が借金を返済する前に退職した場合には、親に利息等とともに返還を求める取扱いが行われていた。全額返済まで労働者をその仕事に拘束するこの取扱いが、労働者の足止め策として機能し、労働者の生活を脅かしたため、規制の対象としたものである。

26 ■ 第2章 ■ 労働基準法の理念と労働契約

[5] 強制貯金の禁止

　使用者が、盗難や浪費防止の目的で労働者の賃金から一定額を貯金させ、社内預金や労働者名義で金融機関に預けるなどして管理することがある。この取扱いは、人身拘束をもたらし、会社の倒産時などに労働者の財産を損なう可能性があるため、労働基準法は強制的な貯金を禁止し（労基法18条1項）、一定の要件の下で任意的な貯金を許容している（同条2項〜7項）。

D　中間搾取の禁止

　法律に基づいて許容される場合を除き、第三者が、職業・生業として、労働関係の開始や継続に関与して、使用者や労働者から手数料を得るなどの中間搾取をしてはならない（労基法6条）。ピンハネや人身売買といった基本的人権に反する労働慣行を排除することが、その目的である。

　法律に基づいて許容される場合としては、職業安定法に基づいて厚生労働大臣の許可を得て行われる有料職業紹介や委託募集、労働者供給事業がある（職安法30条1項・36条・45条）。三者関係にある派遣労働も本条の規制を受けそうだが、派遣元は派遣労働者と無関係の第三者ではなく、労働契約関係にあるため、本条の規制を受けない。

E　公民権行使の保障

　選挙権の行使や公職選挙への立候補などの公的活動は、民主主義国家の存立に不可欠である。こうした活動を保障するために、使用者は、労働者が労働時間中に、選挙権その他公民としての権利を行使し、または公の職務を執行するために必要な時間を請求した場合には、これを拒むことはできない（労基法7条）。例えば、使用者の承認を経ずに公職に就いた場合には懲戒解雇するという定めは無効であり（十和田観光電鉄事件・最二小判昭38.6.21民集17-5-754）、労働者が刑事裁判に裁判員として参加するために仕事を休むことを使用者に求めた場合、使用者はこれを断ることはできない。ただし、権利の行使または公の職務の執行に妨げがない限り、請求された時刻を変更することは認められる（労基法7条ただし書）。

4　労働契約の締結と規制

A　募集と職業紹介

　使用者が労働者を採用しようとする場合、通常まずは新聞の折り込み広告、インターネットの求人サイトなどを用いて募集が行われる。使用者は、自身で直接募集を行う場合には、原則として自由な方法でこれを行うことができるが、自身が雇用しない者を通じて募集を行う場合には（委託募集）、その者の適性を確認するために厚生労働大臣の許可が必要である（職安法36条）。また、公共職業安定所（ハローワーク、8条・17条以下）や学校等（33条の2）が行う無料職業紹介、民間業者による有料職業紹介（30条）を利用することもできる。

　募集にあたり、使用者は求職者に、募集条件を正確に知らせるために、業務の内容、労働契約の期間、就業の場所等の労働条件を明示することを義務付けられる（職安法5条の3、職安則4条の2）。また、使用者は、募集の過程で求職者の個人情報を収集、保管、使用することになるが、その範囲は業務の目的の達成に必要な範囲に限定される（法5条の4）。

B　採用の自由

　使用者には営業の自由（憲22条）や財産権（同29条）が保障され、これらの経済活動の前提として契約締結の自由が保障されている。そのため使用者が誰をいかなる基準で採用するかについては、次項で紹介する法律その他による特別な制限がない限り、原則として自由にこれを決定することができる（三菱樹脂事件・最大判昭48.12.12民集27-11-1536〔百選8事件〕）。したがって、使用者は採用人数や公募・縁故募集等の募集方法を原則として自由に決定でき、ある採用拒否が違法と評価されたとしても、当該人物の採用を強制することを原則として命じられない。学生時代に学生運動に関与したことや、大学生協の役員歴があるなどの事実を隠したことを理由とする本採用拒否の適法性が争われた前掲三菱樹脂事件では、以上のような判断基準が述べられた上で、使用者が応募者の思想、信条を理由に採用を拒否してもそれを当然に違法とすることはできないと判断された。

C 採用の理由に関する規制

労働者が労働組合に加入せず、もしくは労働組合から脱退することを雇用の条件とすることは、不当労働行為として禁止される（労組法7条1号）。性別を理由として募集・採用基準を区別することや（均等法5条）、長期間の継続勤務に基づくキャリア形成や法令等に基づく特定年齢層の労働者の就業制限に対応する必要があるなどいくつかの例外を除き、年齢を理由として募集・採用基準を区別することも禁止される（労働施策推進法9条）。

また、一定規模以上の事業主は、一定の雇用率に達するまで障害者を雇用することを義務付けられる（障害者雇用促進法43条）。この雇用率を満たさなかった事業主は、その程度に応じた納付金の支払いを義務付けられる。

D 労働条件の明示・内容理解

使用者は、労働契約の締結に際し、労働者に対して賃金、労働時間その他の労働条件を明示しなければならない（労基法15条1項）。賃金や労働時間等一定の労働条件については書面での明示が義務付けられ（労基則5条）、パートタイム労働契約を締結する場合には、この雇用形態で争いになりやすい昇給・賞与・退職金の有無についても書面での明示を義務付けられる（パート・有期労働法6条）。口頭の合意のみでは労働条件の内容の提示や理解が不十分になりやすく、その後の紛争の種になる可能性があるため、これを防止することを目的とする制度である。

明示された労働条件と実際の労働条件が異なる場合、労働者は即時に労働契約を解除することができる（労基法15条2項）。この場合、労働者が就業のために住居を変更していて、契約解除の日から14日以内に帰郷する場合には、使用者は必要な旅費を負担しなければならない（同条3項）。

また使用者は、労働者に提示する労働条件および労働契約の内容について、労働者の理解を深め（労契法4条1項）、労使ともに労働契約の内容についてできる限り書面により確認するものとされる（同条2項）。この定めに違反したことのみをもって違法評価を受けるものではないが、この定めは雇用の全ステージにわたって関連問題について使用者に書面による労働条件の決定をうながすような解釈基準を提供する。

5 採用内定・試用期間

A 採用内定
[1] 意義

　新規学卒を一括して採用する仕組みは、使用者が労働者を募集することによって開始される。これに対して応募者がインターネットなどを通じて応募（エントリー）し、説明会や面接・筆記等の採用試験を受ける。採用試験に合格した応募者が、使用者からの採用内定の通知を受け、誓約書・身元保証書等を提出し、入社日において辞令が交付されて就労を開始するというのがいわゆる就職活動（就活）の一般的な流れである。中途採用の場合でもこれを短縮した類似のプロセスが取られることが多い。

　卒業予定者が一斉に就職活動を開始するこの仕組みの下では、各企業は優秀な人材をできるだけ早く囲い込むために（いわゆる「青田買い」）、実際に就労させる日よりも相当程度早い時点で採用内定を学生に出すようになる。これの行き過ぎを防ぎ、学校教育や学習環境への悪影響を防止するために、日本経済団体連合会（経団連）において「採用選考に関する指針」が取り決められている。

[2] 採用内定の法的性質

　採用内定を得てから実際に就労を開始するまでには一定の時間的間隔がある。この期間内に明らかになった事情や状況の変化を理由に、使用者から採用内定の取消が行われることがある。内定者が使用者と取り交わす誓約書においても、提出書類の虚偽記載、卒業不可、健康状態の悪化といった個別事由に加えて、その他入社後の勤務に不適当と認められたときというような一般的な内定取消事由が定められることが多い。

　採用内定期間中はまだ働き始めてはおらず、複数の採用内定を獲得する者も少なくない。しかし、採用内定を得た者は、ある時点で実際に就労する企業を1つに絞り、その他の採用内定を辞退することが通例であること、採用内定が取り消されると就職の時期を逸することになることなどから、採用内定の取り消しに対する法的規制のあり方が争点となってきた。

30 ■ 第2章 ■ 労働基準法の理念と労働契約

　最高裁は、採用内定取消の適法性が争点となった大日本印刷事件（最二小判昭54.7.20民集33-5-582〔百選9事件〕）において、採用内定の実態は多様であるため、その法的性質を一義的に決定することは困難であることを断った上で、採用内定通知の他には労働契約締結のための特段の意思表示をすることが予定されていない場合、企業の募集が申込の誘引に該当し、これに対し応募者が応募したのが労働契約の申込であり、これに対する企業からの採用内定通知が右申込に対する承諾に該当すると構成して、これにより企業と内定者との間に就労の始期を内定者の卒業直後とし、それまでの間、誓約書に記載された採用内定取消事由に基づく解約権を留保した労働契約が成立したと判断した（就労始期付解約権留保付労働契約）。他方、採用内定時に労働契約が成立するものとする点では共通するものの、「始期」の内容を、就労の始期ではなく、労働契約の効力発生の始期と解した最高裁判決（電電公社近畿電通局事件・最二小判昭55.5.30民集34-3-464、解約権留保付効力始期付労働契約）もある。

[3] 採用内定取消の適法性の判断基準

　採用内定時に労働契約が成立しているとすると、企業による採用内定の取消しは、使用者による労働契約の一方的解約、すなわち解雇と評価されることになる。第10章で論じられるように、解雇は、客観的に合理的な理由を欠き、社会通念上相当であると認められない場合、無効となる（労契法16条）。採用内定の取消しの適法性も、この基準を基礎に、採用内定の特徴を考慮して判断されることになる。

　この点について前掲大日本印刷事件最高裁判決は、採用内定者の法的地位を、使用者が社会的に優越した立場にあり、他企業への就職の機会と可能性を放棄するのが通例である点で、試用期間中の法的地位と同じであると解したうえで、誓約書等に記載された留保解約権の行使は、採用内定当時知ることができず、また知ることが期待できないような事実であって、これを理由として採用内定を取消すことが解約権留保の趣旨、目的に照らして是認することができる事実がある場合にのみ認められると判断した。この事件では、内定者がグルーミー（根暗）であることが明らかになったことを理由に内定取消が行われたが、最高裁はこの理由付けでは右要件を満

たすのに不十分であると判断した。

[4] 採用内々定の法的性質と取消

　具体的な労働条件の説明や誓約書の取り交わしには至らない、人事担当者からの電話連絡にとどまるような、後に正式な採用内定通知を予定する採用内定の通知を、採用内定と区別して採用内々定と呼ぶことがある。採用内々定は法的に確立した概念ではなく、採用内定との区別も明確ではないため、採用内定と同様その法的性質を一義的に確定することはできない。大日本印刷事件最高裁判決の論理によれば、後に正式な採用内定通知を予定するタイプの採用内々定については、この時点で労働契約の成立を認めるのは一般的に困難である。しかし、内々定時の使用者の言動や採用内定成立日への接近などにより、労働契約締結に向けた採用内々定者の期待が法的保護に値する程度であった場合には、採用内々定の取消が労働契約締結過程における信義則に反し、使用者に不法行為を理由とする損害賠償責任を発生させることがある（コーセーアールイー事件・福岡高判平23.3.10労判1020-82）。

B　試用期間

[1] 試用期間の意義

　企業は、筆記試験や面接試験など様々な試験を課して労働者を採用するが、これらだけでは労働者の職業能力や業務適格性を評価することに十分でない場合も多い。そのため企業が、就労開始からの一定期間、労働者の職業能力や業務適格性を判断することを目的とする試用期間を設けることがある。この試用期間満了後、従業員としての適格性が認められた労働者は本採用され、通常の雇用関係へと移行する。

　試用期間の有無や具体的内容は、当事者間の取り決め、多くは当該企業の就業規則に基づいて決定される。一般的には、試用期間中は「社員として不適格と会社が認めたときは解雇することができる」等、本採用後とは異なる解雇事由が設けられ、試用に加えて、基礎的教育訓練期間としての役割を担うことも多い。

[2] 試用期間の法的性質

　試用期間は平均賃金の算定基礎から除外され（労基法12条3項5号）、その期間中の解雇は解雇予告制度の対象から除かれる（21条4号）等、法律上、本採用後の労働契約関係といくつかの点で別に扱われている。こうした試用期間が、その後の労働関係とは別個の契約関係なのか、一体的な契約関係なのかが、本採用拒否の適法性を争う文脈で争点となってきた。

　この点について最高裁は、各企業の実情を考慮して判断すべきとした上で、試用期間を、労働者の不適格を理由とする解約権が留保された労働契約関係と評価している（前掲三菱樹脂事件、解雇権留保付労働契約）。

[3] 本採用拒否の適法性の判断基準

　試用期間における本採用許否は、解雇と評価され、解雇権濫用法理（労契法16条）の規制を受ける。前掲三菱樹脂事件最高裁判決は、留保解約権の行使としての本採用許否は、通常の解雇よりも広い範囲における解雇の自由が認められてしかるべきと判断した。しかし使用者は労働者に対して優越的な地位にあり、試用期間中の労働者は、他企業への就職の機会と可能性を放棄している。そこで同最高裁判決は、留保解約権を行使することができるのは、企業が当該労働者の就労開始後の調査や試用により、当初知ることができず、または知ることが期待できないような事実を知るに至った場合で、当該労働者を継続して雇用することが適当でないと判断することが客観的に相当であると認められる場合に限られるものとした。試用期間が基礎的教育訓練期間としての役割も有している場合には、当該労働者に対して行われてきた教育の態様も考慮することが必要となる。

コラム　労働契約の特徴

　労働契約は、売買契約や賃貸借契約など他の契約類型と比較して様々な特徴を有する。これらの特徴は、労働契約の解釈や労働契約と関連する法制度の形成に影響を与えている。より深く労働契約を理解するために、これらの特徴のいくつかを挙げてみよう。

　既に指摘した、使用者が労働者に対して優越的地位にあることは、労働契約関係の特徴の１つである。労働組合や立法の力で労使対等を実現しようとする労働関連法規は、まさにこの特徴に対応するものである。当事者の合意の認定にあたり、労働者の承諾を慎重に認定する判例の考え方もこの特徴を前提とする。

　労働契約は、１回で終了するものではなく、人と人の継続的関係を形成する。この継続性は、時間の経過を念頭に法制度を構築し、法の解釈を行う必要性を導く。例えば、労働契約締結後の社会の変化に合わせられるような労働条件変更法理のあり方や、人と人との結び付きを継続させるために、お互いがお互いの利益に配慮する誠実義務の内容が議論される。

　そして労働契約は、多くの場合、労働者を他の労働者とともに組織的労働に就かせる。この特徴は、使用者が職場の労働者を統一的かつ公正に取り扱う必要性を生み出し、就業規則等を通じて労働者の労働条件を制度的に決定する場面を増やすことにつながる。これにより、制度的に決定された労働条件と、個別的に決定された労働条件との調整問題等が生じる。

　さらに労働契約の内容は、通例詳細まで具体化されない。契約書には具体的な内容が書き込まれず、就業規則や労働協約に詳細が記載されることが多い。また、特定の日時の営業先への挨拶や会議開催の日程と内容など具体的な業務命令の内容を予め労働契約に定めておくことは不可能なため、労働契約の内容にはどうしても抽象的な部分が残る。前者の特徴は、先に指摘した組織的労働に伴う諸問題へ、後者の特徴は人事に関する章（第4章）において論じる課題に結びつくことになる。

もっと知りたい方へ

●外尾健一『特別報告　労働契約の基本概念』日本労働法学会誌96号（2000）

34 ■ 第 2 章 ■ 労働基準法の理念と労働契約

知識を確認しよう

・・・・・・・・・・・・・・・・・・・・・・・・・・・・

問題

(1) 労働契約の基本的な権利義務関係について説明しなさい。

(2) 労働基準法上の労働者の概念について説明しなさい。

(3) 採用内定取消の適法性の判断基準について説明しなさい。

解答への手がかり

(1) 条文を基礎に労働契約の基本的な権利義務関係を確認しよう。次に、他の役務提供型契約との違いを整理してみよう。

(2) 労働基準法上における労働者という言葉の意味とその役割について条文を基礎に確認してみよう。次に、労働者に該当するか否かを判断する基準を提示した最高裁判決を調べ、その基準が今日の様々な働き方に対して適切に労働者の範囲を設定することができるものになっているか考えてみよう。

(3) まず採用内定の法的性質を確認してみよう。その上で内定取消が法的にはどのような行為と評価され、これの適法性の判断基準について最高裁がどのような立場を採用しているか、調べてみよう。

第 3 章 就業規則と労働契約

本章のポイント

1. 労働者と使用者の合意によって労働契約は成立する（合意の原則）。具体的な労働条件を決定する場合にも当事者の合意が原則であるが、日本の場合、就業規則で労働条件を決定することが多い。また、労働組合と使用者との労働協約で労働条件を決定する場合もある。

2. 就業規則は使用者が一方的に作成するものであるため、就業規則で定めた労働条件が労働者にも適用される（労働者の労働契約の内容となる）ためには、一定の要件が必要となる。

3. 懲戒処分は、使用者が労働者の企業秩序違反に対して課す制裁である。使用者が労働者に対して懲戒処分を行うためには、就業規則にその事由と手段を予め明記することを要し、また懲戒権行使が濫用と評価されないようにする必要がある。

1 労働条件を決める3つのシステム

　労働契約を締結する労働者と使用者は、「賃金はいくらで昇給はどうなるのか。ボーナスは支払われるのか」、「何時から何時までが勤務時間で、休日は何曜日になるのか」といった、具体的な労働条件を決定する必要ある。この労働条件の決定については、①個別の契約（合意）による場合、②使用者が作成する就業規則による場合、③労働組合と使用者が締結する労働協約による場合、の3つのシステム（方法）がある。

A　当事者の合意

　労働者と使用者の関係も契約に基づくものである以上、当事者が合意することによって労働契約の内容である労働条件を定めることができる。

　労契法1条は、労働契約が合意により成立し、または変更されるという「合意の原則」を確認している。この合意原則は、労契法3条1項、同6条においても繰り返されている。また一方で労基法でも「労働条件は、労働者と使用者が、対等の立場において決定すべきものである。」（同2条）と規定されている。

B　就業規則

[1]　職場のルール

　日本の多くの企業では、詳細な労働条件の決定は、使用者と労働者との個別の労働契約で合意を通じて行われるよりも、むしろ就業規則による場合が多い。

　就業規則とは、使用者が定める職場のルールである。人々が共同して働く職場組織には何らかのルールが必要であること、また事業活動を効率的にするために、使用者は、職場内での行為規範や労働条件を定めた就業規則を作成する。使用者は就業規則を統一的かつ画一的に労働者に適用、一方、労働者側は就業規則（職場のルール）を理解し、ルールが公平に適用されるという保証の中で働くことになる。

[2] 就業規則の周知

　労契法では、労働条件決定について当事者の合意を原則としつつも、就業規則によって労働条件を決定する場合も一定の要件で認めている。

　労契法7条本文は「合理的な労働条件が定められている就業規則を労働者に周知させていた場合には、労働契約の内容は、その就業規則で定める労働条件による」と規定する。就業規則で定められた労働条件が労働者の労働契約となるためには、その内容の「合理性」と労働者への「周知性」が必要になる。就業規則で定めた労働条件が、その「合理性」と労働者への「周知性」を要件として、労働契約の内容になるとする労契法7条は、労契法制定以前に判例法理として確立していた内容が条文化されたものである（秋北バス事件・最大判昭43.12.25民集22-13-3459〔百選18事件〕、タケダシステム事件・最二小判昭58.11.25労判418-21、大曲農協事件・最三小判昭63.2.16労判512-7、第四銀行事件・最二小判平9.2.28労判710-12〔百選20事件〕など多数）。

　続けて労契法7条ただし書は「労働契約において、労働者及び使用者が就業規則の内容と異なる労働条件を合意していた部分については、第12条に該当する場合を除き、この限りでない。」と定めている。労契法12条では「就業規則で定める基準に達しない労働条件を定める労働契約は、その部分については、無効とする。この場合において、無効となった部分は、就業規則で定める基準による。」としている。

[3] 就業規則と個別的合意

　労契法7条と12条から、就業規則で定めた労働条件が労働者に適用される場合は次のようになる。使用者が就業規則で合理的な労働条件を定め、これを労働者に周知させた場合には、これがその労働者の労働条件となる（労契法7条本文）。ただし、労働者と使用者が個別の合意によって就業規則と異なる労働条件を定めた場合には、当事者の合意による労働条件がその労働者の労働条件となる（労契法7条ただし書）。一方で、当事者の合意による労働条件が、就業規則で定めた労働条件の基準に達していない場合には、合意による労働条件は無効となり、その労働者には就業規則で定めた労働条件が適用されることになる（労契法12条）。

[4] 就業規則の効力

このように就業規則の基準に達していない労働契約の労働条件を無効とすることを強行的効力といい、無効となった部分については就業規則の基準が適用されることを直律的効力という。また、労働条件が就業規則の基準まで引き上げられることを就業規則の最低基準効という。

C 労働協約

労働組合は、労働者の労働条件の維持改善その他経済的地位の向上を図ることを主たる目的としており（労組法2条）、使用者との団体交渉を経て合意に達した場合、労働条件等に関する労働協約を締結することができる。職場に労働協約を締結できる労働組合がある場合には、労働協約によって労働条件を決定することもある（労組法14条）。

2 労働条件決定システムそれぞれの関係

このように労働契約の内容である労働条件決定については、当事者の合意（労働契約）、就業規則、労働協約の3つシステムがあるため、1つの職場において、これら労働条件決定システムが混在することもありうる。法は、そのような場合を想定して労働条件決定システムそれぞれの関係を規定している。

A 労働契約と就業規則

労働契約（個別合意）で定めた労働条件が、就業規則に定められている労働条件の基準に達していない場合には、労働契約で定めた労働条件は無効となり、無効となった部分は就業規則に定められている労働条件の基準が適用される（労契法12条）。

例えば、仮に労働契約で月給を20万円と取り決めたとしても、就業規則で定められている月給が25万円の場合には、月給は就業規則の基準に合わせて25万円となる。反対に、就業規則では月給が25万円と規定されて

いたとしても、労働契約で月給を 30 万円と取り決めた場合には、労契法 12 条がいう「基準に達していない場合」には該当しないので（基準以上の条件なので）、月給は労働契約の 30 万円のままとなる。

B　就業規則と労働協約

　就業規則は、法令に反することはできないのは当然として、労働協約にも反してはならない（労契法 13 条、労基法 92 条）。そして、就業規則が法令又は労働協約に反する場合には、当該反する部分については、就業規則の労働条件が労働者に適用されるとする旨の規定（労契法 7 条・10 条・12 条）は、法令又は労働協約の適用を受ける労働者には適用されない（労契法 13 条）。

　労働条件に関して就業規則と、法令や労働協約の基準が異なっている場合には、法令や、労働組合と使用者が交渉を通じて合意した労働協約の基準が適用されることになる。

C　労働協約と労働契約

　労組法 16 条は、労働協約と労働契約の関係について「労働協約に定める労働条件その他の労働者の待遇に関する基準に違反する労働契約の部分は、無効とする。この場合において無効となつた部分は、基準の定めるところによる。労働契約に定がない部分についても、同様とする。」と規定している。

　まず、労働協約に定める労働条件その他の労働者の待遇に関する基準に違反する労働契約の部分は、無効となる（強行的効力）。そしてこの無効となった部分や労働契約で定めていない事項についても、労働協約の基準に合わせることになる（直律的効力）。このように労働協約の基準に違反する労働契約の基準を無効とし、無効となった部分を労働協約の基準に従わせることを、労働協約の規範的効力という。

　なお労働契約で定めた労働条件が労働協約の労働条件よりも有利であった場合、その労働者の労働条件は、労働契約によるもの（有利原則）となるのかという問題がある。この点については、日本の場合、有利原則を否定する考え方が有力である（第 13 章 4 参照）。

3 就業規則の作成

A 就業規則の作成・変更の手続き

労基法は、常時10人以上の労働者を使用する使用者に対して、一定の決められた事項について就業規則を作成し、行政官庁に届け出るよう義務を課している（労基法89条）。これは労働条件が明確かつ適正にされることにより労働者の保護を図ろうとする趣旨である。

「常時10人」とは事業場単位での人数であり、また「労働者」には、正社員だけでなく臨時やパート、アルバイトも含まれる。

[1] 就業規則に記載する事項

就業規則には必ず記載しなければならない事項（「絶対的必要記載事項」〔89条1号～3号〕）と、仮に職場でそのような制度を設ける場合には、それはそれとして記載する必要のある事項（「相対的必要記載事項」〔労基法89条3号の2以下〕）がある。

「絶対的必要記載事項」は、始業及び終業の時刻、休憩時間、休日、休暇等に関する事項（同条1号）、賃金の決定、計算及び支払の方法等に関する事項（同2号）、解雇事由も含む、退職に関する事項（同3号）がある。

また相対的必要記載事項として、退職手当について、適用される労働者の範囲、退職手当の決定、計算や支払い方法等に関する事項（同3号の2）、臨時の賃金等に関する事項（同4号）、労働者に食費、作業用品その他の負担をさせる定めをする場合（同5号）、安全及び衛生に関する定めをする場合（同6号）、職業訓練に関する定めをする場合（同7号）、災害補償及び業務外の傷病扶助に関する定めをする場合（同8号）、表彰及び制裁の定めをする場合に、その種類及び程度に関する事項（同9号）、その他当該事業場の労働者のすべてに適用される事項（同10号）である。

[2] 労働者代表からの意見聴取義務

労基法90条1項は「就業規則の作成又は変更」に関して、労働者側の意見を聞くことを使用者に義務づけている。具体的には、就業規則の作成又

は変更について労働者の過半数で組織する労働組合がある場合においては
その労働組合（過半数労働組合）、過半数労働組合がない場合においては、労
働者の過半数代表者の意見を聴かなければならない、と定める。使用者は
就業規則を監督官庁に届出る際には、過半数組合等の意見書も添付しなけ
ればならない。

　なお、使用者の義務は過半数組合等の意見を聴取することだけであり、
就業規則の変更内容について過半数組合等の同意を得ることまでは必要で
はない。

B　周知義務（労基法 106 条）

　使用者には、就業規則を労働者に周知させる義務が課せられている（労
基法 106 条）。この周知方法として、「常時各作業場の見やすい場所へ掲示し、
又は備え付ける」、「書面を労働者に交付する」、あるいは「磁気テープ、磁
気ディスクその他これらに準ずる物に記録し、かつ、各作業場に労働者が
当該記録の内容を常時確認できる機器を設置する」（労基法施行規則 52 条の 2）
といった方法が挙げられている。

　このように労働条件を労働者に周知させることは、労働条件の透明性と
労働者の公平な取扱いを確保することにつながる。

C　罰則

　使用者が、労基法が定める就業規則の作成義務や作成手続きに違反した
場合には罰則がある（労基法 120 条）。

4　就業規則による労働条件の不利益変更

　労働条件の変更は、当事者の合意があれば可能である（労契法 8 条）。使
用者が、労働者と合意することなく、就業規則の変更という手段を使って
労働条件を不利益に変更する場合については、労契法 9 条から 11 条にお
いて規定されている。

42 ■ 第 3 章 ■ 就業規則と労働契約

A 合意原則と例外

[1] 変更の合理性

　労契法 9 条本文では、労働契約の内容となっている労働条件を、使用者が労働者の同意無しに不利益に変更することはできないこと（合意原則）を確認している。例外として「ただし書」で、使用者が就業規則の変更という手段を使って、労働条件を不利益に変更できる場合（労契法 10 条）があることを示している。

　労契法 10 条は、使用者が就業規則の変更により労働条件を変更する場合に、「変更後の就業規則を労働者に周知させ、かつ、就業規則の変更が、労働者の受ける不利益の程度、労働条件の変更の必要性、変更後の就業規則の内容の相当性、労働組合等との交渉の状況その他の就業規則の変更に係る事情に照らして合理的なものであるときは、労働契約の内容である労働条件は、変更後の就業規則の定めるところによる」と規定する（本条も、就業規則の変更に労働条件の不利益変更に関する判例法理を条文化したものである）。

[2] 不利益変更の要件

　就業規則の変更という手段を通じて、労働条件を不利益変更できる場合は次のようになる。

　変更後の就業規則が労働者に周知されていること（「周知性」）と、就業規則の変更が合理的なものであること（「合理性」）が要求される。ここでの周知は、労基法 106 条が定めると周知とは異なり、実質的に労働者がその内容を知ることができるようにすることと理解されている。また就業規則の「合理性」の判断は、「労働者の受ける不利益の程度」、「労働条件変更の必要性」、「変更後の就業規則の内容の相当性」、「労働組合等との交渉状況」、「その他就業規則の変更に係る事情」に照らして行われる。このようにして「合理性」と「周知性」が充たされた場合に、労働者が変更後の就業規則において定められた労働条件に同意していなくても、労働者には変更後の労働条件に適用されることになる。

　ただし、労契法 10 条のただし書には「労働契約において、労働者及び使用者が就業規則の変更によっては変更されない労働条件として合意していた部分については、第 12 条に該当する場合を除き、この限りでない。」と

定め、就業規則の変更に合理性が認められたとしても、労働契約の労働条件が就業規則の基準に達していない場合を除いて、個別合意の労働条件が優先される場合を規定している。

労契法 11 条は就業規則の変更手続きについては、労基法 89 条と同 90 条の定めによることを定める。

B　就業規則の法的性質論に関する議論

労契法 12 条は、就業規則に反する労働契約の効力を労基法旧 93 条の文言を変えずそのまま引き継いだ条文である。

平成 19（2007）年の労契法制定以前には、就業規則が労働者にとって不利益に変更された場合、不利益に変更された労働条件は労働者に適用されるのか、問題があった。この問題は、就業規則の法的性質をどのように理解するかという大きな議論であった。これについて学説では大きく分けて就業規則を法規範であると考える法規範説と、就業規則も契約によるものと考える契約説があった。

この問題について、最高裁は就業規則が「合理的な労働条件を定めているものであるかぎり、経営主体と労働者との間の労働条件は、その就業規則によるという事実たる慣習が成立しているものとして、その法的規範性が認められる」（前掲、秋北バス事件）と判示した。その後最高裁は就業規則の不利益変更に関する一連の判決において同旨を繰り返し、また学説でも就業規則の法的性質に関する最高裁の考え方を、多数の契約を処理するために予め定型的に定められる約款のような、定型的契約説と解する説が出されるなどして、判例法理として確立したものになっていった。

就業規則の不利益変更に関する判例法理の到達点と言われる前掲、第四銀行事件・最二小判平 9.2.28 は、合理性有無の具体的判断について「就業規則の変更によって労働者が被る不利益の程度、使用者側の変更の必要性の内容・程度、変更後の就業規則の内容自体の相当性、代償措置その他関連する他の労働条件の改善状況、労働組合等との交渉の経緯、他の労働組合又は他の従業員の対応、同種事項に関する我が国社会における一般的状況等を総合考慮して判断」すると判示した。このような就業規則の不利益変更に関する判例法理は、労契法制定とともに条文化された（労契法 7 条・9

条・10 条参照）。

5 企業秩序と使用者の懲戒権

A 企業秩序

　多人数が共同して働く職場組織には秩序が必要となる。職場の秩序について最高裁は「企業は、その存立を維持し目的たる事業の円滑な運営を図るため……企業秩序を定立し、この企業秩序のもとにその活動を行うもの」（国鉄札幌運転区事件・最三小判昭 54.10.30 民集 33-6-647〔百選 87 事件〕）であるとする。このように使用者は、企業秩序を定立するために職場のルールとしての就業規則を作成する。

B 使用者の懲戒権
[1] 懲戒の意義

　仮に労働者が企業秩序に違反した場合、使用者としては懲戒処分を行うことになる。この懲戒とは「企業秩序の違反に対し、使用者によつて課せられる一種の制裁罰」（十和田観光電鉄事件・最二小判昭 38.6.21 民集 17-5-754）のことで、労働者にとっては不利益な措置のことをいう。

　市民法レベルで考えると、契約当事者間でのルール（取り決め）を労働者が破った場合、使用者は、債務不履行責任（民法 415 条）や不法行為責任（民法 709 条等）を問うことができる。しかし、解雇に至らない程度の軽微な秩序違反（債務不履行）に対しても解雇が可能となると、労働者にとっては生活の糧を失う重大な不利益となる。また一方、使用者にとっても軽微な企業秩序違反の責任の問い方が解雇のみになると、場合によっては育成してきた人材の失うことにもなりかねない。また損害賠償という責任の問い方も、企業秩序の回復という見地からはその趣旨にそぐわない。そのため労働関係においては、このような市民法上の法的責任とは異なる、使用者が制裁（罰）としての懲戒処分を労働者に課すことが認められてきた。

[2] 懲戒権の法的根拠

　労基法89条5号および同91条、労契法15条は懲戒に関する規定であるが、それらは使用者が懲戒権を有する法的根拠については特に述べていない。そのため、使用者の懲戒権の法的根拠については見解が分かれている。

　懲戒権の法的根拠については、①企業を管理運営する使用者が当然に有する権利であるとする説（固有権説）と、②就業規則などに懲戒に関する定めがあり、それが労働契約の内容となって初めて使用者は懲戒権を有するとする説（契約説）の対立がある。これらの見解の対立は、仮に懲戒事由として就業規則に定められていなかった事項ではあるが、懲戒事由に匹敵するような行為を労働者が行った場合、懲戒事由規定が就業規則に定められていなくても、そのことを理由として懲戒ができると考える（固有権説の立場）のか、就業規則に根拠規定がない以上懲戒はできないと考える（契約説の立場）のかという点にある。

　この問題につき、かつての最高裁は「企業秩序は、企業の存立と事業の円滑な運営の維持のために必要不可欠なものであり、企業は、この企業秩序を維持確保するため、これに必要な諸事項を規則をもつて一般的に定め、あるいは具体的に労働者に指示、命令することができ、また、企業秩序に違反する行為があつた場合には、その違反行為の内容、態様、程度等を明らかにして、乱された企業秩序の回復に必要な業務上の指示、命令を発し、又は違反者に対し制裁として懲戒処分を行うため、事実関係の調査をすることができることは、当然のこと」（富士重工業事件・最三小判昭52.12.13民集31-7-1037）である、としており固有権説の考え方に近い立場をとっているとされていた（その他、電電公社目黒局事件・最三小判昭52.12.13民集31-7-974〔百選55事件〕、前掲、国鉄札幌運転区事件、関西電力事件・最一小判昭58.9.8労判415-29〔百選51事件〕）。

　しかし最近の裁判例では、「使用者が労働者を懲戒するには、あらかじめ就業規則において懲戒の種別及び事由を定めておくことを要する」（フジ興産事件・最二小判平15.10.10労判861-5〔百選19事件〕）と述べたり、「使用者の懲戒権の行使は、企業秩序維持の観点から労働契約関係に基づく使用者の権能として行われるものである」（ネスレ日本事件・最二小判平18.10.6労判925-11

〔百選53事件〕）と説くものもあり、契約説に近い立場をとっていると理解できる最高裁判決も出てきている。

なお企業は一般的に就業規則において「懲戒事由に準ずる重大な事由」といったように、包括規定を就業規則に設けることが多く、この場合、固有権説、契約説いずれの立場をとっても、実際上、懲戒の範囲に大きな違いが生じることはあまりないと言える。

C 懲戒事由

一般的な就業規則に規定される懲戒事由としては以下のものがある。

[1] 労働契約の基本的義務に関する事由

労働者の職務懈怠（無断欠勤、遅刻、就業時間中の私的行為等）や、使用者の業務命令（配転命令や出向命令、時間外労働命令など）に労働者が従わなかった場合である（配転命令拒否を理由になされた懲戒解雇が有効とされた例として、東亜ペイント事件・最二小判昭61.7.14労判477-6〔百選61事件〕）。なお業務命令違反として懲戒処分の対象となる場合、その業務命令が有効であることを前提とし、仮に業務命令が無効であれば、懲戒処分も無効となる。

[2] 企業秩序や従業員としての地位に関連する事由

職場規律違反、職場内での暴力行為やセクハラ、パワハラ、経歴詐称、守秘義務違反、無断兼職、私生活上の非行などが懲戒事由となる。

D 懲戒処分の種類
[1] 戒告・譴責（けんせき）

もっとも軽い懲戒処分として、譴責と戒告がある。いずれも被処分者に対して将来を戒めるものであるが、戒告では始末書提出は求められないが、譴責の場合、始末書（反省文）の提出も求めることが多い。これらの処分自体は労働者に直接的な不利益を与えるものではないが、昇給・昇格およびボーナスなどにおいて不利に考慮されることがある。

始末書を書いて提出するという懲戒処分は、労働者に積極的作為を求める点で他の処分とは趣を異にするものである。ここで使用者から始末書を

提出を求められたにもかかわらず、労働者がそれを提出しなかった場合、この始末書の不提出を理由としてさらにこの労働者を懲戒することができるか否か、という問題がある。この点、見解は分かれるが、使用者は労働契約によって労働者の人格までも支配するものではないので否定的に解すべきであろう。

[2] 減給

減給とは、労働者に支払われるべき給与から一定額を減じる処分である。減給処分が大きすぎると労働者の生活に直接影響を与えることから、労基法91条では「その減給は、1回の額が平均賃金の1日分の半額を超え、総額が一賃金支払期における賃金の総額10分の1を超えてはならない。」として減額の割合について制限している。ここでいう「賃金」とは賞与（ボーナス）も含まれるので、懲戒処分として賞与を減額する場合には労基法91条が適用される（昭63.3.14基発）。

[3] 出勤停止（停職、自宅謹慎）

出勤停止とは、労働契約を存続させながら労働者の出勤を一定期間禁止し、その間の賃金は支払わない懲戒処分である。出勤停止期間中には賃金は支払われないことを考えると、これが長期にわたる場合、労働者にとっては労基法91条の減給制限規定をはるかに超える過酷な処分となりうる。そのため出勤停止期間が異常に長い場合には公序良俗違反、あるいは、懲戒権の濫用になると解されている。

[4] 降格

降格は、人事権の行使としてではなく、懲戒処分としても行われる。懲戒処分としての降格は、労働契約の基本的趣旨に変更をもたらす（労働契約の同一性を失わせる）ような降格処分は許されないと解される（高校教諭の非常勤講師への降職が否定された例として、倉田学園高松高校事件・高松地判平元.5.25労判555-81）。

[5] 懲戒解雇

懲戒解雇は、懲戒処分の中で最も重い懲戒処分である。懲戒解雇では、通常、解雇予告、予告手当（労基法20条）がなく、また退職金の不支給ないし減額といった措置を伴うことが多い。また不名誉な退職となり、労働者の経歴にも傷がつき、再就職にも不利益となる場合が多い。なお労働者を即時解雇する場合には、使用者は行政官庁の認定を受ける必要がある（労基法20条3項・同19条2項・同119条1項）が、これ自体は即時解雇の有効要件ではない。

諭旨退職（諭旨解雇）とは、労働者の行為が懲戒解雇に相当する場合に、使用者が労働者に対して自主的に退職するよう勧告し、労働者が退職願を提出、使用者がこれを受理するという形をとるものである。懲戒解雇を一段軽くした処分であり、退職金については一部または全部が不支給となる。法律上は労働者と使用者の合意解約に当たるが、実際は懲戒処分であるため、適法性の審査については懲戒解雇に準じて行うべきである[1]。

E 懲戒処分の有効性

[1] 懲戒権の濫用

労契法15条は「使用者が労働者を懲戒することができる場合において、当該懲戒が、当該懲戒に係る労働者の行為の性質及び態様その他の事情に照らして、客観的に合理的な理由を欠き、社会通念上相当であると認められない場合は、その権利を濫用したものとして、当該懲戒は、無効とする。」と規定する。この規定は、懲戒権濫用に関して確立していた判例法理をほぼそのまま条文化したものである（ダイハツ工業事件・最二小判昭58.9.16労判415-16など）。

懲戒権行使が権利濫用と評価されないために、懲戒処分をする理由の「合理性」と、仮に懲戒事由に該当していても「懲戒に係る労働者の行為の性質及び態様その他の事情に照らして」「社会通念上」の「相当性」が必要になる。

最高裁は、懲戒事由の該当事件が発生して7年以上経過した後での懲戒処分について「処分時点において企業秩序維持の観点からそのような重い懲戒処分を必要とする客観的に合理的な理由を欠くものといわざるを得ず、

社会通念上相当なものとして是認することはできない。」（前掲、ネスレ日本事件）としている。

また懲戒処分の有効性は以下の観点からも具体的に判断される。

[2] 罪刑法定主義類似の取扱い

使用者による懲戒処分は、国家が課す刑事処罰と類似しているため、この刑事処罰に関わる原則（罪刑法定主義、刑罰不遡及の原則、一事不再理〔二重処罰禁止〕）に則って行われることが要求されるべきである。

使用者が労働者に懲戒処分を課すためは、予め就業規則等に懲戒の対象となる事由と、これに対する懲戒の種類・程度が明記されていることが必要である（労働法89条9号参照）。そして労働者がそれに該当する行為を行った場合に使用者は労働者に懲戒処分を課すことができる（罪刑法定主義）。

次に、労働者の行為があった時点では、就業規則等の規定には懲戒事由として明記されていなかった行為を、行為後に、新たに懲戒の対象とする規定を設けることにより、過去（行為時）に遡って懲戒処分することは許されない（不遡及の原則）。

最高裁は、会社が最初は労働者の態度等を理由として懲戒解雇したにもかかわらず、後から解雇当時は認識していなかった年齢詐称を理由として懲戒解雇が有効であると主張した事案において、「懲戒当時に使用者が認識していなかった非違行為は、特段の事情のない限り、当該懲戒の理由とされたものでないことが明らかであるから、その存在をもって当該懲戒の有効性を根拠付けることはできない」（山口観光事件・最一小判平8.9.26労判708-31〔百選52事件〕）としている。

また、労働者の1つの非違行為について繰り返して懲戒処分することはできない（一事不再理）。換言すると、使用者は一度懲戒処分を課した以上、同じ問題を蒸し返すことはできない。

[3] 平等取扱いの原則

懲戒処分は、同じ懲戒事由であるにもかかわらず、労働者ごとに処分の軽重があってはならず、同様の非違行為には同等の処分が課されなければならない。懲戒処分の場面においても労働者間の平等取扱いが原則である

（労基法3条参照）。

[4] 処分の相当性

課される懲戒処分の内容は、労働者の非違行為に比例・均衡したものでなければならない。処分内容が重すぎる場合には「相当性」を欠くものとして無効となる。

[5] 適正手続き

使用者が懲戒処分を行おうとする場合、対象の労働者には弁明の機会を与えなければならない。また就業規則や労働協約において労働者を懲戒に処するときは労働組合との協議すべき旨が規定されている場合には、当然この手続きも踏まなければならない。

┃┃コラム┃┃ 就業規則の変更と高齢労働者の処遇

少子高齢社会を迎えた日本においては、社会保障制度の安定を図るためにも高齢者の雇用をどのように促進していくかが重要な課題となっている。

高年労働者の処遇問題と就業規則の変更に関する裁判例として、変更の合理性を否定したみちのく銀行事件・最一小判平12.9.7労判787-6と、変更の合理性を肯定した第四銀行事件・最二小判平9.2.28労判710-12を挙げることができる。前者は、60歳定年の銀行で55歳以上の労働者の賃金を33%〜55%と削減したことについて、「賃金、退職金など労働者にとって重要な権利」等の就業規則変更については、「高度の必要性に基づいた合理的な内容のものである場合に」効力を生ずるとした上で、組織改革の高度の必要性は認めたものの、不利益が大きいにもかかわらず代償措置が不十分であるとした。反対に後者は、55歳定年の銀行において運用（定年後在職制度）で58歳まで働けたが、就業規則変更で60歳への定年延長し賃金が見直され、58歳まで得られていたはず賃金が60歳近くまで勤務しなければ得られなくなったことについて、必要性と労働組合との合意があることを指摘して、代償措置がなくとも合理性を認めた。

両事件とも、銀行の経営上の必要性、労働者の高齢化と人件費抑制の必

要性、高年労働者のみが対象となった点などで類似していた。ただ不利益の程度が大きいとされたみちのく銀行事件とは異なり、変更の合理性を肯定した第四銀行事件の場合、55歳定年後58歳までの賃金は期待的利益と考えられ、また60歳まで勤続した場合には定年後在職制度よりも賃金総額が若干増加していた、という事情が考慮されたとも考えられる。

2つの事件から時代は移ろい、現在では高年齢者雇用安定法による高年齢者雇用確保措置のうち「継続雇用制度」と「定年引き上げ」は65歳まで義務付けられている。さらに現在は65歳以上の雇用確保の必要性が論じ始められている。少子高齢社会と高年齢労働者の雇用確保の問題を考えると、就業規則の変更による労働条件決定手続が再び活発になると予想されるが、その場合でも法に則して丁寧さが求められる。

もっと知りたい人へ
- 三井正信「就業規則の不利益変更の拘束力」村中孝史＝荒木尚志編『労働判例百選〔第9版〕』（有斐閣、2016）
- 櫻庭涼子「就業規則による労働条件の不利益変更」土田道夫＝山川隆一編『労働法の争点』（有斐閣、2014）

注）
　1）西谷210頁

52 ■ 第3章 ■ 就業規則と労働契約

知識を確認しよう

問題

(1) 就業規則の労働条件と異なる労働条件を定めた労働契約の効力はどうなるか。

(2) 就業規則には賞与に関する規定（冬季・夏季）があった。使用者は、業績が芳しくない状況が続いているので、この賞与規定を廃止する旨の就業規則の変更を行った。この場合の法的問題を指摘しなさい。

(3) 使用者が労働者に対して懲戒処分を行う場合、どのような法的制約があるか。

解答への手がかり

(1) 労働条件の決定における、就業規則と労働契約の関係を理解した上で、労契法7条の「合理性」と「周知性」の要件を考える。労契法12条の「基準に達しない」労働条件の場合と、労契法7条ただし書の「異なる労働条件」の場合を考える。

(2) 就業規則の賞与規定廃止が不利益変更となるのか。仮に不利益変更になるとしたら、就業規則の不利益変更が認められる場合の要件（労契法10条）を考える。また当事者が就業規則では変更できないとして合意していた労働条件の場合（労契法10条ただし書）についても考える。

(3) まず、懲戒に関する規定が就業規則にあるのか（懲戒できる場合に該当するのか）が問題になる。次に懲戒権の行使が濫用と評価されないための懲戒処分の手続きや内容を考える（労契法15条）。

第4章 配転・出向・転籍

本章のポイント

1. 労務指揮権は、労働契約等に抽象的に記載されている労働義務の内容を特定して、労働者に当該業務の遂行を命じる権利である。この権利に基づいて、日常的な業務に関する指示や配転・出向・転籍などの人事異動が行われる。

2. 労務指揮権は、労働者と使用者の合意に基づいて発生する。しかし労務指揮権の行使が労働者の労働条件に及ぼす影響は様々であるため、業務命令の内容ごとに、この合意を認めるために必要とされる要件が異なる。

3. 労務指揮権の行使は、これの根拠となる労働契約の範囲に限定される他、差別や不当労働行為の禁止などの個別的規制や、権利濫用法理による包括的規制を受ける。

1 労務指揮権と労働契約

A 労務指揮権の法的根拠

　企業は、雇用する労働者を使用して企業活動を行う。企業が労働者に出す指示には、特定の職場への異動や出張、業務に利用する書類の作成など様々なものがある。このような使用者が労働者に労務提供を求める指示を業務命令といい、その法的権限を労務指揮権（指揮命令権）という。労務指揮権は一般に労働力の使用を目的とするため、会社施設の管理や経営秩序維持に関する命令権も含む趣旨を示すために、業務命令権という言葉が使われることもある。

　企業の運営は、営業の自由（憲22条1項）を基礎に経営者の意思に基づいて行われる。経営者が労働者を使用することは、その企業の運営に不可欠である。しかし使用者の労務指揮権は、こうした使用者の経営権限からではなく、使用者と労働者との権利義務関係を設定する両者間の労働契約から導かれる。

　労働者が負う労務提供義務の内容は、労働契約や就業規則の中に記載され、この範囲で使用者は労務指揮権を有する。物品の運送や会議への参加など日々の業務内容の詳細を予め網羅的に記載することは不可能であるため、労働契約や就業規則の業務内容に関する定めは、どうしても抽象的になる。労務指揮権は、特定されていない労働義務の内容を、特定して具体化する役割を担っている。

B 労務指揮権行使の限界

　業務内容の記載が抽象的にならざるを得ないこと、そしてこれの具体化が使用者の意思に基づいて行われることという労働契約の特徴は、ときに労働者が従うべき業務命令の範囲を客観的に認識することを困難にし、使用者の恣意的な労務指揮権行使を許す原因となる。業務命令は、労働者の労働条件を直接変化させるものであるだけに、その権限行使の限界が争点となってきた。

　労務指揮権の根拠は労働契約であることから、その行使は、まず労働契

約の範囲に限定される。しかし労働契約に根拠があれば、これを行使することが完全に自由というわけではない。

例えば、労働者に茶髪を禁じたり、ヒゲを剃ることを命じたりするなど、労働者の髪の色・型、容姿、服装などといった人の人格や自由に関する事柄について、企業が企業秩序の維持を名目に労働者の自由を制限しようとする場合、その制限は、制限の必要性、合理性、手段方法等の観点から、企業の円滑な運営上必要かつ合理的な範囲内に限って許される（東谷山家事件・福岡地裁小倉支決平9.12.25労判732-53）。その事業が人とかかわるサービス業である場合には、こうした規制を課すことに合理性が認められやすくなるものの、制限の範囲をなるべく限定するという考え方は変わらない（イースタン・エアポートモータース事件・東京地判昭55.12.15労民集31-6-1202）。

また、権利の濫用（労契法3条5項、民1条3項）に該当するような労務指揮権の行使も無効となる。会社規則に従わなかったことを理由に、教育訓練として2労働日にわたって就業規則の書き写しを命じたことについて違法性が認められた例がある（JR東日本〔本庄保線区〕事件・最二小判平8.2.23労判690-12）。

さらに性別や国籍を理由に基幹的な職務から排除するというような差別的な業務命令（均等法6条、労基法3条）や、組合活動に熱心な労働者を左遷するような不当労働行為に該当する業務命令（労組法7条）も違法、無効となる。

C　配転・出向・転籍の定義

以下、業務命令の中でも、特に配転、出向、転籍の諸問題について学習するにあたり、まずこれらの定義を確認しておこう。これらの用語は法律では定義されておらず、以下の説明も、社会において一般に定着している定義を基礎としている。

配転とは、労働者の配置の変更であって、職務内容または勤務場所が相当の期間にわたって変更されるものをいう。配転のうち、同一勤務地内の所属部署・勤務箇所の変更を配置転換、勤務地の変更を伴うものを転勤と呼ぶ。職務内容または勤務場所の変更が一次的なものにとどまる場合は、これを応援と呼ぶことがある。

次に出向とは、労働者が自己の雇用先に在籍のまま、他の企業において相当の期間にわたって当該他の企業の業務に従事することをいう。出向は次の転籍と区別して在籍出向と呼ばれることもあり、当該企業における位置付けに応じて長期出張、社外勤務、応援派遣、休職派遣など、多様な呼ばれ方をする。配転とは、労務を提供する相手方が変更される点で異なる。

そして転籍は、労働者が自己の雇用先の企業から他の企業へと籍を移して、当該他の企業の業務に従事することをいう。他の企業の業務に従事する点で出向と共通するが（そのため転籍出向とも呼ばれる）、自己の雇用先の企業との労働契約関係が消滅する点に違いがある。

D　配転・出向・転籍の意義と機能

配転や出向は、企業内の教育訓練の一環としての役割を担っている。企業運営において将来管理職としての働きを期待される労働者に様々な部署を経験させ、当該企業内でキャリアを形成させることは、長期勤続を予定する日本的雇用慣行の下で広く行われてきた。こうして成長させた労働者を関連子会社などに出向、転籍させれば、技能移転という効果をもたらす。

また、人事異動が雇用を維持する機能を果たすこともある。例えば企業内のある部門が経営上の都合で廃止される場合に、当該部門で働いていた労働者を他の部門に配転したり、企業全体の人件費負担を減らすために、労働者の一部を関連子会社に出向、転籍させたりすることが行われる。使用者がこうした雇用維持の努力を行ったか否かは、整理解雇の適法性を判断する際の判断要素になっている（**第10章**参照）。

反面、人事異動が労働者に不利益を与えることもある。

例えば、人事異動は、会社に敵対的な組合活動家を僻地に配転したり、出世競争に敗れた労働者を閑職に追いやったりといった、ときに使用者にとって不都合な者を排除する手段として利用される。

また、住所を変更せざるを得ない人事異動については特に、労働者の職業生活と職業外生活との調和が課題になる。労働者は、職場を中心に形成される職業生活だけでなく、家族とのかかわりを中心に形成される家庭生活、住んでいる地域を中心に形成される地域生活を営んでいる。労働者の勤務地が転居を要する程度に変更されることは、単身赴任という形で家族

関係を変化させ、当該地域との結びつきを放棄させることや、配偶者のキャリアを断念させることにつながる。

人事異動がもつこれらの機能は、勤務地や職種を限定することなく労働契約が締結されることが多い日本の社会実態を背景に広く発揮されている。

2　配転

A　配転命令権の法的根拠

[1]　労働契約上の根拠の必要性

配転を命じるには、これを基礎付ける法的根拠が必要になる。前述のように、使用者が労働者に業務を命じることができるのは、労働契約に取り決められた範囲においてである。例えばある地域病院の医師として採用された人を同じ病院の事務員として働かせることはできないし、関連病院において医師として働かせることもできない。もし労働契約において取り決められた範囲を超えて職種を転換したり、勤務地を変更したりすることを命じる場合には、それは業務命令ではなく、契約内容の変更の申込を意味する。この申込を拒否するのは労働者の自由であり、労働者の承諾無く一方的に契約内容を変更することは許されない。

[2]　職種・勤務地限定の認定

労働契約の中に具体的な職種や勤務地の定めがある場合には、これに基づいて職種や勤務地の限定が認められることになる。

このような定めが無い場合、通常は職種や勤務地の限定は認められない。しかし職種や勤務地を限定する明文の定めが無かったとしても、事実上長年特定の職種・勤務地に勤務してきた労働者にとっては、職種変更や転勤を命じられることがキャリア形成や職業生活と家庭・地域生活との両立に不利益を与えることがある。そこでこうした就労実態から、職種や勤務地の限定が実質的に合意されていたと認められるか否かが争点となってきた。

特別な訓練などを経てある技能を習得し、その技能を要する職種に長期

間従事してきた場合、職種限定の合意が認められる可能性がある。しかし裁判例は、その可能性を限定的に解する傾向にある。十数年から二十数年にわたり機械工として勤務してきた労働者にこの職種についての職種限定の合意が認められるか否かが争点となった事案（日産自動車〔配転〕事件・最一小判平元.12.7 労判 554-6）において、最高裁は、機械工以外の職種には一切就かせないという趣旨の職種限定の合意が認められないことを理由に、職種限定の合意の存在を否定した。

　他方、アナウンサーという業務が長期にわたる訓練・実務等により初めて業務遂行能力を獲得する専門的業務であることや、原告労働者が大学在学中からアナウンサーとしての能力を磨いてきたこと、アナウンサーとしての特別な選考試験に合格し、内定期間中もアナウンサーとしての教育訓練を受けて、その後一貫してアナウンサーとして勤務してきた事実などから、アナウンサーとしての職種限定の合意を認めた裁判例もある（日本テレビ放送網事件・東京地決昭 51.7.23 判時 820-54。逆に認めなかった例として、九州朝日放送事件・最一小判平 10.9.10 労判 757-20）。

　裁判所が、職種限定の合意の認定に慎重である背景には、人事異動により労働者を育てる日本の雇用システムへの考慮がある。もっとも近年は、こうした雇用システムが次第に失われ、中途採用などを用いて即戦力となる人材を集める傾向が強まりつつある。労働者にとってもキャリア形成の観点から特定の業務に従事することの価値が高まりつつある。

[3] 配転命令権の根拠としての合意の意味

　もう1つの問題は、どのような合意があれば、配転命令権の根拠として十分であるかである。労働契約において配転の条件や配転先など配転命令の内容が具体的に定められている場合には、これを根拠とすることに問題は少ない。しかし業務命令の内容を具体的に記載することに限界があるように、こうした詳細な定めが予め設けられることは希であり、むしろ就業規則などにおいて企業の必要性に応じて適宜配転を命じることができる旨の定めが置かれることの方が多い。こうした定めに基づいて配転を命じることができるかが、配転によって変更される労働条件に勤務地や職種等重要な労働条件が含まれることを意識しつつ、争われてきた。

最高裁は、このような定めが配転命令権を根拠付けることを認めている。「業務上の都合により社員に異動を命ずることがある。この場合には正当な理由なしに拒むことは出来ない」という就業規則の定めに基づいて、以前転勤経験のある労働者に対して転勤を命じることができるか否かが争点となった東亜ペイント事件（最二小判昭 61.7.14 労判 477-6〔百選 61 事件〕）において、最高裁は、①当事者間に勤務地を限定する合意がなされず、②企業の労働協約や就業規則に企業の都合により従業員に転勤を命ずることができる旨の定めがある場合には、労働者の個別の同意なしに、当該労働者に対して転勤を命じる権限を有すると判断し、右規定に基づいて転勤を命じることを認めた。

この最高裁の立場に対しては、日常的な労務指揮とその前提となる労務の場所や職務内容の決定とは異なることなどを主張してより具体的な労働契約上の根拠を必要とすべきとする批判や、職種や勤務地は労働契約の本質的部分であって、これらの変更には労働者の個別同意が必要であるといった批判がある。

B 配転命令権行使の限界

使用者に配転命令権が認められたとしても、これの行使は無制約ではない。本章の冒頭（1B）に掲げたような差別的な配転命令（均等法6条、労基法3条）や、不当労働行為に該当する配転命令（労組法7条）など、個別事由ごとに定められた禁止規定に反する配転命令は、違法、無効となる。

このような個別禁止事由に該当しない場合でも、配転命令権の行使は、権利の濫用の禁止（労契法3条5項）に基づく包括的な規制を受ける。どのような配転命令権の行使が権利の濫用と認められるかについて、前掲東亜ペイント事件最高裁判決は、転勤命令の権利濫用性を判断する文脈で、①当該転勤命令に業務上の必要性が存しない場合、または②業務上の必要性が存する場合であっても、（a）当該転勤命令が他の不当な動機・目的をもってなされたものであるとき、もしくは（b）労働者に対し通常甘受すべき程度を著しく超える不利益を負わせるものであるとき等、特段の事情の存する場合でない限りは、当該転勤命令は権利の濫用になるものではない、という判断基準を提示した。

この判断基準によれば、配転命令権の行使が認められるのは、①その必要性があることが大前提である。②(a) 他の不当な動機や目的の例としては、労働者に退職を決心させる圧力をかけることを目的として労働条件の引き下げを伴う配転命令を行う場合（フジシール事件・大阪地判平 12.8.28 労判 793-13）を挙げることができる。

②(b) ある配転命令が、労働者に通常甘受すべき程度を著しく超える不利益を負わせるものであるか否かは、当該配転を必要とする企業側の事情と、その配転命令によって労働者が被る労働条件や職業上の不利益、私生活上の悪影響の程度などの事情を総合的に比較考量して判断される。

この比較衡量が問題となる例として、育児や介護などの家庭責任を負う労働者に対する転勤命令の濫用性が争われるケースがある。前掲東亜ペイント事件も、高齢の母親と共働きの妻、小さな子どもと別居せざるを得ないことを理由に神戸から名古屋への転勤を拒否したことの適法性が争点となった事件である。同事件最高裁判決は、これらの事情を通常甘受すべき程度の不利益と判断し、転勤命令は濫用に該当しないと判断した。

もっとも近年は、家庭生活に価値を認める社会の動きや少子化への懸念を背景に、女性の社会進出を支援し、女性の家庭責任負担を前提に形成されていた従来の雇用実態を修正することを目指して、職業生活と家庭生活の両立の重要性を指摘する声が高まりつつある。この動きを反映して、夫婦別居をもたらすような転勤命令にあたり、使用者は労働者の家庭状況に対する配慮をすべきことを指摘する裁判例が現れた（帝国臓器製薬事件・東京高判平 8.5.29 労判 694-29）。立法においても、平成 13 (2001) 年の育児介護休業法の改正において、使用者は転勤命令によって育児・介護責任を果たすことが困難となる労働者に対してその責任について配慮しなければならないこと (26条) が定められ、平成 19 (2007) 年に制定された労働契約法にも、労働契約は、仕事と生活の調和にも配慮しつつ締結し、または変更すべきものとすることが定められた (3条3項)。今日、職業生活と家庭生活の両立を困難にするような配転命令の濫用性判断は、労働時間の調整や別居手当の支払等、一定の配慮を講じることを前提として行われている。

3　出向

A　出向中の法的地位

　出向は、配転や転籍と比較すると、労働者が、当初就労していた出向元と、その出向元に命じられて就労を開始した出向先という2つの当事者の間に権利義務関係を形成する点に特徴がある。出向中の労働者は、労働者としての地位を出向元に残しつつ、出向先の企業組織に組み込まれてその指揮命令の下に働く。出向元と出向先の双方に労働契約を構成する権利義務の一部が存在するため、出向中の法的関係は二重の労働契約関係とも呼ばれる。

　出向元・出向先間の権利義務の分配は、当事者が取り決めることができる。例えば賃金の支払いは、出向先が主な支払い主体となった上で、出向元が自社の賃金水準との差額を追加的に支払ったり、出向元が賃金の支払いを継続した上で、出向先が分担金を出向元に支払ったりするなどの仕組みが用いられる。一般的には、出向元には雇用に関する基本的な権利義務が残り、出向先には労働力の利用に伴う権利義務が移るという分担がなされることが多い。例えば、労働契約関係を終了させる解雇・懲戒解雇や出向を終了させる復帰の権限は出向元に、労働時間・休日の決定や懲戒解雇以外の懲戒処分に関する権限、労働安全衛生法上の責任を含め安全配慮に関する義務は出向先に分配される傾向にある。

B　出向命令権の法的根拠

　出向は、労働契約関係を出向元に残すとはいえ、労務提供の相手方を、当初労働契約を締結した相手方から変更する行為である。就職活動のときに多くの人が就活先企業の絞り込みに悩むように、誰に対して労務を提供するかは、労働契約の締結における重要な要素である。そのため、使用者が労働者に出向を命じる、言い換えれば労働者に対して有する権利の一部を出向先に譲り渡すにあたっては、当該労働者の同意が必要となる（民625条1項、日立電子事件・東京地判昭41.3.31労民集17-2-368）。なお同様に、使用者にとっても誰から労務の提供を受けるかが重要であり、雇われた労働者が

自身の労務提供を他の者に代わってもらうことは、使用者の同意を得なければ行うことはできない（同条2項）。

　もっとも問題は、配転命令権の法的根拠に関する議論と同様に、どのような合意があれば出向命令権の法的根拠として十分かという点にある。前述の民法の定めは同意の形式を限定していないため、配転命令権の法的根拠に関して判例が認めていたような、就業規則等を通じた事前の包括的合意という形式の合意も許容されている。しかし出向は、配転と比較して労働者にとってリスクが大きい。別企業で働くため労働条件が変化することは通常であるし、想定していたキャリア形成が行えなくなるかもしれないし、復帰の条件が定かでないこともある。こうした事情から、出向命令権の法的根拠としての合意の認定は、上記のような包括的な合意を排除しないにせよ、慎重に行われる必要があると解されている。

　最高裁は、経営効率化を理由に企業内の一部門を協力会社に業務委託するにあたり、同部門に所属していた労働者に同協力会社への出向を命じたことの適法性が争点となった新日本製鐵（日鐵運輸第2）事件（最二小判平15.4.18労判847-14〔百選62事件〕）において、労働者の個別の合意がなくとも出向を命じることができることを認めた。ただしその前提として、就業規則等に出向命令を行う旨の定めがあることに加え、出向先の業務内容が現在の業務内容と類似していることや、労働協約において出向時の労働条件、具体的には出向による社外勤務の定義や出向期間、出向中の社員の地位、賃金、退職金、各種の出向手当、昇格・昇給等の査定その他処遇等に関して出向労働者の利益に配慮した詳細な規定が設けられていたことを指摘している。出向が多くの企業で制度化されている実情を意識し、就業規則や労働協約の中に出向に関する条項があれば使用者と労働者との間に出向命令権を根拠付ける包括的な合意があったことを認め、これに限定を加える形で前述の慎重さを考慮する考え方といえる。

C　出向命令権行使の限界

　出向命令権が認められ、これを根拠に出向を命じることができたとしても、配転と同様、諸法令に基づく制限や権利濫用に該当する場合の制限がある。後者については、使用者が労働者に出向を命じることができる場合

において、当該出向の命令が、その必要性、対象労働者の選定に係る事情その他の事情に照らして、その権利を濫用したものと認められる場合には、当該命令は、無効となると定められている（労契法14条）。

　出向命令が濫用に該当するか否かは、配転命令の濫用性の判断と同様の事項に加え、労務提供の相手方の変更に伴う事情を考慮して行われる。前掲新日本製鐵（日鐵運輸第2）事件最高裁判決では、出向命令の合理性・必要性、人選基準の合理性、出向労働者が生活関係、労働条件等において著しい不利益を受けるか否か、出向命令に至る手段の相当性といった点を考慮して、同事件の出向命令権の行使が権利濫用に該当しないと判断された。同事件では、労働組合との協議を通じて出向労働者の労働条件に十分な配慮が行われていたことが前提となっている。

4　転籍

A　転籍の法的構造

　前述のように、転籍とは、転籍元との労働契約関係の終了と転籍先との新たな労働契約関係の成立がセットになった現象であり、いわば、転籍元の使用者の指示を受けての転職である。したがって、転籍後の労働契約上の権利義務はすべて転籍先との関係において存在する。

　転籍は、法的には、①転籍元との労働契約を合意解約し、転籍先と新たに労働契約を締結すること、あるいは、②労働契約上の使用者としての地位を転籍元が転籍先に譲渡すること、と表現することができる。いずれの法的構成に該当するかは当事者の取り決めに基づいて決定されるが、いずれによっても転籍を命じるにあたり労働者の同意が必要である点は共通する。前者の場合に行われる合意解約と労働契約の締結は労働者の同意を前提としているし、後者の場合には、労働者の承諾がなければその権利を第三者に譲渡することができないと規定されていること（民625条1項）がそのままあてはまる。

　問題は、配転、出向と同様、どのような合意があれば、ここでいう労働

者の同意が認められるかである。労働契約関係の消滅と新たな成立が行われる①の法的構成による転籍については、その性質上個別的同意が必要であるが、従来の労働契約関係を承継する②の法的構成による転籍については、就業規則等に基づく包括的合意でもよいと解する余地がある。しかし転籍が労働者に及ぼすリスクが出向よりもさらに高いことを踏まえれば、こうした定めに基づいて転籍命令権を根拠付けることができるのは、移籍先が具体的に明示され、出向以上に労働者の労働条件に不利益が及ばないような制度が用意され、一定期間後の復帰が予定されるなどごく例外的な場面に限られ（日立精機事件・千葉地判昭 56.5.25 労判 372-49）、通常は労働者の個別的同意が必要となる（三和機材事件・東京地決平 4.1.31 判時 1416-130）。

B　転籍命令の限界

　転籍を命じるためには労働者の個別同意が必要であるため、配転命令や出向命令で問題となった権利濫用の問題は原則として生じない。

　代わりに、転籍命令に対する労働者の承諾が真正なものであったか否かが問題となることがある。例えば、移籍元との労働契約の解約に合意した後、移籍先での雇い入れを拒否された場合には、右労働契約の合意解約は錯誤（民 95 条）に基づくものとして無効になる。

┃┃コラム┃┃　教育訓練と労働法

　労働者が職業能力を高め、企業活動を効率化するために、企業は労働者に対して教育訓練を実施する。本文に記したように、労働者を長期的に雇用する終身雇用制度が支配的だった日本では、投下した資本を回収しやすい新規学卒採用者を中心に様々な教育訓練を施し、当該企業における熟練度を高めることが広く行われてきた。

　企業における教育訓練は、大まかに、労働者の業務遂行の過程内における教育訓練（On the Job Training：OJT）と、業務遂行の過程外における教育訓練（Off the Job Training：Off JT）に分類される（能開法 9 条）。OJT は、日々の業務命令や配転命令が教育訓練としての役割も果たし、仕事をしながら職業能力を身につける方法である。Off JT は、特に教育訓練を目的とする業務

命令として実施される。導入教育としての新入社員教育、マネジメント能力向上のための管理職研修、特定業務に関する業務研修、中高年労働者に対する能力再開発研修等、内容や対象は様々である。

しかし近年、厳しい経営環境の中で教育訓練を実施する余裕が無い企業が増え、即戦力として既に職業能力を有する労働者を中途採用する動きが広まってきた。終身雇用制度が揺らぎ、労働市場の流動性が高まる動きもみられる中、労働者は、自らの負担で職業能力を高める努力を迫られている。

労働者からみれば、従来よりも職業能力に着目した雇用上の取扱いを受ける機会が増えるため、自身のキャリア形成により高い関心が払われることになる。産業構造の変化や技術革新の歩みはとどまることはなく、教育訓練の必要性は減じておらず、労働者にとっては、企業でキャリアを積むことの重要性は以前よりもむしろ高まっている。教育訓練は企業の業務命令として実施されるものであるから、就業規則等において受講要件や教育訓練内容が明確化されていない限り、労働者が特定の教育訓練の実施を使用者に要求することは難しい。しかし前述のような労働者にとってのキャリア形成の重要性に着目すれば、労働権が憲法 27 条 1 項において保障されている観点からも、人事考課や本章で学んだ人事異動命令における権利濫用性の判断に、労働者のキャリア形成に価値を認める視点を反映させることが求められる。

もっと知りたい方へ

- 両角道代「職業能力開発と労働法」日本労働法学会編『講座 21 世紀の労働法第 2 巻 労働市場の機構とルール』（有斐閣、2000）
- 有田謙司「成果主義人事における能力開発と労働契約」季刊労働法 207 号（2004）

66 ■第4章■配転・出向・転籍

知識を確認しよう
・・・・・・・・・・・・・・・・・・・・・・・・・・・・

問題

(1) 職種や勤務地の限定は、どのような場合に認定されるか、説明しなさい。

(2) 配転命令の限界について説明しなさい。

(3) 出向命令の限界について説明しなさい。

解答への手がかり

(1) まず労働契約において職種や勤務地が限定されている場合と、されていない場合を分けて考えよう。その上で、後者の場合について裁判所がどのような基準でこれらの限定の有無を認定しているか調べ、それが妥当か考えてみよう。

(2) まずどのような場合に配転命令権が認められるかについて調べてみよう。これを踏まえて、どのような場合に配転命令権の行使が違法と評価されるかについて調べてみよう。

(3) 出向命令権の法的根拠と出向命令権の行使が違法と評価される条件について、配転命令の限界との考え方の違いを意識しながら、調べてみよう。

第5章 賃金の保護

本章のポイント

1. 労働基準法上、賃金は、名称を問わず、労働の対償として、使用者が労働者に支払うすべてのものと定義され、労働者の生計維持、肉体的・精神的負荷や自由時間の喪失に対する代償、職業的能力の価値の評価などの意義を有する。

2. 賃金の保護は、労働基準法以外にも、最低賃金法や賃金の支払の確保等に関する法律などによって図られ、賃金の額や賃金支払の手続に対する規制、賃金の支払が十分になされない場合の保護等が設けられている。

3. 賞与や退職金は、労使でその支給を取り決めることによって初めて支給され、その制度設計に応じて、賃金の後払いや既往の労働に対する功労報奨、賞与については将来の労働に対する勤労奨励といった性質を有する。

1 賃金保護の枠組み

A 賃金の意義

賃金は、私たちにとって様々な意義を有する。

まず、賃金は、日々の生活を送るために必要な食料や住居などを獲得することを可能にする生計維持の手段である。また、労務提供の対価という点で、労働者の肉体的・精神的負荷や自由時間の喪失に対する代償でもある。さらに賃金が労務提供の対価であり、使用者の何らかの評価を通じて決定されることに着目すれば、労働者の職業的能力の価値を反映したものということもできる。

B 賃金の体系

賃金の名目や支払単位は多様である。多くの企業でみられるのは、基本給、諸手当、特別に支払われる賃金という区分である。基本給は、時間給、日給、月給といった方法で時間や期間と対応して支払われることもあれば、出来高に応じて支払われることもある。

諸手当には、役職手当や家族手当、住宅手当など、一定の状態にある労働者に支払われるものがある。他に所定外労働に対して支払われる時間外手当や休日手当、深夜手当などがある。

ある特定の出来事に応じて特別に支払われる賃金としては、夏冬に支払われることが多い賞与や一定の勤続年数勤務した労働者が退職時に受け取る退職金などがある。

賃金の支給額や方法は、法に反しない限り、労使が自由に取り決めることができる。基本給の額の決め方としては、勤続年数や年齢に応じて決める方法（勤続給、年齢給）や、仕事の内容に応じて決める方法（職務給）、その人が有する職業能力に応じて決める方法（職能給）などがある。従来日本で広く採用されてきた年功的賃金制度は、年齢給と職能給を組み合わせて、勤続年数の増加やこれに対応して向上する職業能力に応じて定期昇給を行う制度である。職能給部分について、労働者が有する職業能力を職能資格として評価し、この資格に対応して級や号などの格付けを設定し、賃金を

決める制度は、職能資格制度と呼ばれる。終身雇用制度とともに日本型雇用慣行の代表例である年功的賃金制度は、労働者の長期勤続を促進し、その企業の業務を行う能力を高める機能を有してきた。もっとも近年は、厳しくなる企業間競争や人件費管理を柔軟に行うことの必要性の高まりなどを背景に、個人の属性に応じて賃金を決めるのではなく、個人の成果に応じて賃金を支払う成果主義賃金制度が広まりつつある。

C 労働基準法の賃金概念

[1] 賃金

労働基準法は、同法が保護の対象とする賃金を、①名称を問わず、②労働の対償として、③使用者が労働者に支払うすべてのものと定義する（労基法11条）。この定義を満たす金銭の支払いについて、労働基準法や、同じ賃金の定義を定める最低賃金法（2条3号）、賃金の支払の確保等に関する法律（2条1項）の規制が行われる。

①名称を問わないことから、支払われる金銭の名称は、給与でも、報酬でも以下の要件を満たせば賃金と認められる。

②労働の対償として認められない金銭としては、結婚祝金や病気見舞金などの任意的・恩恵的な給付や、生活資金の貸付や住宅の貸与などの福利厚生給付、作業用品代や出張旅費などの企業設備・業務費などがある。賞与や退職金、家族手当や住宅手当などは、労働協約や就業規則において支給基準が明確化されている場合には、賃金と評価される。

また、③使用者が労働者に支払うことを要件とするため、ホテルなどで客が労働者に支払うチップは賃金に該当しない。もっともレストランのサービス料など、客が支払った金銭を一度使用者が吸い上げ、これを労働者に再分配する場合には、賃金に該当する。

[2] 平均賃金

労働基準法には他に平均賃金という賃金の概念が定められている。平均賃金は、解雇予告手当（労基法20条）や休業手当（26条）などの支払において、支払うべき金額を示すための技術的な概念である。いずれも労働者の生活を保障するための金銭であるため、平均賃金も労働者が生活に利用してい

た賃金を反映するように定義されている。

平均賃金は、これを算定すべき事由の発生した日以前3か月間にその労働者に対し支払われた賃金の総額を、その期間の総日数で除した金額である（労基法12条1項）。月給計算などで賃金締切日があるときは、直前の賃金締切日から3か月を起算し（同条2項）、この期間の賃金の総額からは、3か月を超える期間ごとに払われる賃金や賞与などの臨時の賃金は除かれる（同条4項）。また、業務上の疾病や負傷の療養のために休業していた期間、産前産後休業期間、使用者の責めに帰すべき事由により休業した期間、育児介護休業法に基づく育児休業および介護休業の期間、試用期間は、賃金額が低くなるため、算定基礎となる期間から除外される（同条3項）。

D　賃金保護の構造

労働基準法が定める賃金保護は、差別的賃金の禁止（労基法4条等）（第2章参照）や賃金の支払い確保（同24条等）、労働者の生活保障（26条等）に分類することができる。これらに加えて、賃金支払いの確保に関する法律（賃確法）に基づく賃金債権の履行の確保、最低賃金法（最賃法）による賃金額の保障が行われている。また、賃金債権の消滅時効は2年とされている（労基法115条）。

2　賃金・関連給付請求権の得喪

A　賃金
[1]　賃金請求権の発生と消滅

労働者が労務提供義務を果たし、具体的な賃金請求権を得るためには、労働者が行った仕事が労働義務の内容に沿ったものであること——債務の本旨に従った労務の提供——が必要である。例えば、使用者が出張・外勤をするよう指示したにもかかわらず、労働者がこれに従わずに書類作成等の内勤業務に従事した場合には、この内勤業務が普段従事している業務であったとしても、使用者の業務命令と異なり、使用者は内勤業務という労

務の受領を予め拒絶したものと考えられるため、債務の本旨に従った労務の提供をしたものと解されず、労働者はこの労働に関する賃金の支払を請求することはできない（水道機工事件・最一小判昭60.3.7労判449-49）。

労働者が賃金を請求することができるのは、特約がない限り、労務を提供した後、または賃金の支払期間が経過した後である（民624条）。

[2] 履行不能と賃金請求権

(1) 危険負担

何らかの理由で、労働者が労務を提供することができなくなること（履行不能）がある。こうした場合の労働者の賃金請求権は、特約がない限り、履行不能が生じたときのリスクの配分の仕方（危険負担）を定めた民法の規定に基づいて処理される。

民法は、「当事者双方の責めに帰することができない事由によって債務を履行することができなくなったときは、債務者は、反対給付を受ける権利を有」さず（民536条1項）、「債権者の責めに帰すべき事由によって債務を履行することができなくなったときは、債務者は、反対給付を受ける権利を失わない」と定める（同条2項）。ここで問題としているのは、労務提供義務を履行することができなかったことであるから、この条文の「債務者」はこの労務提供義務についての債務者、すなわち労働者、同じく「債権者」は労務提供義務についての債権者、すなわち使用者と置き換えて読むことになる。

この定めによれば、まず、天変事変など、労使双方の責めに帰すことができない事由により、労務を提供することができなかった場合、賃金請求権は発生しない（民536条1項）。

次に、寝坊による遅刻や体調不良による欠勤など、労働者の責めに帰すべき事由によりその労働者が労務を提供することができなかったときも、賃金請求権は発生しない。ここではノーワーク・ノーペイ——労務を提供しなければ、賃金は支払われない——の原則が妥当する。

そして、不当な解雇など、使用者の責めに帰すべき事由により労務を提供することができなかった場合は、労働者は賃金を請求する権利を失わず（民536条2項）、支払われるはずであった賃金全額の支払いを請求すること

ができる。ただし、この定めの適用を受ける前提として、労働者は使用者に債務の本旨に従った労務の提供、具体的には使用者の指示があれば労務を提供することができる状態を作っておく必要がある。

(2) 休業手当

これに加え、労働基準法は、使用者の責に帰すべき事由による休業の場合、使用者に、休業期間中当該労働者に平均賃金の6割以上の手当を支払う義務を課している（労基法26条）。「使用者の責めに帰すべき事由」により労働者が労務を提供することができなかった場合に、使用者が一定の金銭の支払いを求められる、という仕組みは前述した民法536条2項の仕組みと同じであるため、両者の関係をいかに理解すべきかが問題となる。

この点について判例（ノース・ウエスト航空事件・最二小判昭62.7.17民集41-5-1283・1350〔百選97事件〕）は、両者は競合して適用されるが、趣旨が異なるため、適用範囲が異なるという整理をしている。取引における一般原則である過失責任主義を前提とする民法536条2項の「債権者の責めに帰すべき事由」は、この市民法の原則に沿い、故意過失または信義則上これと同視すべき事由を意味する。これに対し労基法26条の趣旨は労働者の生活保障にあり、このために使用者に負担を要求することが社会的に相当であるか否かという観点から適用範囲が決定されるべきものであるため、民法536条2項よりも適用範囲が広く、「使用者の責めに帰すべき事由」には、使用者側に起因する経営、管理上の障害を含むと解している。具体的には、経営上の失敗による休業や、資金・資材の調達困難による休業など使用者側の原因で生じた休業が広く含まれ、使用者にとって不可抗力で生じた休業、例えば休業の原因が事業の外部にある場合や最大限の経営努力によっても回避不可能な休業に限って、適用対象から外れる。

B　賞与・退職金

[1] 法的性質

賞与は、ボーナスあるいは一時金と呼ばれ、労働契約や就業規則などによって合意された場合に、賃金とは別に労働者に支払われる金銭である。典型的には夏冬の年2回、基本給などの基礎額に、夏については前年12月から5月、冬については6月から11月までといった一定期間の企業や労

働者の業績を考慮して決定された支給率（月数）を乗じて支払われる。退職金は、退職時に支払われる金銭であり、退職手当や功労報償金と呼ばれることもある。

　これらの金銭は、その支給の有無・額が就業規則などにおいて具体的に規定されている場合には、労働基準法上の賃金（労基法11条）に該当する（昭22.9.13発基17、小倉電話局事件・最三小判昭43.3.12民集22-3-562）。しかし、支給額がそのときどきの企業業績が明らかになるまで確定されなかったり、退職事由に応じて支給額が変動したりする場合には、当該賞与や退職金は、その制度設計に応じて、賃金の後払いとしての性質を有するとともに、これまでの労働に対する功労報奨、賞与については将来の労働に対する勤労奨励といった性質を有すると考えられている。

　なお、退職金制度と併存あるいはこれに代わって、企業年金制度が構築され、これによって金銭の支払いが行われることがある。企業が独自に管理運営するもの（自社年金）の他、個人または事業主が拠出した資金を個人が自己の責任で運用の指図を行い、高齢期にそれに基づく給付を受給できる確定拠出年金や、厚生年金適用事業所の事業主が単独または共同で実施して（確給年2条1項）、一定額の給付を保障する確定給付企業年金などがある。

[2]　支給日在籍条項の有効性

　賞与の支給に、支給日に当該企業において勤務していることを条件とすること（支給日在籍条項）がある。この理由は、退職者に賞与を支給したとしても将来の労働に対する勤労奨励という効果を期待することができない点にある。しかしこれを認めると、夏の賞与の算定基礎が前年12月から5月、支給日が7月1日で、6月15日に退職した労働者のように、算定基礎期間を就労したにもかかわらず、賞与を得ることができなくなる労働者が現れる。

　判例は、就業規則等により明文化された支給日在籍条項について合理性を認めている（大和銀行事件・最一小判昭57.10.7判時1061-118）。この判断は、退職者への支給には勤労奨励の効果が期待できないこと、労働者は退職時期を選択できること（民627条）など事情に合致する。しかし労使交渉の遅れ

により支給日が例年より後ろにずれ込み、これにより例年によれば支給日に在籍しているはずだった労働者が支給日に既に退職してしまっていた場合には、例外的に支給日在籍条項の有効性を否定している（ニプロ医工事件・最三小判昭 60.3.12 労経速 1226-25）。

[3] 退職金不支給・減額の適法性

懲戒解雇処分を受けた労働者や退職後の会社規定に反して同業他社に就職した労働者に対して、退職金の不支給・減額が予定されることがある。

この取扱いについては、まず、賃金の後払いとしての性質をもつ退職金を減額することが全額払いの原則（労基法 24 条）に反しないかが問題となる。この点について判例は、減額事由がなければ支払われたであろう退職金額が減額事由により減額されたのではなく、減額事由によりそもそも減額された限度で退職金債権が発生したに過ぎず、この限度で全額の退職金が支払われているという理由で否定に解している（三晃社事件・最二小判昭 52.8.9 労経速 958-25）。

退職金の減額が認められることは、退職金が功労報償的な性質を持ち、支給の可否について使用者に一定の合理的な裁量が認められることと親和的である。しかし他方で退職金は賃金の後払いとしての性質を有し、労働者の退職後の生活保障という意味合いを有するのであるから、使用者が当該労働者の功労を恣意的に評価することにより退職金を減額することは許されない。減額を認めるためには、減額事由が当該労働者の長年の勤続の功を抹消してしまうほどの重大なものである必要がある（小田急電鉄〔退職金請求〕事件・東京高判平 15.12.11 労判 867-5〔百選 31 事件〕）。

3 賃金額の保障——最低賃金制度

賃金の額は、労使の交渉によって決定されるのが原則である。しかし不当に安い賃金額が決定されてしまえば、労働者の生活の安定が失われ、ひいては労働力の質が損なわれ、企業間の競争が不公正なものになりかねな

い。こうした問題の発生を防ぐために制定されたのが最低賃金法である。

最低賃金法は、使用者に最低賃金以上の賃金を支払う義務を課し（最賃法4条1項）、最低賃金以下の賃金を定める労働契約をその部分について無効とし、最低賃金と同様の定めをしたものとする（同条2項）。最低賃金法は、労働基準法の一部が（労基法28条参照）別の法律として独立したものであり、「労働者」や「賃金」などの概念や上記の最低基準効の仕組み、違反者についての罰則の適用など、両者の概念・基本構造は類似している。

最低賃金には、①都道府県ごとに当該地域の労働者の生計費や賃金、通常の事業の賃金支払い能力を考慮し（最賃法9条2項）、生活保護費との整合性に配慮して（同条3項）設定される地域別最低賃金と、労働者や使用者の代表者等の申出に応じて産業別に設定される（15条）特定最低賃金がある。これらは、それぞれ時間単位で設定され（3条）、ある労働者の賃金が最低賃金法を満たすか否かも、臨時に支払われる賃金や割増賃金等を除いて（最賃法4条3項、最賃法規則1条、最低賃金決定要覧）、当該労働者の賃金を1時間あたりに換算して判定される。特定最低賃金と地域別最低賃金が重複する場合には、高い方の最低賃金が適用される（最賃法6条1項）。

最低賃金の額は、①精神または身体の障害により著しく労働能力の低い者、②試用期間中の者、③職業訓練中の者で厚生労働省令が定める者、④軽易な業務に従事する者その他厚生労働省令で定める者については、都道府県労働局長の許可を受けた場合には、減額することが認められている（最賃法7条）。

4　賃金の支払方法に対する規制

賃金額が適切であったとしても、その賃金が労働者の手元に届かなければ意味が無い。労働基準法は、賃金支給を確実にし、労働者の生活の安定を図るために、賃金の支払方法についていくつかの原則を定めている。

A　通貨払いの原則

　使用者は労働者に通貨で賃金を支払わなければならない（労基法24条1項）。賃金相当と一応評価される電化製品や貴金属をもらったとしても、実際にいくらで換金できるかわからないし、換金すること自体に手間がかかり、労働者の生活の安定が損なわれることになるためである。

　ここでいう「通貨」は、日本において強制通用力のある通貨を意味し、両替の手間がかかるドルやユーロなどの外国通貨を含まない。また、小切手による支払も、換金に手間がかかること、労働者に不渡りの危険を負わせてしまうことから認められない。

　通貨以外の支払い方法が例外的に認められる場合としては、①法令に定めがある場合、②労働協約に別段の定めがある場合、③厚生労働省令で定める賃金について確実な支払の方法で、厚生労働省令で定めるものによる場合がある。この条文に関する法令の定めは現在のところ存在しない。③については、労働者の同意がある場合に、労働者が指定する金融機関の本人名義の口座への振込や退職手当を金融機関が自己宛に振り出した、もしくは支払保証した小切手または郵便為替によって支払うことが認められている（労基則7条の2）。

B　直接払いの原則

　使用者は労働者に賃金を直接支払わなくてはならない（労基法24条1項）。労働者に職をあっせんする職業仲介人が、あっせんの対価と称してその労働者の賃金をピンハネしたり、親が子どもの賃金を奪ったりすることが古くから行われていた。直接払いの原則は、こうしたピンハネ＝中間搾取を防止することを目的とする。この原則には例外が認められておらず、特に後者のケースについては、未成年者が、独立して賃金を請求することができ、親権者または後見人は、未成年者の賃金を代って受け取ってはならないことが別の条文で再確認されている（労基法59条）。

　ただし、本人に代わって配偶者に賃金の受け取りを依頼する場合のように、賃金の受け取りに関連して一定範囲で自由な判断をすることが認められている代理人ではなく、本人の手足として賃金を受け取るに過ぎない使者への支払は許されている（昭63.3.14基発150）。

C　全額払いの原則

[1]　概要

　使用者は労働者に賃金の全額を支払わなければならない（労基法24条1項）。例外的に、①法令に別段の定めがある場合と、②事業場の過半数組合もしくは過半数従業員代表との書面による協定において定められた場合に、賃金を減額して支払うことが認められる。①前者の例としては、給与からの所得税・地方税の源泉徴収（所得税法183条、地方税法321条の5）や社会保険料の控除（健康保険法167条、厚生年金保険法84条等）が、②後者の例としては、企業が住宅資金を労働者に貸し付けたときの返済金の控除やチェック・オフとしての組合費の控除（済生会中央病院事件・最二小判平元.12.11民集43-12-1786）などがある。

[2]　過払い賃金との相殺

　全額払いの原則との関係が問題となる取扱いとして、使用者による労働者に対する債権と労働者の賃金債権との相殺（民505条）がある。全額払いの原則は、賃金からの控除を禁止することに主眼があり、労働者も同額の金銭債務を免れる相殺については直接的には言及していない。相殺は、一方当事者の意思に基づいて行われ（民506条1項）、社会において金銭債権を簡便に決済する方法として広く利用されている。しかし相殺は、労働者の手元に賃金の全額が届かないという点では控除と類似する。最高裁はこの点に着目し、全額払いの原則は、上記のような相殺を禁止する趣旨を含むと判断した（関西精機事件・最二小判昭31.11.2民集10-11-1413、日本勧業経済界事件・最大判昭36.5.31民集15-5-1482）。

　もっとも、現実には、相殺を認めることが労使の利便性を高める場面がある。例えば、賃金額の計算日と欠勤日が前後したり、労働時間の算定をミスしたりして、賃金が余分に支払われた場合には、労働者は受け取るべき賃金額は既に受け取っており、次回支払予定の賃金から過払い相当額を控除して支払うこと（調整的相殺）が便利である。こうした実態を踏まえ、相殺の時期、方法、金額等からみて労働者の経済生活の安定を損なわないような調整的相殺については認められている（福島県教組事件・最一小判昭44.12.18民集23-12-2495）。経済生活の安定を損なうか否かは、過払いの時期

と相殺の時期が清算としての調整といえる程度に合理的に近いか否か、相殺にあたっての予告の有無、控除額の多寡などの事情から判定される。

[3] 賃金債権の放棄と合意に基づく相殺

　使用者が一方的に賃金を控除することを禁止し、労働者の経済生活の安定を確保するという全額払いの原則の趣旨からすれば、労働者が自ら行う賃金債権の放棄は、全額払いの原則に違反しない。ただし、この趣旨を踏まえれば、賃金債権放棄の意思表示に効力を認めるためには、それが労働者の自由な意思に基づくものであることが明確でなければならない（シンガー・ソーイング・メシーン事件・最二小判昭 48.1.19 民集 27-1-27)。意思表示が労働者の自由な意思に基づくか否かは、労働者は使用者から圧力を受けやすい立場にあることを前提に、労働者の地位、放棄される賃金の種類、放棄する理由などを総合的に考慮して判断される。

　労働者の自由な意思に基づく賃金債権の放棄が認められるとすると、賃金債権と使用者の労働者に対する債権との相殺も、労働者の自由な意思に基づけば行うことができるかが問われることになる。なぜなら、相殺も放棄も労働者の手元に一定の賃金が届かなくなるという点では同じであり、賃金債権を失うだけの放棄よりも、同額の金銭債務を免れる相殺の方が、労働者の経済生活の安定を確保するという点で、労働者にとってむしろ有利と考えられるからである。

　この点について最高裁は、前掲シンガー・ソーイング・メシーン事件最高裁判決を参照して、労働者の相殺に対する同意が当該労働者の自由な意思に基づいてされたものであると認めるに足りる合理的な理由が客観的に存在するときは、右同意を得てした相殺は賃金全額払いの原則に反しないと判断した（日新製鋼事件・最二小判平 2.11.26 民集 44-8-1085〔百選 29 事件〕)。もっとも労働基準法は強行法規であり、労働者の同意に基づいて労基法 24 条の規制を免れることを認めるこの判断には批判もある。

Ｄ　月１回以上・一定期日払いの原則

　使用者は、賃金を毎月１回以上、一定の期日に支払わなければならない（労基法 24 条 2 項）。賃金の支払期間の間隔が開き過ぎたり、支払期日が毎回

異なったりしたのでは、労働者の生計維持や生活設計に支障が生じる可能性があるため、こうした取扱いを防止する趣旨である。年俸制の場合であっても、支払は毎月1回以上行われる必要がある。また、「毎月の最終金曜日」のように曜日で特定することは、期日が変動するため一定期日払いの原則を満たさない。

ただし、臨時に支払われる賃金や賞与、その他これに準ずる1か月を超える期間を基礎に支給される精勤手当や勤続手当など（労基則8条）については、この定めは適用されない（労基法24条2項ただし書）。

E 非常時払いの原則

使用者は、労働者の緊急の必要性に対応するため、労働者が出産、疾病、災害その他厚生労働省令で定める非常の場合の費用に充てるために請求した場合には、支払期日前であっても、既往の労働に対する賃金を支払うことを義務付けられている（労基法25条）。その他の非常の場合としては、労働者の収入によって生計を維持する者が出産し、疾病にかかり、または災害をうけた場合などがある（労基則9条）。

F 出来高払いの保障

使用者は、出来高払制、その他請負制で使用している労働者に対しては、労働時間に応じ一定額の賃金の保障をしなければならない（労基法27条）。例えば、タクシードライバーの賃金を運賃収入に基づく完全歩合制で決定することにした場合、天気や地域の経済状態による客の絶対数の不足など、労働者の責めに帰すことのできない理由によって、労働者の賃金額が著しく減ってしまう可能性がある。この定めは、こうした事態を防ぎ、生活を安定させることを目的とする。保障される賃金額は、通常の実収入の賃金と大きく変わらないものであることが必要である（昭22.9.13基発17、昭63.3.14基発150）。

5 賃金債権の履行の確保

A 先取特権

　企業が経済的に破綻した場合、この企業に対して商品の代金の支払を求める権利や貸金の返金を求める権利（債権）を持っている者は、この企業に残された財産から、それぞれ平等に支払（弁済）を求めることができるのが原則である。しかしいくつかの種類の債権は、他よりも優先して弁済を受ける権利が認められている。労働者が当該企業に対して有する賃金債権は、企業の総財産から優先的に弁済を受けることができる一般の先取特権を認められている（民306条・308条）。

　もっとも一般の先取特権は、債務者の特定の財産を目的とする特別の先取特権に劣後し（民329条2項）、租税や社会保険料にも劣後する他、登記された不動産に対する抵当権（336条）などに劣後する。なお、一定範囲の農業労働（323条）および工業労働（324条）に関する賃金は、特別の先取特権に分類されている。

　また、破産手続や会社更生手続等、倒産手続ごとに、賃金債権の保護の仕組みが設けられている。

B 賃金の支払の確保等に関する法律に基づく保護

　企業の倒産により賃金が未払になった場合、賃金の支払の確保等に関する法律に基づいて設置された立替払制度を利用することができる。立替払制度を利用することができる者は、法律上の倒産（破産手続開始決定、特別清算開始命令、民事再生手続開始決定、更生手続開始決定）の場合はその旨の裁判所への申立の日、中小企業における事実上の倒産（事業が停止し、再開の見通しがなく、賃金支払い能力がない）の場合は労基署長への倒産の申請認定の日の、6か月前から2年以内に退職した労働者である（賃確法7条）。退職日の6か月前から立替払請求の日の前日までに支払期の到達した2万円以上の賃金であって、賞与を除く月給などの定期的に支払われる賃金と退職金が、立替払の対象となる。

　立替払の額は、未払賃金の8割である（賃確法施行令4条）。ただし計算の

基礎になる未払賃金額に上限があり、退職日に 30 歳未満の場合は 110 万円、30 歳から 44 歳の場合は 220 万円、45 歳以上の場合は 370 万円が上限となる。

　賃確法は、他に貯蓄金 (3 条) や退職手当の保全措置 (5 条。努力義務) を使用者に要請している。使用者は、これらに関する債務を金融機関において保障することを約する契約の締結などを求められている。

┃コラム┃　賃金の決定と人事考課

　どのような賃金処遇制度を利用するにせよ、多かれ少なかれ使用者による労働者の評価 (人事考課) が行われる。特に成果主義賃金制度では、成果の評価が賃金額の決定と強い結び付きを有する点で、賃金額決定に果たす人事考課の役割が大きくなる。

　労働者をどのように評価し、処遇するかは、企業経営の本質的部分に属する。そのため人事考課の実施には、従来広い裁量が認められてきた。しかし人事考課が賃金額の決定に強い影響力を有する賃金処遇制度の下で人事考課の実施に広い裁量を認めることは、賃金額の決定に広い裁量を認めることに結びつき、使用者の気持ち次第で賃金額が決まるような事態が生じかねない。人事考課は個別的に行われるために、集団的に統一的な要求を通じて労働条件の向上を図る労働組合の規制がおよびにくく、この問題をどのように解するべきかが問題となっている。

　裁判例は、差別 (労基法 3 条等) や不当労働行為 (労組法 7 条) に該当したり、人事考課制度の趣旨に反して裁量権を濫用したりしたといえない限りは、当該考課について不法行為は成立しないとの立場をとる (光洋精工事件・大阪高判平 9.11.25 労判 729-39)。もっとも学説上は、以上のような問題状況に鑑みて、使用者は信義則などを根拠に、人事考課を公正に行う義務を負うことを主張する立場も有力である。

もっと知りたい方へ

● 土田道夫「成果主義人事と人事考課・査定」土田道夫・山川隆一編『成果主義人事と労働法』(日本労働研究機構、2003)
● 毛塚勝利「賃金処遇制度の変化と労働法学の課題——能力・成果主義賃金制度をめぐる法的問題を中心に」日本労働法学会誌 89 号 (1997)

82 ■ 第 5 章 ■ 賃金の保護

知識を確認しよう

. . . .

【問題】

(1) 賃金はどのような仕組みで保護されているか。それぞれの仕組みの特徴に注意しながら説明しなさい。

(2) 賃金や賞与・退職金の請求権は、どのような条件が満たされることで発生するか、説明しなさい。

(3) 賃金の支払い方法についてどのような規制がなされているか、説明しなさい。

【解答への手がかり】

(1) 賃金の保護は、様々な目的で行われている。この目的を踏まえ、その目的を達成する手段としてどのような制度が用意されているか、それぞれの役割に気をつけながら確認してみよう。

(2) 賃金、賞与、退職金は、それぞれ法的性質が異なる。この違いを意識しながら、どのような条件がそろえば請求権が発生し、またはしないか、調べてみよう。

(3) 労働者の手元に着実に賃金を到達させることを目的として、労働基準法は賃金支払い方法に関する様々な原則を規定している。それぞれの原則と、その内容や論点を調べてみよう。

第6章 労働時間の規制

本章のポイント

1. 1日8時間・週40時間という法定労働時間（労基法32条）の規制対象（実労働時間）は、労働者が使用者の「指揮監督下」におかれる時間とされる。それは客観的に判定される。

2. この労働時間規制を弾力化する方式が登場している。これらにより、一定期間を平均して労働時間を法定労働時間内に定めれば特定の日・週において法定時間を超える労働が許容される。

3. 労使協定（三六協定）に基づく時間外・休日労働（と割増賃金）が法定労働時間に対する最も重要な例外である。労働者代表との労使協定（三六協定）の締結と労基署長への届出が必要である。

4. 今般の「働き方改革関連法」の改正によって、労働時間法制は大きな変容を受けることとなった。

84 ■ 第6章 ■ 労働時間の規制

1 法定労働時間の原則

　使用者は、労働者に、「休憩時間を除」き、「1週間について40時間」を超えて、また「1日について8時間」を超えて、「労働させ」てはならない（労基法32条）。労基法の制定当初の昭和22（1947）年には、当時の国際的基準でもあった「1日8時間・週48時間」制であった。40年後の昭和62（1987）年にほぼ10年の経過措置を伴って大幅な時短政策がとられた。

　労基法が規制の対象としている時間（法定労働時間）は「休憩時間を除」いて実際に「労働させ」る時間（実労働時間）である。実労働時間と休憩時間をあわせて「拘束時間」という。これは労基法の規制対象ではない（例外——自動車運転手。平9.3.11基発143号）。「週40時間・1日8時間」の基準に違反すると罰則の適用がある（119条）他、基準に達しない当事者の合意（契約）は無効とされ、無効となった部分は法定労働時間どおりに引き直される（13条）。

　ただし、「公衆の不便を避けるために必要なものその他特殊の必要あるもの」については、1週間について44時間・1日について8時間まで労働させることができる（労基法40条、労基則25条の2第1項）（特例労働時間）。この特例労働時間が適用されるのは、①労基法別表第1第8号、10号、13号、同14号に列挙された事業であって、常時10人未満の労働者を使用する事業である。

2 労働時間の概念

A 労働基準法上の労働時間

　法定労働時間を超えた労働には、労基法32条違反として罰則が科され、また37条を根拠に割増賃金が請求される。したがって、この労基法の規制対象となる実労働時間たる「労基法上の労働時間」の概念は厳格に確定されるべきものである。判例によれば、労基法上の労働時間とは労働者が

使用者の「指揮命令下」におかれた時間である（指揮命令下説。三菱重工長崎造船所事件・最一小判平 12.3.9 労判 778-8〔百選 33 事件〕）。指揮命令下にある時間とは、使用者が明示的に労働者に指示・命令を与える場合のみならず、労働者の行動が使用者による強制・拘束によるものであるか否かあるいは業務の遂行にとって関連するか（業務性）、さらには法令に依拠するものかなどの諸要素をも含めた判断になる。

このように、判断は労基法 32 条の解釈によって客観的に定められるべきもので、当事者間の労働契約、就業規則、労働協約等の定めによって決定されるべきものではない（客観説）。したがって、労働者が労働契約に基づいて作業をしている時間に限らず、実作業をしていなくてもそのために待機している状態（手待時間）も使用者の指揮命令下にあるものとされる。

例えば、始業前の準備作業（例えば更衣、体操、朝礼等）や終業後の後片付け（作業服・保護具等の脱離等）の時間については、準備作業や後片付けを「事業場内において行うことを使用者により義務づけられ、又はこれを余儀なくされた」ときは、それが所定労働時間外であっても「特段の事情」のない限り、指揮命令下におかれたものとされ、当該行為に要した時間は「社会通念上必要と認められるものである限り」労基法上の労働時間に該当する（前掲、三菱重工長崎造船所事件）。

また仮眠時間のような不活動時間についても、「労働からの解放が保障されていない」場合あるいは「労働契約上の役務の提供が義務付けられていると評価される場合」には、使用者の指揮命令下にあるとされ、労基法上の労働時間とされている（大星ビル管理事件・最一小判平 14.2.28 民集 56-2-361〔百選 34 事件〕）。

B　その他の労働時間——労働契約上の労働時間

準備作業や後片付けあるいは仮眠時間が「労基法上の労働時間」とされる場合でも、それにどのような「賃金」を支払うかは当事者の合意によって決められる。また、労働者が労働契約により「労働義務」を負う時間を労働契約上の労働時間という。これは通常は就業規則所定の労働時間が労働契約の内容となることによって形成されるので所定労働時間ともいう。

3 労働時間の規制緩和

　労基法は、法定労働時間を遵守するよう使用者に罰則付きで強制しているが、しかし昭和62(1987)年改正以降この規制を緩和して当事者による労働時間の柔軟な活用を促進してきた。こうした労働時間の規制緩和の形態としては、法定労働時間を柔軟化する「変形労働時間制」と、労働時間の算定を柔軟にする「フレックスタイム制」および「裁量労働制」とがある。

A　変形労働時間制

　変形労働時間制とは、一定期間（変形期間）を平均して1週間の所定労働時間が週あたり法定労働時間40時間を超えない定めをした場合には、その定めに基づいて予め「特定した週」には法定時間40時間を超え、予め「特定した日」には法定時間8時間を超えて労働させることができる（予め定められた所定労働時間の範囲内であれば週40時間、1日8時間の法定労働時間を超えて労働させても割増賃金は不要になる）労働時間制度をいう。

　これにより、業務の繁閑に応じた労働時間の柔軟な配置を可能とし、総労働時間の短縮が企図される。昭和62(1987)年改正で、当初からあった4週間単位が1か月となり、新たに3か月（後に1年）単位と1週間単位の変形制が導入された。

[1] 1か月単位の変形労働時間制
(1) 1か月単位の変形労働時間制の意義と要件

　昭和62年改正で4週間単位の変形制を1か月以内の一定期間（対象期間）単位としたものである（労基法32条の2）。使用者は労使協定（労基署長への届出）または就業規則その他これに準じるものによって、1か月平均で週40時間を超えなければ予め特定した週には40時間を超えて労働させても、また予め特定された日に8時間を超えて労働させても、時間外労働の労使協定（三六協定）の締結・届出の他、時間外労働の割増賃金（労基法37条）の支払いを要しない。実際には、変形制をスタートさせる起算日、各日・各週の所定労働時間を予め定めておくことが必要である。

(2) 労働時間の特定と変更

　1か月単位（1か月以内の一定期間）の変形制をとる場合、予め各週・各日の労働時間を定めておかなければならない。対象期間中の総所定労働時間（対象期間あたりの法定労働時間の総枠＝40×変形期間の日数÷7）を定めるのみでは要件を満たしたことにはならない（前掲，大星ビル管理事件）。もっとも予め特定の程度について行政解釈は、「業務の実態から月ごとに勤務割を作成する必要がある場合には、就業規則において各直勤務の始業終業時刻、各直勤務の組合せの考え方、勤務割表の作成手続およびその周知方法等を定めておき、それに従って各日ごとの勤務割は、変形期間の開始前までに具体的に特定することで足りる」（昭63.3.14基発150号）とされている。しかし、いったん「特定した労働時間を変更する場合」には、その「具体的な変更事由」を定めることが必要であり、「業務上の必要がある場合、指定した勤務を変更する」というような包括的な内容の変更規定は違法、無効である（JR東日本（横浜土木技術センター）事件・東京地判平12.4.27労判782-6）。しかもその事由は、「例外的、限定的事由」であることが求められている（JR西日本（広島支社）事件・広島高判平14.6.25労判835-43〔百選35事件〕）。

(3) 1か月単位の変形労働時間制と時間外労働

　変形労働時間制下で時間外労働が生じる場合は、3つの段階でチェックされる。①所定労働時間が8時間を超えて定められている1日についてはそれを超えた時間、それ以外の場合は8時間を超えて労働した時間、②所定労働時間が40時間を超えて定められている週間についてはそれを超えた時間、それ以外の週では40時間を超えて労働した時間（①で時間外労働となった時間を除く）、③さらに対象期間については対象期間における法定労働時間の総枠（40×対象期間の日数÷7）を超えて労働した時間（①または②で時間外労働となった時間を除く）が時間外労働となる（昭63.1.1基発1号参照）。

[2] 1年単位の変形労働時間制
(1) 1年単位の変形労働時間制の意義と要件

　1年単位の変形制の導入には過半数代表との労使協定の締結と労基署長への届出が必要となる。労使協定記載事項を就業規則等に規定することによって、労働契約上の義務が初めて発生する。「特定」された週・日に法定

時間を超えた労働をさせることができる点は1か月単位の変形制と同様である。

(2) 労働日数等の規則

1年単位の変形制では、1日および1週間の労働時間と連続労働日数について限度が設けられている。1日10時間以内・1週52時間以内でなければならない（労基法32条の4第3項）。対象期間が3か月を超える期間としたときは、さらに厳しい制限があり、まず労働日数について1年（365日）あたり280日（これを対象期間の日数に比例算定）以内（年間85日の休日の確保）に制限され（対象期間が3か月以内の場合は労働日数の制限はない）、かつ対象期間において労働時間が48時間を超える週は3週を超えてはならない（労基法32条の4第3項）。連続労働日数の限度は原則6日が限度とされる。ただし特定期間中は1週間に1日の休日が確保できる日数であれば、12日の連続労働が可能となる。

[3] 1週間単位の非定型変形労働時間制

1週間単位の非定型変形労働時間制は、日ごとの業務に著しい繁閑の差があり、かつ各日の労働時間を予め特定することが困難な小規模サービス業として、1週間の各日の所定労働時間を週あたり法定労働時間40時間の範囲内で、1日10時間を限度に、当該1週間の始まる前までに決めることができる（労基法32条の5）。小売業、旅館、料理店、飲食店であって常時使用する労働者が30人未満の事業に限定される。これを採用する旨を定めた労使協定の締結と労基署長への届出が必要である。

B　フレックスタイム制
[1] フレックスタイム制の意義と要件

フレックスタイム制とは就業規則の絶対的必要記載事項（労基法89条1号）である始業・終業時刻の決定を労働者にゆだねる労働時間制度である。従来から労基法が認めているフレックスタイム制は、1か月以内の一定期間（清算期間）を平均して1週間の労働時間が週あたり法定労働時間40時間を超えない範囲内において、労働者に各日の始業・終業時刻の決定をゆだねるものである（32条の3）。これによって清算期間内において法定労

時間週40時間、1日8時間を超えて労働させても使用者は割増賃金の支払を要しない。

変形労働時間制もフレックスタイム制もともに一定期間（変形制では変形期間、フレックスタイム制では清算期間）の平均労働時間を規制の基準にする点では共通しているが、労働時間の配分について労働者自身が決定できるフレックスタイム制では各日、各週の特定は必要ではない。

フレックスタイム制の要件は（1）就業規則等（就業規則の作成義務のない事業場ではそれに準ずる文書）によって、始業・終業時刻の決定を労働者にゆだねることを定めることの他、（2）当該事業場の労働者の過半数代表者（過半数を代表する労働組合があればその労働組合）との書面の協定（労使協定）を締結して以下の事項を定めることである（労基法32条の3第1項、労基則12条の3）。なお労使協定を労基署長に届け出る義務はない。

①対象労働者の範囲

②清算期間　その期間を平均して1週間あたりの労働時間が週法定労働時間40時間を超えない範囲内で労働させる期間をいい、1か月以内に限られる。

③清算期間における総労働時間　当事者が労働契約によって約束した所定労働時間である。清算期間を平均して1週間あたりの労働時間が週法定労働時間40時間の範囲内でなければならない（例えば清算期間を30日とすれば総労働時間は、40×30÷7≒171となるから、171時間以内でなければならない）。

④その他厚生労働省令の定める以下の記載事項

（イ）標準となる1日の労働時間　これは労働者が年休を取得したときに支払われる賃金算定の基礎として活用される。

（ロ）コアタイム（労働者が労働しなければならない時間帯）を設ける場合は、

図6-1　フレックスタイム制の例

その開始・終了時刻。

（ハ）フレキシブルタイム（労働者が選択により労働することができる時間帯）

[2] 3か月までの清算期間

平成30（2018）年6月29日可決、成立し7月6日公布された「働き方改革関連法」による改正によって、労基法におけるフレックスタイム制も、新たに3か月までの清算期間が認められることになった（労基法32条の3及び32条の3の2、平成31年4月1日施行）すなわち、

① フレックスタイム制の清算期間の上限は3か月とされ、使用者は、清算期間が1か月を超える場合には当該清算期間をその開始の日以後1か月ごとに区分した各期間ごとに当該各期間を平均し1週間あたりの労働時間が50時間を超えない範囲内において労働させることができる。

② 1か月を超える清算期間を定めるフレックスタイム制の労使協定については、行政官庁への届出を要するものとされた。

従来は1か月単位での調整が求められ、かつその週平均時間が法定の40時間に限定されていたため、より長期のスパンの業務の繁閑に対応することができなかった。改正によりそれが可能になった反面、労働者にとって月単位で40時間以上の残業が法定内の扱いになる点は、身体的疲労とともに経済的損失の感を免れないだろう。

C　事業場外労働・裁量労働制

昭和62（1987）年の労基法改正で、法的な反証を許さない「みなし」労働時間が導入された。実労働時間の規制を旨とする労基法にとっては大胆な規制の緩和である。事業場外労働と（専門業務型）裁量労働においてこれが導入された。

使用者の指揮監督の及ばない事業場外労働では、実労働時間の把握が困難、したがって「労働時間を算定し難い」場合には、「所定労働時間」、「当該業務の遂行に通常必要とされる時間」あるいは「労使協定に定められた時間」労働したものとみなされる（労基法38条の2）。

しかし最近の裁判例では、事業場外労働者として扱われていた派遣添乗員が、「労働時間を算定しがたいとき」にはあたらないとされた（阪急トラベ

ルサポート〔第2〕事件・最二小判平26.1.24労判1088-5〔百選39事件〕)。

　裁量労働制とは、業務の性質上その遂行方法を大幅に労働者にゆだねる必要があるためにその業務遂行の手段および労働時間配分の決定を労働者の判断にゆだね、その間は一定時間労働したものとみなす労働時間制度である。当初専門業務型裁量労働制が導入されたが、その後平成10 (1998) 年の改正によって企画業務型裁量労働制が導入され、現在ではこれら2つの形態の裁量労働制となっている。いずれも労働者による自主的な労働時間の配分決定により自律的・創造的な労働に寄与しうるものと期待されている。しかしその反面、「みなし」時間数しか労働したものとされないことから実労働時間との大きな乖離が生じる危険性があり、しかも「みなし」労働時間数を1日8時間以下にすれば実労働は存在しながら労基法上の時間外労働は存在しない場合も出てくる。このように裁量労働制は労働時間の規制を大きく排除するだけでなく、労働時間の長さで賃金を決めることの意味が薄れることから、裁量労働制のもとでの賃金決定は成果主義と結びつきやすい。こうした裁量労働制は労働者の長時間労働を誘発するおそれがあるため、導入にはいくつかの制約が設けられている。

[1] 専門業務型裁量労働制
(1) 専門業務型裁量労働制の要件
　専門業務型裁量労働制を導入するには、従業員の過半数代表者と書面の協定（労使協定）を締結して必要な記載事項を記載し、労基署長に届け出る必要がある。ここでも労働契約上の権利義務を形成するには労使協定の定めを就業規則等にも定めておく必要がある。

　労使協定の記載事項は、①対象業務、②算定される労働時間（1日の「みなし」時間）、③対象業務の遂行の手段および時間配分の決定等に関して労働者に対し使用者が具体的に指示をしないこと、④労働者の健康福祉確保のための措置、⑤苦情処理に関する措置、⑥有効期間、である（労基法38条の3）。

　なお「対象業務」は現在、新商品・新技術の研究開発、情報処理システム、新聞・出版における記事の取材・編集業務、衣服・室内装飾などのデザイン考案業務、放送・映画等の事業のプロデューサー、ディレクターな

ど 19 の専門職業務が指定されている（労基則 24 条の 2 の 2 第 2 項）。

裁判例では、下請け会社の SE について、プログラミング業務が含まれていたことやかなりタイトな納期を設定されていたため業務遂行の裁量性が乏しくなっていたとして、該当性を否定されたものがある（エーディーディー事件・京都地判平 23.10.31 労判 1041-49、同事件・大阪高判平 24.7.27 労判 1062-63）。また、「税理士の業務」は、法所定の税理士となる資格を有しかつ税理士名簿への登録を受けた者が主体となる業務であるので、税理士の補助業務を行うスタッフの業務は専門業務型裁量労働の対象となる「税理士の業務」ではない（レガシー事件・東京高判平 26.2.27 労判 1086-5）。

(2) 専門業務型裁量労働制の効果

専門業務型裁量労働制が適法・有効に成立すれば対象労働者は労働時間の算定にあたっては実労働時間ではなく、労使協定に定められたみなし労働時間のみ労働したものとして処理される。法定時間を超えるみなし労働時間には三六協定の締結・届出と割増賃金の支払が必要である。また深夜時間帯に及ぶときは深夜時間数に応じた割増賃金の支払が必要になる。

なお休憩時間の付与は、労働時間配分の裁量的性格を考えて労使協定を締結して一斉付与の適用除外（労基法 34 条 2 項ただし書）を定めておく必要があろう。

[2] 企画業務型裁量労働制

企画業務型裁量労働制は事業運営に関する企画・立案・調査および分析に係わる業務を対象業務とする裁量労働制である。一定のホワイトカラー労働者を対象に労働時間にとらわれないで主体的・創造的な労働に適合する。

導入の要件は、当該事業場の賃金、労働時間その他の労働条件について調査審議をして事業主に意見を述べることを目的とする「労使委員会」（委員の半数は過半数組合それがない場合は過半数代表者により、残りの半数は使用者により任期を定めて指名される。）を設置すること、そしてその 5 分の 4 以上の賛成で企画業務型裁量労働制に関する決議を行い労基署長に届け出ることである（労基法 38 条の 4 第 1 項本文）。労使委員会は、その他労働時間に関する労使協定に代わる決議（労使協定代替決議）をすることができる。労使委員会

の議事については開催のつど議事録を作成して3年間保存し労働者に周知しなければならない。

適用対象は、事業場・業務・労働者について限定される。まず「対象事業場」は、平成15 (2003) 年改正により、①「本社・本店である事業場」のほか、②「当該事業場の属する企業等に係る事業の運営に大きな影響を及ぼす決定が行われる事業場」、③「本社・本店である事業場から具体的な指示を受けることなく独自に、当該事業場に係る事業の運営に大きな影響を及ぼす事業計画や営業計画の決定を行っている支社・支店等である事業場」となった。なお労使委員会の設置について労基署長に届け出る必要はない。

4 時間外・休日労働

A 時間外・休日労働の意味

労基法は使用者に労働者を法定の労働時間を超えて働かせてはならないとする一方で、一定の条件のもとにこの法定労働時間を超えて働くことを許容し、かつその時間については割増賃金の支払いを義務付ける。所定労働時間が法定労働時間を下回る場合、所定時間を超える労働を法内超勤（ないし法内残業）というが、これは労基法の規制対象とはならない。

B 時間外・休日労働の要件
[1] 法律による時間外・休日労働
(1) 非常災害時の時間外・休日労働

「災害その他避けることのできない事由」によって「臨時の必要がある場合」には、使用者は、労基署長の事前の許可を得て、必要な限度において時間外・休日労働をさせることができる（労基法33条1項）。

(2) 公務による臨時の必要がある場合

労働基準法は、同法「別表第1」（労基法の適用事業を掲げている）に該当しない官公署の事業（非現業の事業）に従事する国家公務員および地方公務員については、「公務のために臨時の必要がある場合」には時間外・休日労働を

させることができるとしている（33条3項）。これは公務の円滑な遂行と国民および住民の便宜を確保するためであると考えられている。

[2] 三六協定による時間外・休日労働

使用者は、当該事業場の労働者の過半数を代表する者（過半数を代表する労働組合があればその労働組合）と書面協定（労使協定）を締結し労基署長に届け出た場合には、法定の労働時間を超えて、または法定の休日に労働させることができる（労基法36条1項）。時間外・休日労働の一般的なケースはこの場合である。三六協定は真に従業員を代表する者が締結しなければならない。親睦会の代表者や役職者は従業員代表者とは認められない（トーコロ事件・最二小判平13.6.22労判808-11）。

三六協定には以下の事項を定めることになっている（労基法36条2項）。
①時間外労働、休日労働をさせることができる「労働者の範囲」
②対象期間
③時間外労働、休日労働をさせることができる「場合」
④1日、1か月および1年についての時間外労働の時間または休日労働の日数
⑤その他厚生労働省令で定める事項

なお、三六協定の様式および記載例は、厚労省のウェブサイトからダウンロードできる。

[3] 時間外労働の上限規制（労基法36条・139条〜142条、2020年4月1日施行）

前記の「働き方改革関連法」によってわが国で初めて時間外労働の上限規制が導入された。その概要は次の通りである。

時間外労働は、限度時間を超えない時間に限られる（36条3項）。限度時間とは、1か月45時間、1年360時間である（36条4項）。これに違反した使用者は、罰則が科せられる。なお、業務量の急激な増加など臨時の必要に応じてこれを超えて労働させる場合、1か月について労働時間を延長できる時間（時間外・休日労働時間）は100時間未満の範囲内で、また1年について労働時間を延長できる時間（時間外労働のみ）は720時間を超えない範囲で、定める必要がある（労基法36条5項）。

[4] 時間外・休日労働義務

　労使協定を締結して時間外・休日労働をさせた場合使用者は、罰則の適用を免れる（免罰的効力）。しかし三六協定は民事上は労基法32条の強行的効力を解除する効果を有するにとどまり、使用者の時間外労働に関する業務命令権、労働者の時間外労働義務を生みだすわけではない。

　そこで、時間外・休日労働義務の根拠は三六協定とは別途に労働契約に求められる。これについては、一方では使用者は労働者の個別的同意なくしては時間外・休日労働を命じることはできないとする個別的合意説（申し込み説）が主張される。他方で、就業規則等に「会社は業務上必要あるときは従業員に時間外・休日労働を命ずることがある」旨の定めがあるときは、それが労働契約の内容になって使用者は時間外・休日労働を命じることができるとする包括的合意説（命令説）が主張される。

　判例によれば、就業規則に三六協定の範囲内で一定の業務上必要あるときは時間外労働をさせることができる旨定めている場合は、その規定内容が合理的である限り、それが労働契約の内容になって、労働者は就業規則の定めに従い時間外労働をする義務を負う（日立製作所武蔵工場事件・最一小判平3.11.28民集45-8-1270〔百選36事件〕）。この理論構成は包括的合意説によるものである。もっとも判例は就業規則の当該規定（三六協定を含めて）の合理性判断にあたっては時間外・休日労働の事由を概括的、網羅的ではなく具体的に定めることを求めている。

　なお、「災害その他避けることのできない事由」による時間外・休日労働の場合には（労基法33条1項）、労働者は信義則上時間外・休日労働義務を負うとされている。また「公務のために臨時の必要がある場合」（同条3項）には、行政庁は一方的に時間外・休日労働を命じることができると解されている。

C　割増賃金

[1] 割増賃金の支払と算定

　使用者は、労基法33条または同36条にもとづいて法定労働時間を延長し、または休日に労働させた場合、または午後10時から午前5時までの間に労働（深夜労働）させた場合には、割増賃金を支払わなければならない（37

96 ■ 第6章 ■ 労働時間の規制

条1項・4項)。

　割増賃金は、「通常の労働時間又は労働日の賃金の計算額」(所定労働時間時間あたりの賃金額)に時間外労働および深夜労働の時間数を乗じて得た金額に、割増率(時間外労働および深夜労働は2割5分増し、休日労働は3割5分増し)を乗じて計算される(37条1項・4項、割増賃金令平6.1.4政令5号、労基則19条)。なお時間外労働が深夜労働に重なる場合は、その部分は5割増になる(労基則20条1項)。また休日労働が8時間を超えても3割5分増しのままであるが、深夜労働と重なる場合はその部分は6割増しとなる(労基則20条2項)。

　割増賃金の算定の基礎となる通常の賃金からは①家族手当、②通勤手当、③別居手当、④子女教育手当、⑤住宅手当、⑥臨時に支払われる賃金、⑦1か月を超える期間ごとに支払われる賃金(賞与など)は除かれる(労基法37条5項、労基則21条)。これらの手当等は限定列挙であるからこれら以外の手当等を除外することはできない(小里機材事件・最一小判昭63.7.14労判523-6)。

　なお割増賃金は、定額手当で支払ったり、基本給に含めて支払われたりすることがある。このような支払い方自体は違法ではないが、しかしその場合、割増賃金部分と通常の賃金部分が明確に区別されていなければならず、かつ実際に支払われた割増賃金が労基法37条に基づいて計算された割増賃金額を上回っていなければならない(高知県観光事件・最二小判平6.6.13労判653-12〔百選38事件〕)。最高裁は、勤務医について年俸1,700万円という高賃金の中に時間外労働などの割増賃金が含まれていることが合意されていた事案(医療法人康心会事件・最二小判平29.7.7労判1168-49)でこの原則を維持している。

[2] 時間外労働が月60時間を超える場合の割増賃金

　平成20(2008)年労基法改正(平成22年1月1日施行)によって、時間外労働が1か月60時間を超えた場合には、その超えた時間の労働について5割増以上の割増賃金の支払が義務付けられた(37条1項ただし書)。また、この場合に割増賃金率の引き上げ分(2割5分から5割への引き上げ分、すなわち2割5分)につき割増賃金の支払に代えて、有給休暇(割増賃金代替休暇)の付与を定めることができる(37条3項)。例えば月80時間の時間外労働をした場合には、月60時間を超える20時間については、5時間分の割増賃金代

替休暇を与えることができる（20 時間×0.25＝5 時間）。

D　労働時間の適用除外

[1]　管理監督者など

　労基法で定める労働時間、休憩および休日に関する規定は、次の労働者については適用されない。ただし、深夜割増賃金については適用がある点に留意すべきである（41 条）。

①農業、畜産、養蚕、水産業（林業を除く）

②監督、管理の地位にある者または機密の事務を取り扱う者

③監視・断続的労働に従事する者

　このうち、②の管理監督者は、一時「名ばかり管理職」として労働時間規制の脱法的運用が社会問題となったものである。本来の管理監督者とは「経営者と一体的な立場にある者」「重要な職務と責任を有し……労働時間等の規制になじまないような立場にある者」「基本給、役付手当等において、その地位にふさわしい待遇」がなされている者を意味する（昭 22.9.13 基発 17 号ほか）。使用者は、適切な労働時間管理が求められる。

[2]　高度プロフェッショナル制度

　平成 30（2018）年の働き方改革により、高度の専門的知識を有する労働者についても労働時間等の規定が適用されないこととなった（41 条の 2 を新設）。41 条の管理監督者等と異なり、深夜割増賃金の規定も適用されない。詳細は、本章「コラム」を参照されたい。

コラム	高度プロフェショナル制度の創設
	（41 条の 2、2019 年 4 月 1 日施行）

　第 1 次安倍政権のもとでの日本版ホワイトカラー・エグゼンプション（WE）の導入の試み（平成 19〔2007〕年 1 月 25 日の「労働基準法の一部を改正する法律案要綱」）の失敗を受けて、今回はアメリカの WE よりはるかに限定された範囲においてではあるが、ホワイトカラー労働者に対して新たな適用除外制度が成立した。

　手続的には、労使委員会における 5 分の 4 以上の多数による決議と行政

官庁への届出および該当労働者の同意が要件となる。

対象業務は、高度の専門知識等を必要とし、その性質上従事した時間と従事して得た成果との関連性が通常高くないと認められるものであって、(今後)省令で定める業務とされる。例えば、金融商品の開発業務・ディーリング業務、アナリストの業務（企業・市場等の高度な分析業務）、コンサルタント業務（事業・業務の企画運営に関する高度な考案又は助言の業務）、研究開発業務等が想定されている。

対象労働者の要件は、

a) 使用者との間の書面等による合意に基づき職務の明確な定め、および

b) 年収が平均賃金の3倍を相当程度上回ること（1,075万円）、

である。

健康および福祉の確保の観点では、まず①健康管理時間（対象労働者が事業場内にいた時間と事業場外において労働した時間との合計）を把握する措置と、②1年に104日以上、かつ、4週を通じて4日以上の休日の付与が要件となる。さらに③、ア）休息時間（勤務間インターバル）の確保、深夜業の回数制限、イ）1年に2週間の継続した年休の付与、ウ）厚労省令で定める事項に該当する労働者に対する健康診断、のいずれか1つを実施することも要件となっている。

効果としては、労働時間規制の全面的な適用除外である。すなわち、労基法第4章で定める労働時間、休憩、休日および深夜の割増賃金（管理監督者と異なる）に関する規定は対象労働者には適用されない。

もっと知りたい方へ

- 島田陽一「働き方改革と労働時間法制の課題」ジュリスト1517号（有斐閣、2018）56頁

4 時間外・休日労働 ■ 99

知識を確認しよう
....

問題
(1) ビル管理会社の拘束 24 時間勤務における夜間の仮眠時間（8 時間）は労働時間と言えるか.
(2) 病院の勤務について残業代込みで年間 1,700 万円の年棒額を支給することによって、時間外・休日および深夜労働に対する割増賃金を支払わないとすることは可能か。
(3) 親睦団体の会長を過半数代表とした三六協定の締結と届出およびその旨記載の就業規則がある事業所において、使用者の時間外労働の命令を無視して、帰宅した労働者に対してなされた訓告処分は有効か。

解答への手がかり
(1) 労基法上の労働時間は労働者が使用者の指揮監督下にあるか否かによって判断される。仮眠時間のような不活動時間においても使用者による何らかの義務付けがあるかどうかが問題となる。言い換えれば、労働者にとって仮眠中労働からの解放が完全に保障されているか否かである。
(2) その賃金について、通常の労働時間の賃金相当部分と割増賃金相当部分が判別できるかどうかが 1 つのポイントである。また、高額の賃金（基本給）であれば、そこに時間外労働に対する割増部分が含まれると解することができるかどうかがもう 1 つのポイントになる。
(3) 三六協定の締結当事者（この場合親睦団体の会長）が過半数代表者として選出されているか否か。就業規則における規定で労働契約上の根拠規定として十分か。具体的な、時間外労働命令が権利濫用となる可能性はないか。

第7章 休憩・休日・年次有給休暇

本章のポイント

1. 労働基準法の休憩付与の目的は、労働者を労働時間の途中で、使用者の指揮監督から完全に解放することにより精神的・肉体的疲労から回復させようとするものである。

2. 休日も休憩と同様に、労働者の日々の労働による疲労を解消するための重要な制度である。同時に、労働者の家庭生活やプライベートな時間を確保する意義も大きい。

3. 年次有給休暇制度は、単に労働からの解放だけではなく、労働者の健康で文化的な生活の実現に資するものである。使用者は、「労働者の請求する時季」（時季指定権）に有給休暇を与えなければならないが、「事業の正常な運営を妨げる場合」には、他の時季に変更することができる（時季変更権）と解されている。

1 休憩の原則

A 休憩時間の保障

使用者は、1日の労働時間が、6時間を超える場合は少なくとも45分、8時間を超える場合には少なくとも1時間の休憩時間を、労働時間の途中に与えなければならない（労基法34条1項）。8時間を大きく超える場合、例えば16時間隔日勤務であっても、法律上は1時間の休憩を付与することで足りる。また、8時間労働を時間外労働（労基法33条・36条）によって延長する場合も同様であるが、延長前に1時間の休憩を与えていないときは、1時間の休憩付与の要請を満たす必要があるため延長時間終了前に不足休憩時間を与えなければならない。労基法では、休憩の一括付与の規定がない。そのため分割して付与することも可能であるが、極端に短い時間は休憩とはいえず[1]、少なくとも昼食等に必要な時間を確保できるように付与すべきである[2]。ただし、休憩時間を特定の時間に定めることまでは求められていない。

B 一斉付与の原則

休憩は事業場の全労働者に一斉に与えるのが原則である（労基法34条2項）。他の労働者が仕事をしていたのでは休憩がとりにくいからである。ただし、農林業や商業・金融業、サービス業など事業の性質上一斉休憩が困難な種類の事業は適用除外となっている（労規則31条）。また、平成10(1998)年の労基法改正により、製造業など一斉休憩が困難でない事業でも、労使協定があれば、一斉付与の適用除外を受けられることになった（労基法34条2項ただし書）。なお、改正前までは、適用除外は所轄の労働基準監督署長の許可制となっていたため、これによって適用除外の許可を受けた事業場については、引き続き、労使協定がなくとも適用除外が許されている（労基法附則〔平10.9.30法律112号〕4条）。

C 自由利用の原則

休憩時間は、労働からの解放を保障する時間であるため、使用者は、労

働者に休憩時間を自由に利用させなければならない（労基法34条3項）。ただし、合理的理由がある場合に限って、最小限の態様の規制（届け出制、客観的基準による許可制）が許される。行政解釈では、外出の許可制も事業場内で自由に休憩しうるかぎり違法ではないとしている（昭23.10.30基発1575号）。

しかし、休憩時間に電話番をさせるなど、手待ち時間に相当する労働に従事させた場合は、労働からの解放とはいえず、労働時間となるため使用者はその時間に相当する賃金を支払わなければならない。また、自由利用を妨げるような方法で休憩時間を与えたときには、休憩時間付与義務の債務不履行となるため、労働者が蒙った、肉体的・精神的損害についての慰謝料の支払い義務が生ずるとされている（住友化学工業事件・最三小判昭54.11.13判タ402-64）。

D　休憩時間中の組合活動

休憩時間を自由利用できるからといって、労働者の行為がすべて許されるわけではない。例えば休憩時間中の組合活動は、多くの場合に企業施設を利用するため、企業の施設管理権に基づき制約を受けることになる。判例も、使用者が許諾を与えないことが使用者の権利の濫用にあたるような「特別の事情」がある場合を除いては、使用者の許諾を得ずに組合活動のために企業施設を利用することは、企業秩序を乱すものであって、正当な組合活動として許容されないとしている（国鉄札幌運転区事件・最三小判昭54.10.30民集33-6-647〔百選87事件〕）。

コラム　休憩時間の自由利用中の災害と労災保険

休憩時間が「労働からの解放」であるとすれば、労働者の休憩時間の自由利用は当然なことである。反面、それは、私的な行為をする時間であり業務を行う時間ではないことになる。では、その間に発生した災害に対する労災保険の適用はどうなるであろうか。

行政解釈では、事業主の管理下を離れた場合（事業施設外）は、原則的には、業務遂行性を認める余地がなく、業務起因性は認められないとしている。一方、事業主の管理下（事業施設内）にある場合は、事業主の支配下にあるこ

とは否定できないため、もしその災害が就業中に起こったならば業務行為に含まれたであろうとみられる性質のものは業務に付随する行為とみることが合理的であるとしている。

こうした考え方に基づいて業務上であることを認めた例として、①休憩中水汲みに行って死亡した事例（昭 24.12.28 基災収 4173 号）、②道路の傍らで休憩中交通事故に遭い負傷した道路清掃人の事例（昭 25.6.8 基災収 1252 号）、③昼食中に岩石落盤により死亡した事例（昭 27.10.13 基災収 3552 号）などがあり、施設外災害を柔軟に認定する傾向が窺われる。

もっと知りたい方へ

- 労働省労働基準局『労災保険 業務災害および通勤災害 認定の理論と実際（上巻）』（労務行政研究所、1997）
- 保原喜志夫・山口浩一郎・西村健一郎編『労災保険・安全衛生のすべて』（有斐閣、1998）

2 休憩の特例

A 休憩時間付与の例外

農林水産業従事者、管理監督者、監視断続労働従事者については、休憩に関する規定を適用しない（労基法 41 条各号）。運送・郵政事業の長距離乗務員（6 時間乗務のもの、昭 29.6.29 基発 355 号）および室内勤務者 30 人未満の郵便局において郵便業務に従事する者については、休憩時間を与えないことができる（労規則 32 条 1 項）。また、運送・郵政事業の長距離乗務員に該当しない乗務員についても、業務の性質上、休憩時間を与えることができないと認められる場合において、停車時間、折り返しによる待合せ時間等を休憩時間として取り扱うことができる（同 2 項）。

B 一斉付与の例外

[1] サービス業等の例外

公衆の便宜という観点から以下の事業については、休憩の一斉付与の原則が排除されている。①運送業（労基法別表第1の4号）、②商業（同8号）、③金融・広告（同9号）、④映画・演劇（同10号）、⑤郵便・電気通信（同11号）、⑥病院・保健衛生（同13号）、⑦旅館・飲食店（同14号）、⑧官公署の事業。ただし、年少者に関しては、特例の適用が排除されている（60条）。また、平成10（1998）年の労基法改正により、製造業等、一斉休憩が業務の性質上困難でない事業場でも、労使協定を締結することにより一斉付与の原則の適用除外を行えることとしている（34条2項ただし書）。

[2] 坑内労働の例外

坑内労働においては、労働者が抗口に入った時刻からそれを出た時刻までの時間を、休憩時間を含めて労働時間とみなすため、休憩の一斉付与原則、自由利用原則が排除されている（労基法38条2項）。

C 自由利用の例外

①警察官・消防吏員、常勤の消防団員、児童自立支援施設で児童と起居をともにする者（労規則33条1項）、②乳児院、児童養護施設、障害児入所施設の職員で児童と起居をともにする者（労基署長の許可を受けた場合）については、休憩時間の自由利用の原則の適用除外が認められている（同条2項2号）。

3 休日の原則

A 週休制の原則

使用者は、労働者に対して「毎週少なくとも1回の休日」を与えなければならない（労基法35条1項）。休日とは、労働者が使用者の一切の束縛から解放される日、あるいは、労働義務のない日とされている。「毎週少なくとも1回」とは平均して1週間に1回ではなく、それぞれの1週間のうち

に1回という意味である。「週」とは7日の意味であるが、その起算日の定めがなければ日曜日から土曜日までと解されている。1回とは1暦日をいい、原則として午前0時から午後12時までであり、継続する24時間ではない（昭23.4.5基発553号）。

ただし、1回1暦日には以下の通りの例外がある。①シフト編成による交替制が就業規則等で制度化している場合は、継続24時間の付与で足りるとしている（昭63.3.14基発150号）。②自動車運転手に関する労働時間制において、「30時間以上の連続した時間」が休日として認められている。③旅館業における2暦日にまたがる休日について、正午から翌日の正午までを含む連続30時間の休息時間が確保されること、1年間の法定休日数の少なくとも半数以上を暦日で与えることを条件に、「休日」として認めている（昭57.6.30基発446号）。

B　休日の特定

労基法では、休日の曜日の特定することまでは要求していないが、行政指導では，休日の曜日特定が望ましいとされている（昭23.5.5基発682号、昭63.3.14基発150号）。週休2日制の場合は、1日が法定休日、もう1日が法定外休日となるため、法定休日に労働させたさせた場合にだけ、休日労働として35%増しの割増賃金支払い義務が生じる。法定休日は休憩と違って、当該事業場単位で一斉に与えなければならないわけではない。

C　変形休日制

労基法は、週休1日制の例外として「4週を通じて4日以上」の休日を与えることを認めている（労基法35条2項）。これを変形週休制と呼んでいる。単位期間は4週間であるが、この起算日は就業規則で定めておくことが要件である（労規則12条の2）。この4週間に4日の休日が与えられていればよく、単位となる期間のどの週に何日の休日を与え、どの週に与えないかということについての事前の特定は必要とされていない。

D　休日の振替

使用者は、業務上の必要性から、労働者に就業規則で定められた休日に

労働させる場合がある。事前に休日（法定休日）と定められた日を通常の労働日とし、その代わりに他の日（労働日）を休日とすることを休日の振替という。休日振替の規定を就業規則に設け，休日を振り替える前日までに振替日を特定して振り替えた場合には、休日労働にならない（昭 63.3.14 基発 150 号）。判例も同様の態度をとっている（三菱重工横浜造船所事件・横浜地判昭 55.3.28 労判 339-20）。このような規定がない場合に行われる休日の振替は、労働者の個別的同意を得て初めて行うことが許される。

E 事後の振替

休日の振替と類似のものに代休がある。代休は、休日に休日労働した後に、事後的に他の労働日を休日にすることをいう。この場合には、事前に休日と労働日が振り替わっていないため、原則として休日労働としか評価されず、割増賃金の支払義務は免れない。

4 有給休暇の保障

A 年休権の要件と法定年休日数

[1] 年休権の成立要件

年休権は、労働者が「6 か月間継続勤務」し（使用者と雇用関係にあること）、全労働日の 8 割以上出勤することによって当然に発生する。「6 か月継続勤務」の起算日は当該労働者の採用日であるが、継続勤務 6 か月未満の者に対し「6 か月」に足りない期間を出勤したものとみなす取扱いをすることにより、全労働者の斉一的算定のための特定の締切日を設けることができる（昭 63.3.14 基発 150 号）。継続勤務要件は従来「1 年間」であったが、平成 5 (1993) 年に、国際基準にできるだけ近づけるべく「6 か月」に改正された。

[2] 法定年休日数

以上の要件を満たした労働者に対して 10 労働日の有給休暇を与えなければならないとしている（労基法 39 条 1 項）、その後は 1 年ごとに継続勤務

をしてその間に全労働日の8割以上出勤した労働者に対して、10労働日に1労働日ずつ加算（雇い入れから3年半以降は1年ごと2日ずつ加算）した有給休暇を与えなければならないとしている（**表7-1**）。ただし有給休暇日数が20労働日に達したときには、20労働日に据え置くことができる（同条2項）、1年間の出勤率が8割を下回るときには、その次の1年間は年休が0になるが、0になった年に8割以上出勤すればその次の1年間は加算された日数分を再び取得することになる。

表7-1　勤続年数と年休の法定付与日数

勤続年数	6か月	1年6か月	2年6か月	3年6か月	4年6か月	5年6か月	6年6か月以上
年休日数	10日	11日	12日	14日	16日	18日	20日

B　継続勤務

「継続勤務」は、実質的に判断され、臨時労働者の正社員への採用、定年退職者の嘱託としての再採用、短期労働契約の更新、在籍での出向など実態からみて「継続勤務」となりうる（昭63.3.14基発150号）。なお、「継続勤務」とは、在籍で足りるので、休業中や休職中であっても在籍していれば、「継続勤務」となる。

C　全労働日と出勤日

通説・行政解釈では、就業規則で労働すべきと定められている日、すなわち休日として定める日以外の日が労働日とされている。また、労基法は、①業務上負傷・疾病の療養のための休業期間、②育児・介護休業法に基づく育児休業または介護休業の期間、③労基法65条に基づく産前産後の休業期間については「出勤したものとみなす」と規定している（39条10項）。年次有給休暇を取得した日については、出勤したものとして取扱うという行政解釈があるが（基発17号・昭22.9.13）、生理休暇は、当事者の合意によるとされている（昭23.7.31基収2675号）。

D　パートタイム労働者の年休

昭和62(1987)年の改正により、パートタイム労働者にも年休を保障する比例付与制度が導入された（労基法39条3項）。比例付与の要件は、①1週間

の所定労働時間が 30 時間未満で、かつ、②週所定労働日数(平均所定労働日数)が 4 日以下(週以外の期間で所定労働日数が定められているときには年間所定労働日数 216 日以下)である。年休の法定付与日数については、通常の労働者の所定労働日数(現在は 5.2 日)との比率で決められる(労規則 24 条の 3 第 1 項～5 項)。例えば、所定労働日数が 4 日で、1 日あたりの所定労働時間が 6 時間のパート労働者が雇い入れの日から 6 か月間継続勤務して 8 割以上出勤した場合についてみると、10 日(通常の労働者の法定付与日数)×4/5.2(現在定められている通常労働者の所定労働日数)=7(端数切り捨て)となり、7 日の年休が付与される。なお、パート労働者であっても、週 5 日の出勤の場合や労働時間が 8 時間の場合は、比例付与要件を満たさないため、通常の方法により年休が付与される。

表 7-2　パートタイム労働者に対する年休の法定付与日数

週所定労働日数	1 年間の労働日数	雇入れから継続勤務期間						
		6 か月	1 年6 か月	2 年6 か月	3 年6 か月	4 年6 か月	5 年6 か月	6 年6 か月
4 日	169～216 日	7 日	8 日	9 日	10 日	12 日	13 日	15 日
3	121～168 日	5	6	6	8	9	10	11
2	73～120 日	3	4	4	5	6	6	7
1	48～72 日	1	2	2	2	3	3	3

E　年休の法的性質

　年休の法的性質について、学説は以下の 3 つが対立する。①労働者の一方的意思表示よって年休の効果が発生する(形成権説)。②労働者の年休請求を使用者が承認することによって効果が発生する(請求権説)。③年休権は労働者が法定要件を満たすことにより当然発生するが、労働者はこれとは別に年休の時季を指定する権利をもつ(二分説)。判例は、年休権は、使用者の承諾や合意によって生じる権利ではなく、6 か月間または 1 年間「継続勤務」し、全労働日の「8 割以上出勤」した労働者に、当然生じる権利であって、さらに、この権利を行使して時季を指定する権利(時季指定権)をもつとする二分説をとることを明らかにしている(白石営林署事件・最二小判昭 48.3.2 民集 27-2-191〔百選 41 事件〕、国鉄郡山事件・最二小判昭 48.3.2 民集 27-2-210)。

F　時間単位の年休

　平成 22 (2010) 年に施行された改正労基法により、一定要件のもとで、年

休の時間単位の付与が認められるようになった。その要件は、労使協定で、①時間単位で休暇を与えることのできる労働者の範囲（労基法39条4項1号）、②時間単位で休暇を与えることのできる休暇の日数（5日以内に限る、同項2号）、③時間単位の有給休暇の1日の時間数（労規則24条の4第1号）、④1時間以外の単位で年休を付与する場合にはその時間数（同条2号）、を書面により定めることである（労基法39条4項）。

G 年休取得手続と時季指定権・時季変更権

[1] 年休取得の原則

労働者が、年休の時季指定をする（時季指定権）ときは、使用者は指定された時季に年休を与えなければならない（年休付与義務）。ただし、労働者が請求した時季に年休を与えることが「事業の正常な運営を妨げる場合には」他の時季に指定するよう求めることができる（労基法39条5項）。このような使用者の時季変更の余地を「使用者の時季変更権」と呼んでいる。

[2] 時季指定権

労働者が、時季指定（年休権の行使）をするときは、文書でも口頭でもよいとされている。時季とは時期または季節を意味し、時季指定には「○月○日まで」あるいは「夏季に○日間」という方法が可能である。ただし、使用者が時季変更権を行使するかどうかを判断するために必要な時間的余裕をもって行うべきである。裁判例では、「前々日の勤務終了時までに請求するものとする」と定めた就業規則があっても年休当日になされた時季指定を有効としたものがある（此花電報電話局事件・最一小判昭57.3.18民集36-3-366）。この判決では、時季変更権の行使は年休開始後であっても適法になしうるとしているが、事後の年休請求、すなわち欠勤後の年休請求は原則として認められない。ただし、使用者が任意で、年休以外の理由で欠勤した日を事後に年休扱いにすること（年休の振替）は、年休権の行使（労働義務の免除）とは関係なく有効である（東京貯金事務センター事件・東京地判平5.3.4労判626-56）。

[3] 時季変更権

使用者の時季変更権は、「事業の正常な運営を妨げる場合」を要件として

行使しうる。「事業の正常な運営を妨げる場合」といえるためには、①年休取得日における労働者の労働が業務の運営に不可欠であること、②かつ、代替要員を確保することが困難であること、の2点が必要である[3]。例えば、勤務割のある職場であっても、使用者は代替勤務者を配置すべく「状況に応じた配慮」をしなければならず、そのような配慮しない場合は、当該時季変更権の行使は権利の濫用として許されないとしている（弘前電報電話局事件・最二小判昭62.7.10民集41-5-1229）。ただし、労働者の請求する年休が長期間になると、事業の正常な運営を妨げる蓋然性が高くなり、使用者の裁量的判断の幅が広がって、適法な時季変更権が認められやすくなる（時事通信社事件・最三小判平4.6.23民集46-4-306〔百選43事件〕）。

H 年休の利用目的

[1] 自由利用の原則

年休の利用目的は自由である（自由利用の原則）。判例も、「年次有給休暇の利用目的は労基法の関知しないところであり、休暇をどのように利用するかは、使用者の干渉を許さない労働者の自由である」（前掲、全林野白石営林署事件）としている。有給の病気休暇制度があるヨーロッパでは病気療養のための有休利用を禁止する国もあるが、日本では、むしろ病気やけがの療養に年休を使うために、残しておく傾向がみられる[4]。

[2] 争議行為への利用

ストライキの代替え手段として、労働者が一斉に年休を取得して職場を離れる、いわゆる「休暇闘争」は、「正常な勤務体制が存在することを前提としてその枠内で休暇を認めるという年次有給休暇制度の趣旨」（津田沼電車区事件・最三小判平3.11.19労判599-6〔百選42事件〕）に反するため、年休権の行使とはいえないとされている。しかしながら、他の事業所のストライキ応援のために年休をとって出かけることは差し支えない（前掲、白石営林署事件）。

I 計画年休

この制度は、年休消化率を高め労働時間短縮を推進するために昭和62年労基法改正によって計画年休が導入された（労基法39条6項）。労使協定

を結んで（労基署長の届け出不要）、事業場で一斉に、またはグループごとに休暇の時期と日数を定めて年休を計画的に消化する制度である。いったん、労使協定により年休取得時期が特定されると、組合員・非組合問わず「当該協定により適用対象とされた事業場の全労働者に及ぶと解すべきである」とされる（三菱重工長崎造船所事件・福岡高判平6.3.24労民集45-1＝2-123）。

J　年休取得義務

　平成30（2018）年の働き方改革関連法により、年5日の年次有給休暇の取得を、使用者に義務付ける制度が導入された（労基法39条7項）。これは、年休日数が10日以上である労働者につき、使用者がその労働者の希望を聴いた上で時季を指定することによって、年5日の年休を与えなければならないというものである。ただし、労働者が時季指定をして取得した年休および計画年休で取得した年休の日数分については、使用者は、時季を定めて与えることを要しない（同条8項）。

K　未消化の年休の扱い

[1]　年休の繰越

　年休権は休息権を具体化したものであるから、年休権が発生した年度内で消化することが望ましいが、年休消化ができなかった場合は、年休権の消滅時効が2年であること（労基法115条）より、2年を限度として年休の繰越が認められている。

[2]　年休の買い上げ

　使用者が金銭を支払うことによって年休を取得したものとすること、あるいは消滅時効により消化されなかった年休に対して使用者が金銭を支払うことを約することは、年休の趣旨を損なうものと考えられる。したがって、年休の買い上げ、買い上げ予約は、それが当該年休の取得を認めない趣旨である場合には、労基法39条に反して違法、無効となる。

[3]　労働契約の終了と年休

　年休が未消化のまま退職・解雇などによって労働契約が終了した場合に、

消化されずに取り残した年休手当請求権が認められるかどうかについては、見解が分かれているが、労働契約終了時に労働者がとり残した年休に対して使用者が任意に金銭を支払うことは差し支えないとされている。

L 不利益取扱い

　労基法附則 136 条は、年休を取得した労働者に対して「不利益な取扱いをしないようにしなければならない」としている。この規定を強行法規と考えれば、使用者の不利益取扱措置は違法無効となる。学説はこのように解する傾向が強いが、最高裁は、年休を取得した場合に、皆勤手当の算定において不利益取扱が争われた事件で、労基法附則 136 条は「使用者の努力義務を定めたものであって、労働者の年休取得を理由とする不利益扱いの私法上の効果を否定するまでの効果を有するものとは解されない」と棄却している（沼津交通事件・最二小判平 5.6.25 民集 47-6-4585）。

> ┃┃┃**コラム**┃┃┃　**改正通達「年次有給休暇算定の基礎となる全労働日の取扱いについて」**
>
> 　労基法は、勤続年数と前年における「全労働日の 8 割以上の出勤」を年休の取得要件としている。出勤率の計算式は、「出勤日」÷「全労働日」≧0.8 となる。これまでの行政解釈では、「使用者の責めに帰すべき事由による休業」は、「全労働日」から除外すべきものとされており（昭 33.2.13 基発第 90 号、昭 63.3.14 基発第 150 号）、使用者から解雇を言い渡され、前年に 1 日も出勤するとこができなかったときは、全労働日が 0 となり、労基法 39 条の解釈上、8 割以上出勤するという法定要件を満たさないと解されていた（全日数が零となる場合の有給休暇、昭 27.12.2 基収 5873 号）。ところが、平成 25 年 6 月に最高裁判所は、解雇無効が確定し復職した労働者が、有給休暇の取得を争った裁判において、解雇されていた期間は全労働日に含まれ、「出勤日」に算入すべきであるという判断を下した（八千代交通事件・最一小判平 25.6.6 判時 2192-135）。この判決を受け、厚生労働省は、裁判所の判決により解雇が無効と確定した場合や労働委員会による救済命令を受けて会社が解雇の取り消しを行った場合の解雇日から復職日までの不就労日のように、

労働者が使用者から正当な理由なく就労を拒まれたために就労できなかった日は、出勤率の算定にあたって、出勤日数に算入すべきものとして全日数に含まれる（基発 0710 第 3 号平 25.7.10）とする改正通達を都道府県労働局長宛てに発出し、「全労働日」についての解釈を改めた。同時に、「全日数が零となる場合の有給休暇」（基収 5873 号）に関する部分についても削除するとしている。

● **もっと知りたい方へ**
- 西谷敏・野田進・和田肇編『新基本法コンメンタール　労働基準法・労働契約法』（日本評論社、2012）

注）
1) 東京大学労働法研究会『注釈労働法（下巻)』（有斐閣、2003）577〜578 頁
2) 林和彦『労働法〔第 2 版〕』（三和書籍、2013）132 頁
3) 菅野和夫『労働法〔第 10 版〕』（弘文堂、2013）329 頁
4) 林・前掲注 2）144〜145 頁

知識を確認しよう

［問題］
(1) 休日の振替と代休の違いについて説明しなさい。
(2) 年休における使用者の時季変更権について説明しなさい。
(3) 年休権行使における利用目的による制限について説明しなさい。

［解答への手がかり］
(1) まず、就業規則との関係を確認しよう。次に、振替日の特定の時期を確認しよう。
(2) まず、「時季変更権の要件」について確認しよう。次に、最高裁の判断を確認しよう。
(3) まず、年休利用の原則について確認しよう。次に、病気療養のための利用や争議行為への利用について確認しよう。

第 8 章 労働災害の予防と災害補償

本章のポイント

1. 労働の場において、安全と衛生を確保し、労働災害を防止することは労働者にとって何よりも重要なことである。この問題に取り組む主要な法律が、昭和47（1972）年に労働基準法から独立分離した労働安全衛生法である。

2. 労災保険制度は、使用者の無過失責任制度であり、例えば、建設現場で全面的に労働者の過失により墜落して負傷したようなケースであっても、「業務上」と認められる場合は、労災保険の給付が行われることになる。

3.「身体の傷害」であれば、「業務上」であるか否かの判断（業務上外認定）は比較的容易であるが、「脳・心臓疾患」や「精神障害」は労働領域の要因（長時間労働、業務上ストレスなど）と私生活領域の要因（体質、遺伝、加齢、プライベートなストレス）が絡み合って発症するため、業務上外認定が極めて困難なものとなる。そこで、労働基準局長が迅速・斉一的に業務上外認定を行うため、それぞれ認定基準が策定され通達として発出されている。

1 労働安全衛生法

A 労働安全衛生法の制定

労働災害防止の基本法は、昭和 47（1972）年に労働基準法から独立分離して制定された労働安全衛生法（以下、「安衛法」）である。安衛法は労働災害の防止のための「人の配置」（安全衛生管理体制）と使用者が遵守すべき「安全衛生の一般基準」を定め、労基法と相まって、職場における労働者の安全と健康を確保するとともに、快適な職場環境の形成を促進することを目的としている（安衛法 1 条）。

B 安全衛生管理体制

[1] 一般事業所の安全衛生管理体制

（1）総括安全衛生管理者

事業者は、事業所規模に応じて、総括安全衛生管理者を選任して、安全管理者および衛生管理者を指揮させるともに、その事業場における安全衛生業務全般を統括管理させなければならない（安衛法 10 条）。

（2）安全管理者

一定の業種と規模の事業場（例えば、製造業・建設業では常時 50 人以上）では、安全管理者を選任しなければならない。安全管理者は、総括安全衛生管理者の業務のうち安全に関する具体的事項の管理を行う（安衛法 11 条）。

（3）衛生管理者

常時 50 人以上の労働者を使用する事業場のすべてに衛生管理者を選任することが義務付けられており、事業場の規模に応じて一定数を選任しなければならない。衛生管理者は、総括安全管理者の業務のうち衛生に関する具体的事項の管理を行う（安衛法 12 条）。

（4）作業主任者

事業者は、都道府県労働局長の免許を受けた者、技能講習を修了した者などのうちから作業主任者を選任し、その者に危険有害な作業や危険有害な機械について、その作業に従事する労働者の指揮等その他必要な事項を行わせなければならない（安衛法 14 条）。

(5) 産業医

事業者は、産業医を選任し、その者に労働者の、①健康管理、②作業管理、③作業環境管理、④労働衛生、健康教育、⑤総括管理を行わせなければならない（安衛法13条）。なお、平成30（2018）年の働き方改革により、産業医と衛生委員会の関係を強化するなど、産業医の役割が拡大された。

[2] 安全委員会・衛生委員会・安全衛生委員会

安全衛生問題を調査審議する機関として、事業者と労働者の双方を構成員とする委員会、すなわち、安全委員会（規模・業種による）、衛生委員会（規模による）の設置が義務付けられている（安衛法17条・18条）。同一の事業場において、安全委員会および衛生委員会を設置しなければならないときは、一括して安全衛生委員会を設置することができる（19条）。

[3] 建設業・造船業の安全衛生管理体制

建設業および造船業の作業現場は下請け労働者が混在し、労災事故も多く、これを防止するためには特別な安全衛生管理体制が必要となるため、安衛法では、場所や自己の労働者・下請人の労働者の人数に応じて以下の者による安全管理体制を規定している。①統括安全衛生責任者（安衛法15条）、②元方安全衛生管理者（15条の2）、③店社安全衛生管理者（15条の3）、④安全衛生責任者（16条）である。

C 安全衛生の基準

[1] 危険・健康障害の防止措置

一般事業者の事業主の講ずべき措置として、①危険防止措置、②健康障害防止措置、③作業場に関する措置、④作業行動に関する措置、⑤作業中止・待避に関する措置、⑥救護に関する措置、⑦危険性・有害性の調査などを規定している（安衛法20条〜25条・28条の2）。また、請負事業等については、①元方事業者の関係請負人およびその労働者に対して講ずべき措置（29条）、②特定元方事業者の労働者および関係請負人の労働者に対して講ずべき措置を規定している（30条）。

[2] 機械および危険・有害物の規制

特に危険な機械等（特定機械等）については、都道府県労働局長の許可を受けなければ製造することができない（安衛法37条）。労働者に重度の健康障害を生ずる有害物質についての製造・輸入・譲渡・提供・使用は、研究用を除いて禁止されている（55条）。労働者に健康障害を生ずるおそれのある有害物質の譲渡・提供を行うものは、容器または包装について有害物の表示が義務付けられている（57条1項・同条の2第1項）。

[3] 労働者の就業にあたっての措置

事業者は、労働者を雇い入れたとき、および作業内容を変更したときは、安全衛生教育を実施しなければならない（安衛法59条1項2項）。また、事業者は、労働者を危険・有害業務に就かせるときは特別な教育を行わなければならない（59条3項）。

[4] 健康の保持増進のための措置

(1) 健康診断

事業者は、常時使用する労働者に対して、雇入れ時に健康診断（雇入時健康診断）を行わなければならない（安衛則43条）。また、1年以内ごとに1回、定期に医師による健康診断（定期健康診断）を行わなければならない（同44条）。さらに、有害業務に従事する労働者に対して、6か月（業務により4か月）以内ごとに1回、定期に医師による健康診断（特殊健康診断）を行わなければならない（安衛法66条2項3項）。

(2) 健康診断実施後の措置

事業者は、健康診断の結果を記録し（安衛法66条の3）、異常所見があれば、医師・歯科医師の意見を聞かなければならない（66条の4）。医師の意見を勘案し、必要があると認められるときは就業場所の変更、作業の転換、労働時間の短縮等の措置を講じなければならない（66条の5）。平成19（2007）年の安衛法改正により、特殊健康診断結果についても、一般健康診断結果と同様、労働者への通知が義務付けられている（66条の6）。

(3) 面接指導制度の創設

平成17（2005）年安衛法改正により、月100時間超の時間外・休日労働を

行い疲労の蓄積が認められる長時間労働者を対象に、申出による医師の面接指導を実施する制度が創設された（安衛法 66 条の 8 第 1 項、安衛則 52 条の 2 第 1 項）。また、月 80 時間超の時間外・休日労働を行い疲労の蓄積が認められる者（申出による）、事業場で定める基準に該当する者にも面接指導または面接指導に準ずる措置の実施が努力義務とされた（安衛法 66 条の 9、安衛則 52 条の 8 第 1 項）。なお、平成 30 (2018) 年の働き方改革により、面接対象者の範囲が拡大されている。また、面接指導の実施要件である時間外・休日労働時間数も、月 100 時間超から月 80 時間超に引き下げることを予定している。

(4) ストレスチェック

　平成 26 (2014) 年の安衛法の改正（平成 27 年 12 月 1 日施行）により、労働者の心理的負荷を把握するための検査（ストレスチェック）およびその結果に基づく面接指導の実施を内容とした「ストレスチェック制度」が設けられた（安衛法 66 条の 10）。

　この制度の目的は、メンタルヘルス不調者の発見ではなく、労働者のストレス程度を把握することにより、労働者のメンタルヘルス不調を未然に防止することにある。

2　労災保険法

A　労基法と労災保険法

　戦後の労災補償制度は、昭和 22 (1947) 年に労基法とともに労災保険法が制定され、労基法よる使用者の単独補償制度と労災保険制度による 2 本立てでスタートした。当初の労災保険法は、労基法上の災害補償と同一内容・同一水準の補償内容を規定しており、適用も危険有害度の高い事業に限定されていたため、労基法の補完的性格を有する制度として機能していた。しかし昭和 30 年代中頃より、数次の労災保険の改正が行われ、労基法からの乖離が顕著なものとなった。いわゆる「労災保険の一人歩き」と呼ばれる以下のような改正である。①遺族・障害給付の年金化（昭和 40〔1965〕

年）、②通勤災害制度の導入（昭和48〔1973〕年）、③労災保険法の全面的強制
適用化（昭和50〔1975〕年）、さらに労働福祉事業として特別支給金制度（昭和
49〔1974〕年）、④ボーナス特別支給金制度（昭和52〔1977〕年）などである。

B 労災保険の仕組み

[1] 労災保険制度の目的

　労災保険制度の目的は、業務災害または通勤災害による労働者の負傷・
疾病・障害・死亡等に対して迅速・公正な保護をするため必要な保険給付
を行い、あわせて労働者の社会復帰の促進・労働者および遺族の援護、労
働者の安全および衛生の確保を図り、もって労働者の福祉の増進に寄与す
ることである（労災法1条）。

[2] 適用対象事業

　労災保険法は、労基法と同様、原則として1人でも労働者を使用してい
る事業に、その業種・規模に関係なく強制適用される（3条1項）ため、そこ
で働く労働者はすべて労災保険の対象となる。ただし、事務処理体制が整
備されるまでの経過措置として、常時使用する労働者5人未満の個人経営
の農林・水産・畜産事業は任意適用事業とされている（昭和42〔1967〕年改正
法附則12条）。適用事業では、その事業の開始の日から国との間で労災保険
関係が成立するが（6条、労災保険の保険料等の徴収等に関する法律3条）、国の国
営事業（国有林事業ほか）、官公署（現業部門を除く）の事業は除かれる（3条2
項）。

[3] 労災保険法における「労働者」

　労災保険法では保護対象となる労働者を具体的に定めていない。そのた
め「労働者」か否かが問題（いわゆる労働者性の問題）となる。一般的には、
労基法上の「労働者」（労基法9条）と同義であるとされている。同法での「労
働者」であるためには、同法の適用事業に「使用される者」であり、「賃金」
が支払われることが必要となる。「使用される者」とは、他人の指揮命令に
従って業務を提供する者をいう。学説では、雇用契約か請負か委任かとい
った外形的な契約形式・名称で判断するのではなく、労務遂行過程におけ

る実質的な使用従属関係の有無によって判断すべきであるとしている。したがって、実質的に使用従属関係があれば、学生アルバイト、パートタイム労働者も「労働者」であり、会社の重役も、その地位が名目的なものである場合は、労働者である。

[4] 特別加入制度

労災保険法は「労働者」を適用対象とするため、「労働者」でない事業主、自営業者、家族従事者は保護の対象としていない。そのため、業務の種類、態様等からみて「労働者」に準じて労災補償の対象とすることが妥当なものに対して、特別に任意の加入の途を開いている。

特別加入が認められる者として、①中小事業主等特別加入者（労災法33条1号・2号、34条、労災保険施行規則46条の16）、②一人親方等特別加入者（法33条3号・4号、35条、則46条の17、則46条の22の2）、③特定作業従事者（法33条5号、35条、則46条の18）、④海外派遣者（法33条6号・7号、36条）が規定されている。

特別加入者の業務災害・通勤災害の認定は厚生労働省労働基準局長の定める基準に基づいて行われることになるが、一般の「労働者」と比較して、保護の範囲は狭いものとなっている（法37条、則46条の26）。

C 業務災害の認定
[1] 業務上外認定

労働者またはその遺族が労災保険の給付を受けるためには、当該負傷、疾病、障害または死亡が「業務災害」であることの認定を労働基準監督署長から受けなければならない（労基法75条以下、労災法7条1項1号）。これを業務上外認定という。

しかし、労基法および労災保険法はいずれも「業務災害」の定義を設けていない。そのため業務上の災害に該当するか否かは、もっぱら解釈に委ねられることになる。学説・判例とも、業務上と認められるためには、業務と災害の間に一定の因果関係が必要であるとしている（相当因果関係説。熊本地裁八代支部廷吏事件・最二小判昭51.11.12判時837-34）。この「因果関係」を「業務起因性」とよんでいる。「業務起因性」とは、「当該業務（公務）に内在す

る危険が現実化したもの」（地公裁基金愛知県支部長〔瑞鳳小学校教員〕事件・最三小判平 8.3.5 労判 689-16〔社保百選 53 事件〕）と解されている。行政解釈では、「業務起因性」の一次的判断基準として、「業務遂行性」を概念する。これは、「労働者が労働契約に基づき事業主の支配下にある状態」を意味する。そして、「業務遂行性」が認められる場合に、初めて「業務起因性」が検討されることになる。これに対し、業務と災害の間の因果関係は必要ではなく、業務との関連性があれば足りるとする有力説（業務関連性説）もある。

[2] 職業病の認定

(1) 労基則 35 条別表第 1 の 2

　職業性疾病は、業務に内在する有害要因への長期的曝露を原因とするため、突発性の災害性疾病に比べ、業務上外認定が、より困難なものとなる。そこで法は、特定の業務や作業形態に起因して生じる疾病を類型化して列挙し（例示疾病）、特段の事情のない限り業務との因果関係を認めることとしている（労基法 75 条 2 項、労基則 35 条別表第 1 の 2 の 2〜10 号）。

　例示疾病に該当しない場合は、包括規定である「その他業務による明らかな疾病」（別表第 1 の 2 の 11 号）として認定できる場合に、業務上疾病として取り扱われる。

(2)「脳・心臓疾患」および「精神障害」の例示疾病への採用

　従来、「脳・心臓疾患」および「精神障害」は、個人の素因や私生活との関連が強く、業務の要素との関連を定型的にできないことから、例示疾病から除外され、「その他業務による明らかな疾病」として認定されていた。平成 22（2010）年 4 月に、前者は、「長期間にわたる長時間の業務その他血管病変等を著しく増悪させる業務による脳出血、くも膜下出血、脳梗塞、高血圧性脳症、心筋梗塞、狭心症、心停止（心臓性突然死を含む。）若しくは解離性大動脈瘤又はこれらの疾病に付随する疾病」（別表第 1 の 2 の 8 号）として、後者は、「人の生命にかかわる事故への遭遇その他心理的に過度の負担を与える事象を伴う業務による精神及び行動の障害又はこれに付随する疾病」（同 9 号）として例示疾病に新たに加えられた。

[3] 過労死の業務上認定

(1) 過労死とは

「過労死」とは、特定の病名ではなく、長時間労働による慢性的疲労、ストレスによって生じる脳出血・くも膜下出血・脳梗塞など脳血管疾患や心筋梗塞・狭心症など心臓疾患による死亡をいう。これらの疾病は、加齢や日常生活における要因により自然的経過の中で発症することが一般的であるが、高血圧症などの基礎疾患に業務による過重負荷が加わることにより、自然的経過を超えて著しく増悪することがしばしば見受けられる。労災保険では、このような場合に業務による過重負荷を脳血管疾患および心臓疾患の発症の原因として捉え、業務上災害として認定するものである。

脳血管疾患および心臓疾患の多くは、私生活領域と労働領域にまたがる様々な要因（例えば素因ないし基礎疾病、体質、遺伝、加齢、飲酒・喫煙の習慣、ストレス、疲労の蓄積など）が競合して発症するため、業務上外認定が極めて困難なものとなる。そこで、労働基準監督署長が、迅速・公平に処理するために、最新の医学的知見を取り入れた認定基準（行政解釈）を策定している。

(2) 脳・心臓疾患の労災認定基準の変遷

昭和 36 (1961) 年通達（「中枢神経及び循環系疾患〔脳卒中、急性心臓死等〕の業務上外認定基準について」〔昭 36.2.13 基発 116 号〕）は、「災害主義」の立場をとり、「災害」もしくはそれに準ずる「過重業務」が発病直前あるいは発病当日に生じたことが認められない限り、原則として業務上と認められないというものであった。

これに対し、現行の平成 13 (2001) 年通達（平 13.12.12 基発 1063 号）は、「長期の過重業務」を認定要件に加え、発症前 1 か月におおむね 100 時間または発症前 2～6 か月にわたって 1 か月おおむね 80 時間を超える時間外労働は、業務と発症の関連性が強いとし、いわゆる蓄積疲労を評価し得る認定基準として機能している。横浜南労基署長（東京海上横浜支店）事件（最一小判平 12.7.17 労判 785-6〔百選 45 事件〕）は、支店長付運転手のくも膜下出血による死亡について、「発症前に従事した業務による過重な精神的、肉体的負荷」が、治療を必要とするまでではない高血圧症（基礎疾患）を「自然的経過を超えて増悪させ」たとして、業務起因性を認めており、平成 13 年通達改正にも、大きな影響を与えている。

[4] 精神障害の業務上外認定

(1) 精神障害の発症と業務上認定

　「精神疾患は、様々な要因が複雑に影響しあって発症するものと考えられているが、業務と精神疾患との間に相当因果関係が肯定されるためには、単に業務が他の原因と協働して精神疾患を発症させた原因の1つに含まれると認められるだけでは足りず、当該業務自体が、社会通念上、精神疾患を発症させる一定程度以上の危険性を内在させ、又は随伴していると認められること、換言すると、業務が相対的に有力な原因（相対的有力原因説）となったと認められることが必要である」とされている（水戸地判平17.2.22判時1901-127）。

(2) 精神障害の認定基準の変遷

　厚生労働省は、平成10（1998）年に医学・心理学・法学の専門家を結集し「精神障害等の労災認定に係る専門検討会」を立ち上げ、その結果を踏まえて、「心理的負荷による精神障害等に係る業務上外の判断指針」（平11.9.14基発544号。以下、「精神障害等の判断指針」）を策定した。

　「精神障害等の判断指針」の策定を契機として、精神障害の労災請求は、ほぼ右肩上がりに増え続け、平成22年度には、1181件となった（コラムの**表を参照**）。策定直前の平成10年度が、42件に過ぎなかったことからすれば、「精神障害等の判断指針」が果した役割は少なくないといえる。しかしながら、審査に平均8.6か月（平成22年度）を要してしまうことが大きな課題となっていた。そこで、厚生労働省は、平成23（2011）年12月26日に審査の迅速化や効率化を図るため、従来の「精神障害等の判断指針」を廃止して、「心理的負荷による精神障害の認定基準」（基発1226第1号。以下、「精神障害の認定基準」という）を新たに策定した。

　「精神障害の認定基準」は、①それまでの弱点とされていた慢性ストレスの評価を克服するため、「業務による心理的負荷評価表」の具体的出来事に「出来事後の状況」を組み込むことにより、急性ストレスとの一括評価を可能とし、②労働時間基準を積極的に採用することにより、慢性ストレスの客観的評価を可能なものとしている。

D 保険給付

「業務上（通勤上）」認定を受けると表8-1のような保険給付が行われる。

E 通勤災害の認定

（1）通勤災害の保護

労災保険法は、制定以来、業務災害のみを対象とし、通勤災害を保険給付の対象としていなかった。しかし昭和40年代以降、モーターリゼーションの発達に伴い通勤途上の災害の保護も労災保険法に含めるべきであるとの要請が強まり、昭和48（1973）年に通勤災害も保険給付の対象に加えられることになった。通勤災害は、「労働者の通勤による負傷、疾病、障害又は死亡」（労災保険法7条2項）についての給付を行うが、そのためには通勤と災害との間に因果関係（相当因果関係）が存することが必要となる。

（2）就業関連性

通勤であるためには、住居と就業の場所との間の往復が「就業」に関連して行われることが必要となる（就業関連性）。すなわち、業務に就くために、あるいは業務に就いたために、往復が行われることが必要である。行政解釈では、労働者が事業施設内で労働組合活動のために退社が遅れるような場合、社会通念上帰宅との直接的関連性を失わせると認められるほど長時間であった場合除き（おおよそ2時間程度）、就業関連性を認めている（昭49.11.15基収1881号）。

（3）「住居」と就業場所との間の往復

通勤は、「住居」と就業の場所との間の往復でなければならない。「住居」とは、労働者が居住して日常生活の用に供している家屋等の場所であって、本人の生活の拠点をいう。親族の看護や家事を行うためその自宅や病院に寝泊まりしての出勤形態が継続し、看護等をする必要性が認められる場合は、親族の自宅や病院が「住居」と認められる（昭52.12.23基収981号、同基収1027号）。平成17（2005）年の労災法改正により、単身赴任者の赴任先住居・帰省先住居間の移動が通勤災害の対象に追加されている（平成18年4月1日施行）。

（4）「合理的な経路および方法」

通勤は、「合理的な経路及び方法」で行わなければならない。労働者が「合

126 ■第8章■ 労働災害の予防と災害補償

表 8-1　労災保険の給付

保険給付の種類 （　）内は通勤災害	保険給付の内容	労働福祉事業（特別支給金）	
		特別支給金	ボーナス特別支給金
療養補償給付 （療養給付）	労災病院または労災指定病院での治療は 100% 現物（医療的措置）給付、それ以外の医療機関での治療は療養に要した費用を支給		
休業補償給付 （休業給付）	給付基礎日額の 60% 支給	給付基礎日額の 20% 相当額を支給	
障害補償給付 （障害給付）	傷害が治った後（症状固定）に障害等級に該当する障害が残った場合 〔障害補償年金〕 第 1 級　給付基礎日額 313 日分〜 第 7 級　給付基礎日額 131 日分 〔障害補償一時金〕 第 8 級　給付基礎日額 503 日分〜 第 14 級　給付基礎日額 56 日分	障害の程度により一時金を支給 第 1 級 342 万円〜 第 14 級 8 万円	障害程度に応じてボーナス基礎分の年金または一時金を支給
遺族補償給付 （遺族給付） **葬祭料** （葬祭給付）	遺族の数に応じて年金を支給、年金受給者がいないときは一時金を支給 〔遺族補償年金〕 遺族 1 人　給付基礎日額 153 日分 遺族 2 人　給付基礎日額 201 日分 遺族 3 人　給付基礎日額 223 日分 遺族 4 人　給付基礎日額 245 日分 給付基礎日額の 60 日分か 315,000円に、給付基礎日額の 30 日分を加えた額のいずれか高い方を支給	遺族特別支給金として 300 万円を一時金として支給	遺族の数に応じてボーナス基礎分の年金または一時金を支給
傷病補償年金 （傷病年金）	療養開始後 1 年 6 か月を経過しても治癒しないときに休業補償給付に代えて年金を支給、 第 1 級　給付基礎日額 313 日分 第 2 級　給付基礎日額 277 日分 第 3 級　給付基礎日額 245 日分	傷病等級 1 級〜3級に一時金を支給 第 1 級 114 万円 第 2 級 107 万円 第 3 級 100 万円	傷病等級 1〜3 級にボーナス基礎分の年金を支給
介護補償給付 （介護給付）	障害補償年金また傷病補償年金受給権者で常時または随時介護を受けている者に月ごとに介護の費用を支給 常時介護　上限額 100,610 円 随時介護　上限額 53,050 円		
二次健康診断等給付	定期健康診断等における脳血管疾患および心臓疾患の検査で異常所見がみられたときに二次健康診断と特定保健指導を行う		

理的な経路及び方法」をとらなかった場合は、その途中で被災しても通勤
災害として保険給付を受けることはできない。社会通念上妥当であれば、
会社への届け出交通機関とは別の交通機関を用いることも「合理的な経路
及び方法」である（昭49.3.1 基収260号）。

(5)「中断」または「逸脱」

労災法7条3項の通勤途中の「中断」とは、通勤の途中で通勤とは関係
のない行為を行うことをいい、「逸脱」とは通勤の途中で通勤とは関係のな
い目的で「合理的な経路」を逸れることをいう。「中断」・「逸脱」がある場合
には、その「中断」・「逸脱」中およびその後の往復は通勤行為とはみられ
ず、私的行為とみなされる（労災法7条3項）。ただし、日用品の購入（労災則
8条1号）や要介護状態にある家族の介護（同条5号）等、厚生労働省令で定
めるものは、「日常生活上必要な行為」（労災則8条）として、「中断」・「逸脱」
の間を除いて、その後「合理的経路」に復した後は通勤と解されている（労
災法7条3項ただし書、労災則8条、札幌中央労基署長〔札幌市農業センター〕事件・
札幌高判平元.5.8労判541-27）。なお、「経路」近くの公衆トイレの使用、タバ
コ・雑誌の購入、ジュースの立ち飲みなど労働者が通勤途中で行うささい
な行為は、「中断」・「逸脱」として取り扱う必要はないとされている。

F　労災民事訴訟

[1]　不法行為と債務不履行

使用者に対する労災民事損害賠償の責任原因として、不法行為（民709条）
および債務不履行（415条）のいずれによる構成も可能である。前者では使
用者の過失（注意義務違反）の有無が、後者では使用者の労働契約上の安全
配慮義務違反が主たる争点となる。しかし、最高裁は、安全配慮義務の内
容を特定し、義務違反に事実を主張・立証する責任は労働者にあるとして
いるため（航空自衛隊芦屋分遣隊事件・最二小判昭56.2.16民集35-1-56）、立証責任
に関しては、不法行為構成と債務不履行構成に大きな差異はみられない。
ただし、損害賠償請求権の消滅時効が不法行為の3年（民724条）であるの
に対して、債務不履行の場合は10年（167条）であるため、時効に関しては、
債務不履行構成のほうが有利である。

[2] 安全配慮義務

　労働契約上、使用者は、「労働者が労務提供のため設置する場所、設備も
しくは器具等を使用し又は使用者の指示のもとに労務を提供する過程にお
いて、労働者の生命及び身体等を危険から保護するよう配慮すべき義務」
（川義事件・最三小判昭 59.4.10 民集 38-6-557）を負っている。これは判例によっ
て発展してきた法理であるが、平成 19（2007）年の労働契約法の制定により
立法化されている（労契法 5 条）。この安全配慮義務は、「ある法律関係に基
づいて特別な社会的接触の関係に入った当事者において、当該法律上の付
随義務として当事者の一方又は双方が相手方に対して信義則上負う義務」
（陸上自衛隊八戸車両整備工場事件・最三小判昭 50.2.25 民集 29-2-143〔百選 47 事件〕）
であるとされ、元請会社が下請会社の従業員を使用する場合にも、当該下
請従業員に対して安全配慮義務を負っていると解されている（大石塗装・鹿
島建設事件・最一小判昭 55.12.18 民集 34-7-888〔百選 49 事件〕）。

[3] 労災保険給付と損害賠償の調整

　労基法は、使用者が労基法で規定する補償を行った場合においては、同
一の事由については、その価額の限度で民法による損害賠償の責めを免れ
るとして（労基法 84 条 2 項）、労基法の災害補償と民法の損害賠償の調整を
定めている。労災保険の保険給付と民法の損害賠償についても、法律によ
る定めはないが、労基法 84 条 2 項を類推適用して、労災保険給付の限度で
損害賠償を免れるとされている（青木鉛鉄事件・最二小判昭 62.7.10 民集 41-5-
1202〔社保百選 60 事件〕）。ただし慰謝料（東都観光バス事件・最三小判昭 58.4.19 民
集 37-3-321）および福祉事業の各特別支給金（労災法 29 条 1 項、労働者災害補償
保険特別支給金支給規則）は損害賠償との調整の対象とはならない（コック食品
事件・最二小判平 8.2.23 民集 50-2-249〔社保百選 66 事件〕）。

　労災保険給付が年金で給付される場合には、既に給付された年金は、損
害賠償の額との調整の対象となるが、将来の年金分については、労災保険
給付が確定していてもいまだ給付が実現していない限り、損害賠償額から
控除することはできないとした（三共自動車事件・最三小判昭 52.10.25 民集 31-6-
836）。しかし、このような解決法では、使用者の労災保険加入メリットが
失われてしまうため、労災保険の前払い一時金の範囲で、将来分の年金に

ついての減額を認めるとする調整制度が昭和55（1980）年労災保険法の改正によって設けられている（労災法64条1項）。

┃┃┃コラム┃┃┃ 「精神障害の認定基準」の策定効果と課題

　表を見てみよう。平成24年度の請求件（1257件）は、23年度（1272件）と比べると15件ほど減少している。それにもかかわらず、平成24年度の認定件数（475件）は、平成23年度（325件）を150件（前年対比146%）も上回り過去最高となっている（自殺も、ほぼ同様な傾向を示している）。この大幅な認定件数の増加の要因は平成23年12月26日に策定された新しい「精神障害の認定基準」にあるとみて、間違いないであろう。

　前述したように、これまで弱点であるとされていた慢性ストレス評価について、「出来事後の状況」の例示化や「労働時間による評価」の採用により、一定の範囲で克服したことが数字となって現れたのである。そのような「精神障害の認定基準」にも残された課題がある。それは、精神障害の発症原因となった出来事を本人がどのように感じたか（本人基準）ではなく、同種労働者がどう感じたか（同種労働者基準）という考え方に立脚していることである。そのため、既に精神障害を発病している者や出来事への感じ方が強い人（脆弱性の強い人）は救済されにくいことである。

　精神障害者の積極的な就労促進が進められている今日、障害者への合理的配慮という観点からも、労働者一人ひとりの個体差を重視する考え方（個体差基準）を取入れることの検討が望まれる。

表　精神障害の補償状況

	平10	平11	平12	平13	〜	平22	平23	平24	平25	平26	平27	平28	平29
請求件数	42 (30)	155 (93)	212 (100)	266 (92)	〜	1181 (171)	1272 (202)	1257 (169)	1409 (177)	1456 (213)	1515 (199)	1586 (198)	1732 (221)
認定件数	3 (3)	14 (11)	36 (19)	70 (31)	〜	308 (65)	325 (66)	475 (93)	436 (63)	497 (99)	472 (93)	498 (84)	506 (93)

1. 出所：厚生労働省労働基準局補償課職業病対策室
2. （　）は自殺（未遂も含む）の件数

130 ■ 第8章 ■ 労働災害の予防と災害補償

もっと知りたい方へ

● 水野勝「西ドイツの労災・職業病の労災認定法理」『現代労使関係と法の変容』（勁草書房、1988）

● 田中建一「ストレス関連疾患の労災認定──厚生労働省労働基準局『精神障害の認定基準』を踏まえて」日本労働法学会誌120号（2012）

知識を確認しよう

・・・・・・・・・・・・・・・・・・・・・・・・・・・・・・

問題

(1) 事業者は、定期健康診断および有害業務の健康診断の結果、労働者に異常所見のあった場合、どのような措置をとる必要があるか述べなさい。

(2) 労災保険法のいわゆる一人歩きについて説明しなさい。

(3) 労災保険の精神障害認定基準（平成23年通達）の特徴と効果を説明しなさい。

解答への手がかり

(1) ①医師との連携、②労働者の作業環境、③過労死防止の観点から、安衛法で規定する事業者の義務を確認しよう。

(2) ①労基法が規定する事業主の災害補償責任と労災保険の補償内容の比較をする。②労災保険の独自な補償を明確にする。

(3) ①慢性ストレス評価はどのようになされるか。②労働時間の基準は採用されているか。③認定基準策定以後の支給決定件数の動向を確認してみよう。

第9章 女性・非正規労働者と労働法

本章のポイント

1. 昭和60（1985）年に制定された、「雇用の分野における男女の均等な機会及び待遇の確保等に関する法律」（以下、「均等法」）は、「女性差別禁止」を基本原則とする片面的雇用平等立法としてスタートしたが、平成18（2006）年の改正により、「男女双方に対する差別禁止」を基本原則とする包括的雇用平等立法に変貌を遂げている。

2. 均等法制定をめぐる議論の中で、男女平等の労働条件の観点から、母性保護と一般女性保護が区別され、後者に関するほとんどの規定が労働基準法から除かれている。

3. パートタイム労働者や登録型派遣労働者の多くは、有期労働契約者である。このような労働者が契約更新を繰返した場合に雇止めをめぐる紛争が頻発している。

1 男女雇用機会均等法

A 男女雇用機会均等法の制定と改正

[1] 男女雇用機会均等法施行以前の状況

わが国では、昭和61（1986）年に均等法が施行されるまでは、事業主に対しての雇用における明確な性差別禁止規定はなく（労基法4条の男女同一賃金の定めを除く）、女性に対しての差別的雇用管理が少なからず行われているという実態にあった。そのような状況下にあって、昭和60（1985）年に、国連の女子に対するあらゆる形態の差別の撤廃に関する条約（女性差別撤廃条約）を批准したため、総合的な男女雇用平等法の制定が不可欠なのもとなっていた。

[2] 男女雇用機会均等法制定

こうした経緯の中で、昭和60（1985）年に成立した均等法（昭和60年制定・昭和61年施行、以下「昭和60年均等法」）は、一般女性保護の廃止と男女平等法の強行規定化をめぐって、労使に激しい対立が生じていた。そのため、「昭和60年均等法」は、以下のような妥協的な内容をもつものであった。

① 事業主に対して公法上の義務を定め、教育訓練、福利厚生、定年・退職・解雇の差別禁止を法的義務としていたが、募集・採用、配置・昇進については努力義務にとどめていた。

② 女性のみを差別的取扱いの対象としていた。

③ ポジティブアクション、セクシュアルハラスメント、間接差別の規定がなかった。

④ 機会均等調停委員会による調停制度は、女性少年室長（当時）の判断および事業主の同意が必要であり、ハードルが高い制度であった（旧雇均15条）。

[3] 男女雇用機会均等法第一次法改正

「昭和60年均等法」では、募集・採用が事業主の努力義務となっていたため、厳しい経済情勢のなかでは、募集・採用における女性差別を規制す

ることができなかった。そのため男女雇用平等の実現が期待できるような法改正が強く望まれ、以下のような内容の「平成9年改正均等法」(平成9〔1997〕年改正・平成11年施行) が制定された。

① 募集・採用、配置・昇進の差別禁止が努力義務規定から、法的義務規定となった。

② 「女性のみ・女性優遇」は原則禁止となったが、例外として、事業主が女性に対するポジティブアクションを講ずることを妨げるものではないという規定が設けられた。

③ 機会均等調停委員会による調停開始要件が緩和され、女性労働者の申請のみで調停が可能となった。

④ 女性に対する差別を規制するという基本的性格 (片面的雇用平等立法) は維持された。

[4] 男女雇用機会均等法第二次法改正

「平成18年改正均等法」(平成18〔2006〕年改正・平成19年施行) は、雇用平等モデルをより徹底する改正を実現し、以下のように改正された。

① 従来の女性差別禁止立法から、男女間の性差別を禁止するという包括的雇用平等立法に基本的性格そのものを改めた。

② 間接差別の規定を初めて規定した。

③ 均等法が対象とする雇用管理の範囲を拡大し、降格、職種変更、雇用形態の変更、退職勧奨、労働契約の更新における性差別が禁止された。

④ セクシュアルハラスメントに対する事業主の義務が、配慮義務から措置義務へ強化された。同時に、男性に対するセクシュアルハラスメントも対象に含めることにした (均等法11条)。

⑤ 婚姻・妊娠・出産を理由とする女性労働者の不利益取扱い規制を強化した (均等法9条)。

B 間接差別

平成15 (2003) 年の女性差別撤廃委員会 (CEDAW) の勧告を受け、「平成18年改正均等法」は、間接差別を禁止した (均等法7条)。間接差別とは、合理的理由がないにもかかわらず性別以外の事由を要件とする措置で、一方

の性の構成員に著しい不利益を与えることをいう。具体的には、労働者の募集または採用に関する措置であって、①労働者の身長、体重または体力を要件とすること、②コース別雇用管理における「総合職」の募集または採用にあたって、転居を伴う転勤に応じること、③労働者の昇進にあたり、転勤の経験があることを要件とすること、を厚労省令で規定している（均等則2条）。

C ポジティブアクション

ポジティブアクションとは、女性労働者に対して一定の優遇措置をとることである。逆差別を認めるかのようであり、差別禁止の理念にそぐわないようにみえるが、過渡期的措置として、女性労働者が4割（平18雇児発1011002号）を下回る一の雇用管理区分において女性労働者に係る措置に関する特例として、ポジティブアクションが認められている。したがって、募集・採用、昇進・配置、教育訓練、職種の変更、雇用形態の変更について女性を有利に扱うことは特例として均等法違反にならない（平18.10.11厚労告614号、雇児発1011002号）。また、均等法14条では、雇用の場における事実上の男女格差を解消するために事業主が積極的な取組を行うことを促し、国がその援助を行うこととしている。

2 セクシュアルハラスメント

A セクシュアルハラスメントの類型

[1] セクシュアルハラスメント

セクシュアルハラスメントとは、相手方の意に反する違法な行為である。均等法11条1項は、「職場における性的な言動」と定義付け、「対価型セクシュアルハラスメント」と「環境型セクシュアルハラスメント」の2つのタイプに大別している（平18.10.11厚労省615号）。

[2] 対価型セクシュアルハラスメント

セクシュアルハラスメントのうち、セクシュアルハラスメントへの対応の仕方によって労働者が労働条件上の不利益を受ける場合を「対価型セクシュアルハラスメント」という。上司がその地位を利用して性的要求を行い、それに応じない場合に解雇その他の不利益を課す場合がこれにあたる。

[3] 環境型セクシュアルハラスメント

セクシュアルハラスメントのうち、性的言動によって職場環境を悪化させる場合を「環境型セクシュアルハラスメント」という。性的風評を流されたり、性的写真を見るよう強要されるなどして、職場環境が害される場合などがこれにあたる。

B 加害者の責任——不法行為責任

セクシュアルハラスメントが不法行為にあたる場合、加害者は被害者に対し、不法行為上の損害賠償責任を負う（民709条）。判例は、セクシュアルハラスメント行為の態様（内容、程度、身体接触の部位、場所、時間、継続性、反復性など）、当事者相互の関係、相手方の不快感の程度、相手方の職に与えた影響、行為への応対による相手方の不利益等を総合的に考慮して、社会的に認められる範囲を逸脱している場合に、違法性を認めている。具体的には、髪や腰を触る、キスをする（横浜セクシュアル・ハラスメント事件・東京高判平9.11.20労判728-12）などの身体接触だけではなく、性的な風評の流布（福岡セクシュアル・ハラスメント事件・福岡地判平4.4.16労判607-6〔百選16事件〕）などの言葉による不法行為も認められている。

C 使用者の義務と責任
[1] 均等法上の措置義務

平成18（2006）年の均等法改正により、事業主は、労働者が職場におけるセクシュアルハラスメントを受けることのないよう、労働者からの相談に応じ、適切に対応するために必要な体制の整備その他の雇用管理上必要な措置を講じなければならないと定められた（均等法11条）。この改正により、事業主の義務が「配慮義務」から「措置義務」に強化され、その具体的な

内容が「事業主が職場における性的な言動に起因する問題に関して雇用管理上講ずべき措置についての指針」に定められた（平18.10.11 厚労告615号）。

[2] 不法行為責任

　従業員がセクシュアルハラスメント行為を行った場合に、使用者は従業員の行為について民法上の使用者責任に基づく損害賠償責任を負う（民715条）。使用者責任は、加害者の行為が、使用者の事業の執行につきなされたものであること（業務執行性）が必要とされる。この事業執行性の要件は幅広く、職場内で行われたセクシュアルハラスメントはもちろん、時間外や職場外（出張先、取引先等）で行われたセクシュアルハラスメントについても、判例は使用者責任を認めている。また、使用者が従業員（被用者）の選任・監督について相当の注意を怠らなかった場合は免責となるが（民715条1項ただし書）、これを立証することは極めて困難である。

[3] 職場環境配慮義務違反

　使用者は、セクシュアルハラスメントのような人格権を侵害するような行為が発生することを防ぎ、労働者にとって働きやすい職場環境を保つように配慮する義務（職場環境配慮義務）を負っている（前掲、福岡セクシュアル・ハラスメント事件）。このような「職場環境配慮義務」を労働契約上の付随義務として肯定する裁判例もみられる（三重厚生農協連合会事件・津地判平9.11.5 労判729-54）

3　有期契約労働・パートタイム労働・派遣労働

A　有期契約労働
[1] 有期契約労働者とは
　有期労働契約者とは、使用者との間で、期間の定めのある労働契約（有期労働契約）を結び雇用される労働者である。日雇、臨時工、期間社員など、パートタイム労働者や登録型派遣労働者のほとんどが有期雇用である。

[2] 有期労働契約の一般原則

　期間の定めのある労働契約（有期労働契約）では、労働契約は当該契約の満了とともに終了するのが原則となる。期間の定めのない労働契約の解約（解雇）におけるような合理的理由は必要ではなく、自動終了する。このような有期雇用の一般原則は、使用者にとって、経営的観点から利用しやすい雇用形態であるが、反面、不安定雇用という問題を生じさせやすい雇用形態であることにもなる。

[3] 契約期間途中の解雇

　民法 628 条は、「やむを得ない事由」がある場合に、労使双方からの有期労働契約期間途中の解除を認めている。

　労契法は、これを継承し使用者の解雇権について、「やむを得ない事由」がある場合でなければ、その契約期間終了までの間に、「労働者を解雇することはできない」と規定した（労契法 17 条 1 項）。「やむを得ない事情」とは、期間の終了まで雇用を継続することが不当・不公平であると認められるほど重大な事由を必要とし[1]、無期労働契約に関する解雇規制（労契法 16 条）より厳しく解されている。

[4] 無期転換ルール

　同じく、「平成 24 年改正労契法」により、有期労働契約の無期転換制度が導入された（平成 30〔2018〕年 4 月 1 日施行）。同一の使用者のもとで、2 つ以上有期労働契約を締結し、その通算期間が 5 年を超えるときに、労働者が、現に締結している有期労働契約が満了するまでの間に、その後について期間の定めのない労働契約の締結の申込みをした場合には、使用者はこれを承諾したものとみなされ、その契約は期間の点を除き、現に締結している有期労働契約の内容である労働契約と同一であるとされる（労契法 18 条 1 項）。この場合に、契約の間に 6 か月の以上の空白期間があるときには、期間は通算されない（同条 2 項）。

[5] 雇止めルール

（1）判例の雇止め法理

有期労働契約が反復更新され、労働者が雇用の継続を求めているにもかかわらず、雇止めにより雇用を終了させてしまうことは、解雇権濫用法理による規制がある無期労働契約と比較して妥当であるとはいい難い。この問題に関し、最高裁は以下の2つの類型の判例を示し、「解雇権濫用法理の類推適用」を認めてきた。

①実質無期タイプ

東芝柳町工場事件（最一小判昭 49.7.22 民集 28-5-927）は、契約期間2か月の労働契約を5回から23回更新した後になされた常用的期間工に対する雇止めについて、実質的に期間の定めのない契約と異なるものではなく解雇権濫用法理が類推適用されるとした。

②期待保護タイプ

日立メディコ事件（最一小判昭 61.12.4 労判 486-6〔百選 79 事件〕）は、契約期間2か月の有期雇用を5回更新した後になされた臨時工の雇止めについて、期間の定めのない契約と実質的に同視できる状態までとはいえないとしても、「ある程度の継続が期待される」ものであり解雇権濫用法理が類推適用されるとした。

（2）判例法理の法定化

平成 24 年（2012）年の労働契約法改正で、上記の判例法理を法定化し（労契法 19 条 1 項・2 項）、「客観的合理的理由を欠き、社会通念上相当であると認められないとき」には、使用者は、従前と同一の労働条件で承諾したものとみなすと規定した。

B パート・有期雇用労働

[1] パートタイム労働者とは

平成 30（2018）年の働き方改革により、短時間労働者及び有期雇用労働者の雇用管理の改善等に関する法律（以下、「パート・有期労働法」）が成立した。パートタイム労働者（法律では「短時間労働者」）とは、1週間の所定労働時間が同一の事業所に雇用される通常の労働者（当該事業所に雇用される通常の労働者と同種の業務に従事する当該事業所に雇用される労働者にあっては、厚生労働省令

で定める場合を除き、当該労働者と同種の業務に従事する当該通常の労働者）の１週間の所定労働時間に比し短い労働者をいう（２条）。したがって、アルバイトやフリーターなども、労働時間が通常の労働者より短い限りはパート・有期労働法の適用を受ける。ただし、所定労働時間が正規従業員と同じか長い労働者、いわゆるフルタイムパート労働者には適用されない。

[2] 労働条件の文書交付等

労基法 15 条は、使用者に対して、労働契約の締結に際し、労働者に一定の労働条件を明示することを義務付けている。パート・有期労働法は、労基法 15 条の労働条件明示義務に加えて、パートタイム労働者に対して、①昇給の有無、②退職手当の有無、③賞与の有無、④相談窓口の４つの事項を、文書の交付等（ファクス、電子メール等を含む）により、速やかに明示することを事業主に義務付けている（6条）。雇入れには、労働契約の更新も含まれる。

[3] 不合理な待遇の禁止

事業主は、パート・有期労働者の基本給、賞与その他の待遇について、通常の労働者との間において、「当該短時間・有期雇用労働者及び通常の労働者の業務の内容及び当該業務に伴う責任の程度、当該職務の内容及び配置の変更の範囲その他の事情」を考慮して、不合理と認められる相違を設けてはならないと規定した（パート・有期労働法8条）。

C 労働者派遣
[1] 労働者派遣とは

労働者派遣とは、「自己の雇用する労働者を、当該雇用関係の下に、かつ、他人の指揮命令を受けて、当該他人のために労働に従事させることをいい、当該他人に対し当該労働者を雇用することを約してするものを含まないものとする」と定義されている（派遣法２条１号）。派遣労働は、派遣元事業主と派遣先事業主との間で派遣労働契約を締結し、派遣元が雇用する労働者を派遣先に派遣する、いわゆる三者間契約である。労働者派遣は、労働者供給事業（職安法４条６項）の一種として禁止されていたが、昭和 60（1985）

年、人材派遣ビジネスの急成長により、労働者供給事業のうちの一定の関係が、派遣労働法制定により法制度化されたのである。

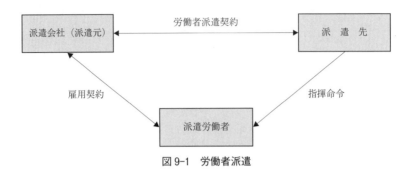

図 9-1　労働者派遣

[2] 請負契約と労働者派遣

　請負契約とは、仕事の完成を目的として契約をし、仕事の結果に対して注文主に報酬を支払うものであり（民632条）、注文主と労働者の間には指揮命令関係はない。請負と労働者派遣の最大の違いは、仕事の注文主が労働者に直接指揮命令するかどうかいう点にあるが、請負契約の形態をとりながら、実質的に指揮命令を与える、いわゆる「偽装請負」が、しばしば問題となっている。パナソニックプラズマディスプレイ〔パスコ〕事件（最二小判平21.12.18労判993-5〔百選81事件〕）は、偽装請負契約が職安法44条の労働者供給事業に該当するものとして、労働者と注文者（派遣先）の黙示の労働契約を認めた高裁判決を破棄している。

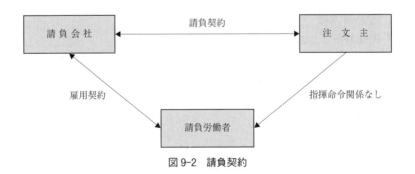

図 9-2　請負契約

[3] 労働者派遣事業

従来は、常時雇用労働者と登録制スタッフ双方を派遣する「一般派遣事業」と常用雇用労働者のみを派遣する「特定労働者派遣事業」の2種類が設けられており、前者は、厚生労働大臣の許可を事業開始の要件（許可制）とし、後者は、届け出を事業開始の要件（届出制）としていた。

平成27（2015）年の労働者派遣法の改正により、「特定労働者派遣事業」を廃止、すべての派遣事業の開始に厚生労働大臣の許可を要件とし、その名称を「労働者派遣事業」とした（平成30〔2018〕年9月29日までに全面廃止）。

[4] 二重派遣と専ら派遣の禁止

(1) 二重派遣の禁止

派遣先がさらに別な会社に派遣労働者を派遣することを二重派遣という。二重派遣は、「自己の雇用する労働者」を派遣するという労働者派遣の定義に反するため、業として（反復継続して）行った場合、労働者供給事業として職安法44条違反となる。

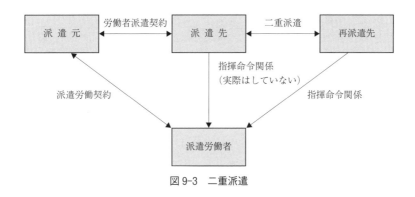

図9-3　二重派遣

(2) 専ら派遣の禁止

いわゆる「専ら派遣」とは、特定の企業に対して労働者を派遣することを目的とする労働者派遣のことである。派遣元が派遣先を特定の企業に限定してしまうと、他の企業のニーズを満たすことができないばかりだけではなく、労働者の雇用の機会を奪うことにもなりかねないため、派遣法7

条1項1号は、「専ら派遣」を禁止している。

「平成24年改正派遣法」では、派遣元事業主に対してグループ企業への派遣割合を、60歳以上の定年退職者を除き、派遣就業に係る労働時間ベースで算定して8割以下となるようにしなければならないとしている（派遣法23条の2）。

[5] 労働者派遣の対象業務

昭和60（1985）年の制定時の労働者派遣の対象業務は、専門的知識が必要な13業務（施行後直ちに16業務となる）に限定されていた（ポジティブリスト方式）。しかし、平成8（1996）年に、政令により「26の専門業務」にまで拡大し、平成11（1999）年には、港湾運送、建設業務、警備業務、医療関係業務などを除き、すべての業務で派遣業務を行うことができるようになった（ネガティブリスト方式）。さらに、平成15（2003）年の改正で、それまで禁止されていた「物の製造」（製造業）の派遣が解禁されている。

[6] 労働者派遣の派遣可能期間

(1) 従来の派遣可能期間

従来から、「26の専門業務」については、派遣期間の制限はなかった。また、①3年以内の有期プロジェクト業務、②日数限定業務（厚生労働大臣が定める10日以下）、③産前産後・育児・介護休業等代替業務についても同様に、期間制限はなかった。

一方、「26の専門業務」以外の業務は、派遣労働者による正社員の常用代替を防止するために、事業所その他派遣就業場所ごとの同一業務への派遣期間を原則1年としつつ、派遣先事業所の過半数労働組合または過半数労働者の意見聴取を条件に、1年を超えて3年までの範囲内で延長を可能としていた。

(2) 2015年改正の派遣可能期間

平成28（2016）年改正では、派遣可能期間について、「26の専門業務」に該当するか否という規制方式を廃止し、新たに派遣契約が有期契約か無期契約であるかによる以下の規制方式を導入した。

派遣元に無期雇用される派遣労働者には期間制限を適用しないが、有期

雇用される派遣労働者には、①事業所単位で受け入れ可能期間の上限を3年（過半数労働組合または過半数労働者の意見聴取で延長可能）、②同一組織単位（課に相当）で同一派遣労働者の受け入れ期間を個人単位で3年までとするというものである。

[7] 派遣労働者の直接雇用申込義務
労働契約の申込み義務

「平成24年改正派遣法」は、派遣先が、①禁止業務の受け入れ、②無許可・無届の派遣元からの受け入れ、③期間制限を超えての派遣受け入れ、④いわゆる偽装請負（行政解釈として「労働者派遣事業と請負により行われる事業との区分に関する基準」昭和61.4.17労働省告示第37号）を行ったときは、実際に派遣先企業が労働契約の申込みをしなくとも、違法状態が発生した時点で、派遣先が労働契約を申し込んだものとみなすとしている（平成27〔2015〕年施行）。ただし、派遣先が国・地方公共団体の機関である場合を除く。

4 労基法上の女性保護

A 一般女性保護の廃止

昭和22（1947）年に制定された労基法は、戦前の工場法の考え方を引き継ぎ、女性を年少者とともに「保護すべき労働者」として位置付け、男性とは異なる取り扱いを規定していた。当初は、母性保護と一般女性保護は区別されていなかったが、性別にかかわらない平等という観点からは、一般女性保護についての見直しが必要とされた。

昭和60（1985）年の均等法の制定とともに、労基法が改正され、時間外労働、休日労働、深夜業に関しては、工業的業種か非工業的業種でその規制内容を変えている。さらに、平成9（1997）年の均等法改正の際にも、労基法が改正されたが、これに合せて時間外労働、休日労働、深夜業という労働時間に関する女性保護の規定が廃止された。

B 母性保護の充実

[1] 坑内業務の就業制限

平成 18 (2006) 年の労基法改正で、女性の坑内労働が解禁された。ただし、妊娠中の女性および産後 1 年を経過しない女性が申し出た場合は、坑内で行われるすべての業務への就労が禁止されている（労基法 64 条の 2 第 1 項）。

[2] 産前産後休業と妊娠中の他の軽易業務への転換

6 週間（多胎妊娠の場合は 14 週間）以内に出産する予定の女性が産前休業を請求した場合には、就業させることは禁止されている（労基法 65 条 1 項）。出産は、妊娠 4 か月以上（1 か月は 28 日として計算）の分娩とし、死産も含む。出産当日は産前 6 週間に含まれる（昭 25.12.23 基収 4057 号）。

産後休業については、8 週間を経過しない女性を就業させることは禁じられている。ただし、産後 6 週間を経過した女性が請求した場合は、医師が支障ないと認めた業務につかせることはできる（労基法 65 条 2 項ただし書）。

また、妊娠中の女性は請求した場合、使用者は他の軽易な業務に転換しなければならない。ただし、新たに軽易な業務を創設して与える義務まで課したものではない（昭 61.3.20 基発 151 号）。

[3] 変形性・時間外・休日・深夜業制限

かつての労基法は、一般的女性に対して、労働時間に関する規制をしていたが、現在は妊産婦に対して労働時間に関する規制がなされている（労基法 66 条）。

妊産婦が請求した場合には、使用者は、1 か月単位の変形労働時間制（労基法 32 条の 2 第 1 項）、1 年単位の変形労働時間制（32 条の 4 第 1 項）、1 週間単位の変形労働時間制（32 条の 5 第 1 項）の規定にかかわらず、1 週間について 40 時間、1 日について 8 時間の労働時間を超えて労働させてはならない（66 条 1 項）。また、妊産婦が請求した場合には、労基法 33 条 1 項および 3 項ならびに 36 条 1 項の規定にかかわらず、使用者は時間外労働、休日労働（同条 2 項）および深夜業（同条 3 項）をさせてはならない。

[4] 育児時間

　1歳未満の生児を育てる女性労働者は、労基法34条の休憩時間とは別に、1日2回少なくとも30分の育児時間を請求することができる（労基法67条）。使用者は育児時間中の女性労働者を使用してはならない（同条2項）。生児は、嫡出か否かを問わず、養子も含まれる。ただし1日の労働時間が4時間以内であれば、1日1回与えれば足りる（昭36.1.9基収8996号）。

　労基法は、育児時間についての賃金支払い義務を使用者に義務付けていない。

[5] 解雇禁止

　産前・産後休業中およびその後30日間は、女性労働者の解雇が禁止されている（労基法19条1項）。

C　一般女性保護の現状

　現行の労基法において、一般女性保護のほとんどは廃止されたが、危険有害業務、坑内業務、生理日の就労に関しての規定が残されている。

[1] 危険有害業務の一部禁止

　危険有害業務の一般女性保護の多くが廃止されたが、以下の2つが禁止されている。1つは、重量物を扱う業務の制限であり、断続作業の場合は30kg、継続作業の場合は20kgが上限とされている。もう1つは、鉛、水銀、クロム、砒素、黄りん、フッ素、塩素、シアン化水素、アニリンその他これらに準ずる有毒物のガス、蒸気または粉じんを発散する場所における業務が禁止されている（労基法64条の3第2項、女性則3条）。

[2] 坑内業務の就業制限

　満18歳以上の女性は、坑内で行われる業務のうち、厚労省令で定める危険有害業務の就労が禁止されている（労基法64条の2第2項、女性則1条）。

[3] 生理日の就業が著しく困難な女性に対する措置

　使用者は、生理日の就業が著しく困難な女性が休暇を請求したときは、

146 ■第9章■ 女性・非正規労働者と労働法

その者を生理日に就業させてはならない。なお、生理日に就業しなかった
ことに対して、労基法は使用者に賃金支払いを義務付けていない（労基法68
条）。

■■コラム■■　セクシュアルハラスメントとPTSD

　1980年にDSM-Ⅲ（米国精神医学会・精神疾患の診断・統計マニュアル第3版）
で、新しい精神疾患として認められたPTSD（心的外傷後ストレス障害）は、
例外的な精神疾患である。DSM-Ⅳ（同第4版）やICD-10（国際疾病分類第10
回改訂）などの診断基準は、精神疾患の罹患の原因（病因）を問わないことを
原則としている。したがって、統合失調症やうつ病は、症状が診断基準に
合致さえすれば診断が確定する。一方、PTSDは、「例外的に著しく脅威的
で破局的な」出来事（病因）を体験したことを診断の要件（ICD-10）としてお
り、PTSD特有の症状（フラッシュバック、回避、覚醒亢進）だけでは、診断基
準を満たさないためPTSDとは診断されないことになる。このように病
因が問われるPTSDは、セクシュアルハラスメントなどの出来事と精神症
状の間に医学的因果関係をもつ特殊な精神疾患といえる。
　PTSD診断概念の成立は、それまでより、ずっとセクシュアルハラスメ
ント被害の主張を容易にし、潜在化しがちであったセクシュアルハラスメ
ント被害を顕在化させることに貢献している。さらに、損害賠償請求にお
いても、慰謝料の他、治療費、休業損害、逸失利益などの請求を可能なも
のとしている。例えば、PTSDに罹患し、再就職できなかったため、9か月
間の得べかりし賃金相当の逸失利益として918,000円を認めたケースがあ
る（東京地判平12.3.10判時1734-140）。

もっと知りたい方へ
● 山﨑文夫『セクシュアル・ハラスメントの法理』（労働法令、2004）
● 宮地尚子『トラウマの人類医療学』（みすず書房、2005）
● 田中建一「外傷後ストレス障害（PTSD）の業務上外認定」季刊労働法215号（2006）

注）

1）土田道夫『労働法概説〔第2版〕』（弘文堂、2012)

知識を確認しよう

問題

(1) 事業主が行うポジティブアクションについて説明しなさい。

(2) 従業員がセクシュアルハラスメントを行った場合における使用者（事業主）としての責任について説明しなさい。

(3) 有期雇用の雇止めについて説明しなさい。

解答への手がかり

(1) まず、雇用における男女平等の原則を確認しよう。次に、ポジティブアクションの具体な取扱いを把握し、なぜ、ポジティブアクションが行われるのかを理解しよう。

(2) まず、均等法上の義務、民法上の責任について確認し、その責任がどのような場合に免責されるかを理解しよう。

(3) まず、有期雇用契約の雇止めの原則を確認し、次に、東芝柳町工場事件判決・日立メディコ事件判決を参照し、平24 (2012) 年の労働契約法改正の主要点についても確認してみよう。

第10章 雇用の終了

本章のポイント

1. 労働者には「退職の自由」が認められている。ただし労働者が労働契約を一方的に解約（辞職）する場合、労働契約に期間の定めがある場合と、期間に定めがない場合とでルールが異なる。

2. 使用者が労働者を解雇しようとする場合については、労基法、労組法、男女雇用機会均等法、育児介護休業法などに多くの規制がある。また労契法では、判例法理であった解雇権濫用法理が条文化されている。整理解雇の有効性については、裁判所は4要件（要素）を検討している。

3. 日本では、労働者が一定の年齢に達すると労働契約を終了させる定年制が一般的に認められている。高年齢者等雇用安定法では、使用者が定年の年齢を60歳以下に設定することはできないとされ、また65歳までの雇用継続措置を導入することが義務付けられている。

1 雇用関係の終了

A 雇用関係が終了する3つの場合

雇用関係が終了する場合として、(1) 当事者の合意、(2) 当事者一方からの解約、(3) 当事者の死亡、がある。

「当事者の合意」による雇用関係の終了では、契約途中での合意退職や、予め期間を定めていた場合の期間終了がある。

当事者の一方的解約として、労働者が自ら退職する場合（一般に「辞職」と呼ばれている）と、使用者からの解約（解雇）の場合とがある。この場合、労働者からの解約か、使用者からの解約によって法律よる規制が異なってくる。

また一方当事者が存在しなくなった場合（労働者の死亡、会社の清算）などがある（労働契約上の地位は「一身専属」的なものであり、相続の対象とはなりえない〔エッソ石油事件・最二小判平1.9.22判時1356-145〕）。

B 労働者からの解約（辞職）

[1] 期間の定めのない労働契約の場合——退職の自由

労働者が一方的に解約する場合について、労働法は特別な規定を設けてはおらず、この場合には民法の規定が適用される。

民法627条1項は、契約期間を定めていない場合には「各当事者は、いつでも解約の申入れをすることができる。この場合において、雇用は、解約の申入れの日から2週間を経過することによって終了する。」と規定している。つまり契約に期間を定めていない場合には、労働者は2週間の予告期間をおくことによって、いつでも退職できる（すなわち労働者には「退職の自由」が認められている）。ここで「各当事者」という文言があるが、使用者からの解約申入れ（解雇）の場合については、労基法による規制がある（労基法20条）。なお627条1項後段の2週間の予告期間について、使用者が就業規則などで「1か月前」というように予告期間を長く変更することは可能であろうか。627条1項を任意規定だと解すると2週間以上の予告期間を設けることも可能である。しかし627条1項が認める労働者の「退職の

自由」は、労働者を足止めや不当な人身的拘束から解放する趣旨も含有すると考えられ、この趣旨に反して、労働者の退職を遅らせるような予告期間の延長は認められないと解すべきである。

ところで現在の民法627条2項は「期間によって報酬を定めた場合には、解約の申入れは、次期以後についてすることができる。ただし、その解約の申入れは、当期の前半にしなければならない。」と規定している。このため、現状では月給制の場合、例えば「5月いっぱいで会社を辞める」（＝6月1日からは会社との契約関係を無くしたい）と考えている場合には、5月の前半のうちに予告しておく必要がある。ただし2017年の民法改正による新しい627条2項では「使用者からの解約の申入れは」と文言が変わっており、その結果、本条は使用者についてのみ適用されることになり、労働者については、改正前条文と変わらない同条1項により「いつでも」解約の申入れができることになる（改正民法は2020年4月1日より施行予定）。

[2] 期間を定めた労働契約の場合

労基法14条は、労働契約に期間を定める場合には、3年（専門的職業等については5年）を上限と定めている。労働契約に期間を定めた場合には、原則として契約期間中は解約できない。また民法628条では中途解約について、契約に期間の定めがある場合であっても「やむを得ない事由があるときは、各当事者は、直ちに契約の解除をすることができる」とする一方で、仮に「その事由が当事者の一方の過失によって生じたものであるときは、相手方に対して損害賠償の責任を負う。」としている。このため労働契約に期間を定めた場合の一方的解約は、労働者も損害賠償責任を負うリスクがある（労働者に対して一定程度「足止め」的効果が生ずる）。

なお契約期間が長期にわたった場合、人身拘束的効果が強まるため、これを避ける趣旨で期間の定めのある労働契約の上限期間は労基法制定当時より1年とされていたが、平成15（2003）年の労基法改正により3年に変更された。これに伴い、期間の定めのある労働契約の人身拘束的効果を回避するために、労基法附則137条が、労働者は「民法第628条の規定にかかわらず、当該労働契約の期間の初日から1年を経過した日以後においては、その使用者に申し出ることにより、いつでも退職することができる。」と定

めている（附則第3条に規定する措置が講じられるまでとの限定があるが、この措置はまだ講じられていない）。そのため1年以上の期間を定めた労働契約であっても、1年を超えた後には労働者はいつでも自由に退職することができる。

[3] 退職の意思表示と撤回

労働者が「退職する」と使用者に伝えた場合、これを撤回することは可能であろうか。労働者からの退職を申し出る場合、これが合意解約の申込みなのか、退職の意思表示なのかが問題になる。

この点については、労働者から合意解約を申し込む場合、使用者の承諾があった時点で合意が成立（雇用関係が終了）すると考えられ、使用者が承諾するまでの間は、労働者は申込みの撤回ができるとされる。これに対し、辞職の意思表示の場合、意思表示の撤回はできないと解されている（大隈鐵工所事件・最三小判昭62.9.18労判504-6〔百選67事件〕）。

その他、労働者の退職の意思表示が、錯誤（民法95条）や詐欺・強迫（民法96条）によってなされる場合もあり、この場合、労働者は退職の意思表示が無効である、もしくは退職の意思表示を取り消すと主張することになる（懲戒事由が存しないのに使用者が懲戒解雇をほのめかしたため労働者が退職願を提出したことは強迫による意思表示で取り消し可能とした澤井商店事件・大阪地決平元.3.27労判536-16、懲戒解雇の可能性がないにもかかわらず、使用者からの説明で懲戒解雇になると誤信してした合意解約の申込みは錯誤であり無効とした学校法人徳心学園〔横浜高校〕事件・横浜地決平7.11.8労判701-70がある）。

[4] 退職勧奨

使用者が、労働者に対して辞職するよう勧めること（退職勧奨）自体は、使用者にも言論の自由があり、社会通念上相当と認められる範囲であれば許される。ただし退職勧奨の態様が執拗であったり、労働者の自由な意思決定を阻害するようなものであったりした場合には違法とされる（下関商教諭退職勧奨損害賠償請求事件・最一小判昭55.7.10労判345-20〔百選68事件〕、日本アイ・ビー・エム事件東京高判平24.10.31労経速2172-3〔結論としては退職勧奨の違法性は否定〕）。

2 解雇

　解雇とは、使用者からの一方的な労働契約の解約である。解雇の場合、労働者の意思とは無関係に労働関係が解消されるので、労働者は経済的に困難な状況に陥りやすくなる。そのため、労基法他では解雇に対しては様々な規制を設けている（A）。また解雇は就業規則や労働協約の規定によって制限される場合もあり（B）、判例法理として形成されてきた内容が、労契法16条において条文化された解雇権濫用法理もある（C）。

A　解雇に対する法規制

[1]　解雇予告制度

　使用者は、労働者を解雇しようとする場合には、少くとも30日前にその予告をしなければならず、この予告をしない使用者は、30日分以上の平均賃金を支払わなければならない（労基法20条1項）。民法627条では申入れから2週間経過すれば契約は終了することになるが、労基法では使用者についてのみ予告期間を30日前に長くしている。同条1項ただし書では、天災事変その他やむを得ない事由のために事業の継続が不可能となった場合または労働者の責に帰すべき事由に基づいて解雇する場合においては、こうした予告等は不要である旨を定めている。

　ここで問題になるのは、使用者が労基法20条に違反して、予告もせず、かつ、予告に代わる予告手当も支払わずに労働者を解雇した場合の解雇の効力である。このような解雇については、絶対的無効説、有効説、相対的無効説、あるいは労働者が解雇無効を争うか予告手当の請求できるかを選択できるとする説、の以上が主張されている。この点につき最高裁は、このような場合即時解雇としての効力は生じないが、使用者が即時解雇を固執する趣旨でない限り、通知後30日の期間を経過するか、または通知後に予告手当を支払った場合には、そのいずれかのときから解雇の効力を生ずる（細谷服装事件・最二小判昭35.3.11民集14-3-403〔百選69事件〕）とし「相対的無効」説の立場をとっている。

[2] 期間の定めのある労働契約における中途での解約

労契法 17 条 1 項は、使用者は、期間の定めのある労働契約について、やむを得ない事由がある場合でなければ、その契約期間途中で労働者を解雇することができない旨を定めている。本条は民法 628 条の特別法で強行規定であり、また「やむを得ない事由」の立証責任は使用者が負うことになる。

ここで「やむを得ない事由」とは、「契約期間の終了を待つことなく解雇しなければならないほどの予想外かつやむをえない事態が発生した」(安川電機事件・福岡高決平 14.9.18 労判 840-52) 場合とか、同条にいう「期間満了を待たずに直ちに契約を終了させざるを得ないような重大な事由をいう」(ジーエル〔保全異議〕事件・津地決平 28.7.25 労判 1152-26) とされている。一般に、「契約の当事者は契約の有効期間中はこれに拘束されるのが契約法上の原則であり、労働者においては、当該契約期間内の雇用継続に対する合理的期待は高い」(前掲、ジーエル〔保全異議事件〕) といえるので、労契法 17 条の「やむを得ない事由」が認められる範囲は、期間の定めのない労働契約の解雇(労契法 16 条) に関する「客観的に合理的な理由を欠き、社会通念上相当」よりも、範囲が狭くなると解される。

[3] 差別的解雇の禁止

使用者が以下の場合に労働者を解雇することは、差別的な解雇として禁止されている。

均等原則に反する場合 (労基法 3 条)、不当労働行為による解雇 (労組法 7 条 1 号)、性別を理由とする解雇 (均等法 6 条 4 号)、女性労働者の婚姻や妊娠出産、産休取得を理由とする解雇 (同法 9 条 2 号・3 号)、育児休暇や介護休暇取得を申し出たり、取得したことを理由とする解雇 (育児介護休業法 10 条・16 条)、通常の労働者と同視すべき短時間労働者に対する差別的解雇 (パート・有期労働法 9 条) 等、これらが明文で禁止されている。

[4] 報復的解雇の禁止

労働者が自らの権利を守ろうとして監督官庁への救済を求めたこと等に対する報復的解雇は禁止される。

事業場が労基法や労安衛法に違反している場合、労働者がその是正を求めてを監督官庁に申告したこと（労基法104条2項、労安衛法97条2項）、労働者が個別労働関係紛争について都道府県労働局長に対して援助等を求めたこと等（個別労働紛争解決促進法4条3項・5条2項）、派遣労働者が労働者派遣法違反について、厚生労働大臣に申告したこと（派遣法49条の3）等、こうした場合の解雇は、労働者に対する報復的措置として禁止されている。

また、労働者が労組法7条違反（不当労働行為）があるとして労働委員会に申立てしたこと等を理由とする解雇も禁止される（労組法7条4号）。

[5] 一定の事由がある労働者に対する解雇の禁止

労基法19条1項は、労働者が業務上負傷し、または疾病にかかり療養のために休業している場合と、女性労働者が産前産後で休業している場合（労基法65条）、その期間およびその後30日間は、解雇してはならないと定める。本規定は、業務上の傷病や産前産後といった特別な事情がある労働者については解雇の脅威から保護しようとする趣旨である。また同条ただし書では、使用者が労基法81条の打切補償を支払った場合と、天災事変その他やむを得ない事由のため事業継続が不可能になった場合には、この限りではないとする（解雇制限の適用除外）。

では、解雇制限期間中（労基法19条1項）に解雇の「予告」はできるのかという問題がある。この点について裁判例は、本条の規定は解雇を禁止するものであり、解雇の「予告」までは禁止していないとする（横堀急送事件・大阪地決昭54.5.31労経速1025-5、東洋特殊土木事件・水戸地裁龍ヶ崎支判昭55.1.18労経速1056-21、栄大事件・大阪地決平4.6.1労判623-63）。

解雇制限の適用除外（労基法19条1条ただし書）となるための打切補償の規定（労基法81条）は、文言上、使用者による療養補償を受けている労基法75条の「労働者」のみを対象としている。この点につき、労災保険法の保険給付を受けている「労働者」についても、使用者が打切補償を支払うことによって解雇できるかが問題となる。これについて最高裁は、使用者による補償（労基法75条）は労災保険給付によって実質的に行われ、打切補償の相当額が支払われており、労働者の利益保護を欠くものではないとし、労災保険法による療養補償給付を受ける労働者も労基法75条の「労働者」に

含まれるとした（専修大学事件・最二小判平27.6.8労判1118-18〔百選70事件〕）。

B　就業規則と労働協約による規制

[1] 就業規則による制限

労基法89条3号では、就業規則の絶対的必要記載事項として「退職に関する事由（解雇の事由も含む。）」が挙げられている。

使用者が就業規則に記載すべき解雇事由について、これを限定列挙と理解すべきなのか、それとも例示列挙であるのかについては、見解が分かれている。就業規則に記載列挙された解雇事由を限定列挙と解する説は、使用者自らが、労働契約上、解雇できる場合を制限（制限）したと解すべきであるとする。一方、就業規則への解雇事由の記載列挙を例示列挙であると解する説は、使用者が拙劣な就業規則を作った場合、解雇が相当であり不可避と考えられる事態であったとしても解雇できない場合の不都合さを挙げ、普通解雇については例示列挙と考えても、解雇権濫用の審査があるため、労働者保護に欠けることはないとする。

もっとも、一般的な就業規則では解雇事由をいくつか挙げた上で、「その他これらの事由に準ずる事由」というように包括条項が設けられることが多いので、この場合どちらの説をとっても労働者の処遇について大きな違いが出ることはない。

[2] 労働協約による制限

労働協約では、使用者が労働者を解雇しようとする場合、事前に労働組合との協議や労働組合の同意を必要とする旨の人事協議・同意条項を設けている場合がある。仮に使用者が労働組合とのこのような協議等を経ずに労働者を解雇した場合、協約に反する（手続き違背の）解雇あるいは解雇権濫用として無効となる。

C　解雇権濫用法理

[1] 判例法理の条文化（労契法16条）

労契法16条は「解雇は、客観的に合理的な理由を欠き、社会通念上相当であると認められない場合は、その権利を濫用したものとして、無効とす

る。」と定めている。

　民法では、労働者に退職の自由があると同時に、使用者にも解雇の自由が認められている（民法627条1項）。ただし早い時期から判例上、労働者を解雇の脅威から保護するため解雇権濫用法理が確立し、使用者の解雇権行使は制約されてきた（日本食塩製造事件・最二小判昭50.4.25民集29-4-456）。この解雇権濫用法理は、まず平成15（2003）年の労基法改正によって条文化された（労基法18条の2）。そして労契法制定とともに労契法16条に移される（労基法18条の2は削除）という経緯をたどって、現在に至っている。

[2] 客観的合理的理由と社会的相当性の判断

　労契法16条によれば、解雇権行使が濫用と評価されないためには、解雇するための「客観的合理的理由」があることと、解雇することについて「社会的相当性」があることが必要となる。この2つのうち、いずれか1つでも欠けている場合には解雇権行使は権利濫用とされる。

　まず「客観的合理的理由」とは、労働者側の事情として、私傷病による労務提供不能、労働能力の欠如・喪失、職務懈怠、労働者の規律違反等がある。また使用者側の経営上の都合による解雇「整理解雇」や、使用者と労働組合が締結したユニオン・ショップ協定による解雇がある。

　次に、労働者側に解雇される事情があるとしても、実際に解雇することが「社会通念上相当」か否かという、その解雇権行使の「社会的相当性」が要求される。最高裁は、「普通解雇事由がある場合においても、使用者は常に解雇しうるものではなく、当該具体的な事情のもとにおいて、解雇に処することが著しく不合理であり、社会通念上相当なものとして是認することができないときには、当該解雇の意思表示は、解雇権の濫用として無効になる」（高知放送事件・最二小判昭52.1.31労判268-17〔百選71事件〕）としている。

D　整理解雇と規制

[1] 整理解雇

　整理解雇とは、労働者側には解雇事由（非難されるべき事由）が存在しないにもかかわらず、業績不振など会社側の経営上の都合により、余剰人員と

して労働者が解雇されることをいう。

　日本では、1970年代、オイルショックを契機とした不況が続く中で、大規模な整理解雇を行う企業が出てきた（「整理解雇」自体はそれ以前からあった）。これに対応するため、裁判例において、形成されてきたのが整理解雇法理である（大村野上事件・長崎地大村支判昭50.12.24労判242-14、東洋酸素事件・東京高判昭54.10.29労民集30-5-1002〔百選73事件〕）。

[2] 整理解雇に関する判例法理の4要件（4要素）

　労働者への帰責性がないにもかかわらず、経営上の必要性があって労働者を解雇する整理解雇をする場合、誰を解雇するのか、解雇する者を選別しなければならない。

　そこで整理解雇の有効性については、次の4つの事情が検討されることになる。①人員削減の必要性、②解雇回避措置、③人選の合理性、④手続きの相当性、が裁判例で考慮される要件（要素）である。なお「4要件」として考える裁判例もある一方で、「4要素」として理解し判断する裁判例もある（専修大学事件・札幌地判平25.12.2労判1100-70、山田紡績事件・名古屋高判平18.1.17労判909-5、CSFBセキュリティーズ・ジャパン・リミテッド事件・東京高判平18.12.26労判931-30など）。ただし「4要素」と解する裁判例も実際には4つの要素を総合的に判断している。

　仮に、これらの要件（要素）の判断において整理解雇が有効ではない、とされた場合、解雇権濫用ということになる（労契法16条）。

①人員削減の必要性

　経営上の必要から人員削減が必要だとしても、この「必要性」は人員削減しなければ「倒産必至」という程度の状態までは必要ではなく、「企業の合理的運営上やむをえない必要に基づくものと認められる場合」（前掲、東洋酸素事件・東京高判）というレベルで認められる。

②解雇回避措置

　解雇は労働者にとって重大な不利益をもたらすので、最終手段と理解されている。使用者は、解雇を回避するためにどのような手段をとったのかが問われることになる。使用者がとりうる解雇回避措置としては、新規採用の抑制、残業規制、配置転換、出向、有期契約労働者の雇止め、一時帰

休、希望退職者募集などがある。

③人選の合理性

人選の合理性には、人選基準が合理的でなければならず、これが公正に適用されなければならない。人選の基準は、事案によって様々であるが、差別的な基準ではないこと、使用者の恣意的な基準でないことが求められる。法令に違反するような基準には合理性は認められない（労働組合員〔労組法7条〕や女性〔男女雇用機会均等法6条4号〕を対象とするような例）。

一般的には、勤務成績、解雇によって労働者(とその家族)が受ける生活上の負担の度合い、転職の容易（難易）度などを考慮した人選の基準として合理性が認められる。

④手続きの相当性

整理解雇を行うことについて、労働組合や整理解雇の対象となる労働者との誠実な協議・説明が必要となる。労働協約に協議義務の条項がある場合に協議なしに行われる整理解雇は無効となる。また協議義務条項がない場合であっても使用者は労働組合等との協議が信義則上必要であろう。

E　ユニオン・ショップ協定による解雇

ユニオン・ショップ協定とは、雇用された労働者が、労働組合の組合員たる資格を取得せず、あるいは除名などによって資格を失った場合に、使用者は当該労働者を解雇する義務を負うという労使協定である。労働組合は、こうした協定を締結することによって間接的に労働組合の組織拡大・強化を図ろうとする。

ユニオン・ショップ協定による解雇について最高裁は、「ユニオン・ショップ協定に基づく……解雇は、ユニオン・ショップ協定によって使用者に解雇義務が発生している場合にかぎり、客観的に合理的な理由があり社会通念上相当なものとして是認することができる」（日本食塩製造事件・最二小判昭50.4.25判時774-3）とする。ただし労働組合からの除名が無効な場合には、使用者に解雇義務が生じず、解雇は客観的合理的理由を欠き社会的に相当でなく解雇権濫用になるとしている（前掲、日本食塩製造事件）。

F 解雇期間中の賃金（解雇無効と、その間の収入の精算）

(1) 使用者から解雇された労働者が、裁判闘争等を経て、使用者の「解雇」は権利濫用等で無効という結果を勝ちとる場合がある。問題は、解雇された労働者が使用者と裁判で争っていた間に、これと並行しながら自分自身の生活を維持するために別の職場で働いていた場合に得た収入（中間収入）と、解雇期間中の賃金相当額を使用者が支払う「バック・ペイ」との関係をどう考えるか、である。

(2) 民法536条2項は「債権者の責めに帰すべき事由によって債務を履行することができなくなったときは、債務者は、反対給付を受ける権利を失わない。この場合において、自己の債務を免れたことによって利益を得たときは、これを債権者に償還しなければならない。」と規定している。

まず同条2項前段によれば、解雇無効という結果が債権者（使用者）の「責め」に帰すべき事由となる場合、債務者（労働者）は反対給付（この場合「賃金」等）を受ける権利を有する。そして同条2項後段によって、債務者（労働者）は、自己の債務（労務）を免れたことによって利益を得た（別の会社で働いて賃金を得た）ときは、これを債権者（使用者）に償還しなければならないことになる。一方で、労基法26条が「使用者の責に帰すべき事由による休業の場合においては、使用者は、休業期間中当該労働者に、その平均賃金の100分の60以上の手当を支払わなければならない。」と規定している。労働者の中間収入について、この2つの条文（民法536条2項と労基法26条）の関係をどう解釈するか、という問題が生じる。

この問題について最高裁は、「使用者は、右労働者に解雇期間中の賃金を支払うに当たり右利益の額を賃金額から控除することができる」と判示した上で、このうち「平均賃金の6割に達するまでの部分については利益控除の対象とすることが禁止されている」とした。使用者が労働者に対して有する解雇期間中の賃金支払債務のうち平均賃金額の6割を超える部分から当該賃金の支給対象期間と時期的に対応する期間内に得た中間利益の額を控除することは許されるものと解すべきであり、右利益の額が平均賃金額の4割を超える場合には、更に平均賃金算定の基礎に算入されない賃金（労基法12条4項所定の賃金）の全額を対象として利益額を控除することが許される」（あけぼのタクシー事件・最一小判昭62.4.2労判506-20〔百選76事件〕、いず

み福祉会事件・最三小判平 18.3.28 労判 933-12)。

例えば、月給 30 万円で働いていた労働者が解雇された後、他の会社でア
ルバイトとして月 10 万円 (中間収入) で働いていたとして、裁判で解雇権濫
用として解雇無効となった場合について考えてみる。月給 30 万円のうち
60% に当たる 18 万円については必ず労働者に支払わなければならない (控
除できない)。使用者は残り 12 万円 (40% 部分) については、その時の労働者
の中間収入 10 万円分を差し引いて (控除して) 払うことになる。そうする
と使用者は、12 万円から 10 万円を引いた残り 2 万円と、控除できない
60% の部分 18 万の合計 20 万円を労働者に支払うことになる。

G 変更解約告知

変更解約告知とは、使用者が労働者に対して労働条件の変更を申し入れ、
これに同意しない労働者との従来の労働契約を解約する旨の意思表示のこ
とをいう。つまり解雇という手段を背景にしながら、使用者の目的は労働
者に労働条件の不利益変更を受け入れるように迫るものである。日本では
労働条件の (不利益) 変更については、就業規則の変更を通じて行う集団的
処理方法が認められている (労契法 9 条・10 条)。したがって変更解約告知が
必要になるのは、就業規則の変更という手段が使えない場合ということに
なる (労契法 10 条ただし書参照)。勤務地や職種が労働契約によって特定され
ているが、経営上の都合により会社としても、労働条件の変更が窮余の一
策という場合もありうる。こうした使用者の意思表示の有効性が問題にな
る。

この点について、裁判例は分かれている。整理解雇に関する法理をやや
緩和した要件で変更解約告知を認める裁判例 (スカンジナビア航空事件・東京
地決平 7.4.13 労判 675-13 [百選 74 事件]) と、労働者が不利な立場に置かれるこ
とや変更解約告知についての明文規定がないことを理由に否定する裁判例
(大阪労働衛生センター第一病院事件・大阪地判平 10.8.31 労判 751-38) がある。また
業績不振を理由とする変更解約告知後の解雇につき、変更解約告知に応じ
なかった従業員をその必要数を超えて解雇した場合に、整理解雇と同様の
要件で判断し無効とした裁判例もある (関西金属工業事件・大阪高判平 19.5.17 労
判 943-5)。

162 ■ 第10章 ■ 雇用の終了

　学説は、使用者からの労働条件変更の申し込みについて合理性を裁判で
争うことを留保した上で、労働条件の変更をいったん受け入れて雇用継続
（異議留保付き承諾）を認めるべきとする見解が多い。変更解約告知によって
解雇か労働条件変更の受け入れかの二者択一を迫られる状況で、労働者が、
労働条件変更に同意しないで解雇された（失職した）場合、仮に後日、裁判
によって解雇が権利濫用で無効とされたとしても、その失職により被る不
利益が大きいことを考えると、変更解約告知については労働者の異議留保
付き承諾を認めるべきであろう（なお異議留保付き承諾の意思表示を否定した裁
判例として、日本ヒルトンホテル〔本訴〕事件・東京高判平 14.11.26 労判 843-20）。

3　定年による雇用の終了

A　定年制の意義

　定年制とは、労働者が所定の年齢に達したこと理由として労働者の地位
を失わせる（雇用関係を終了させる）制度である。日本の場合、正社員の年功
型賃金制度と長期雇用制度の中で、企業の人事の活性化や人件費抑制とい
う機能もあって、ほとんどの企業が定年制を設けてきた。1960 年代には
55 歳定年が一般的であったが、現在では 60 歳定年が多いようである。
　定年制については最高裁も「人事の刷新・経営の改善等、企業の組織お
よび運営の適正化のために行なわれるものであり」（秋北バス事件・最大判昭
43.12.25 民集 22-13-3459〔百選 18 事件〕）不合理な制度ではないとしている。と
は言え、労働能力や適格性などは問わずに、年齢という条件だけで一律に
雇用関係を終了させるという定年制については、年齢差別であるという批
判もある。
　定年制を導入するか否かは使用者の自由であるが、仮に定年制を設ける
場合としても、定年の年齢は「60 歳」を下回ることはできない（高年者雇用
安定法 8 条）。もし使用者が、60 歳を下回る定年年齢を定めた場合には無効
となり、その結果、定年がないことになる。

B 高年齢者雇用確保措置

[1] 高年齢労働者

　日本社会が人口減少と人口構成が高齢化していく中で、政府は平成24 (2012) 年、いわゆる「全員参加型社会」の実現が求められているとし、高年齢者の就労促進の一環として高年齢者雇用確保措置を改正した。また別の背景としては、公的年金（厚生年金）の支給開始年齢の段階的に引き上げることにより、現在の高年齢者雇用制度のままでは、継続雇用を希望したとしても雇用が継続されず、また年金も支給されないことにより無収入となる者が生じる可能性があったため、これを回避しようとすることもあった。

[2] 高年齢者雇用確保措置の内容

　これまで使用者が労使協定によって継続雇用の対象となる労働者の基準を定め、限定することができた。平成24 (2012) 年の法改正では、このような制度を改め、希望する者はすべて雇用継続しなければならなくなった。

　その結果、65歳以下の定年を定める企業においては、高年齢労働者が65歳まで安定して働けようにするための高年齢者等雇用確保措置として、次のいずれかを講じなければならない、とされた（高年齢者雇用安定法9条1項）。

　①当該定年の引き上げ、②継続雇用制度（現に雇用している高年齢者が希望するときは、当該高年齢者をその定年後も引き続いて雇用する制度）の導入、③当該定年の廃止、のいずれかである。

　平成24年の法改正では、この継続雇用制度の対象となる労働者を雇用する企業は、それまでの会社だけではなく、グループ企業にまで拡大された（同法9条2項）。また、厚生労働大臣は継続雇用制度に関する規定に違反している会社が、勧告に従わなかった場合には会社名を公表することができる（同法10条3項）。

‖‖ コラム ‖‖　解雇の金銭解決制度

　労契法16条は、解雇が不当であると評価された場合、解雇は無効となる旨を定めている。解雇無効とな（従業員としての地位が確認され）れば、解雇は最初からなかったことになる。したがって、解雇されていた労働者は、解

雇期間中の給与等を支払われ（バックペイ）、めでたく職場復帰となりそうだが、実際には、会社（使用者）と労働者との感情的対立や、労働者には就労請求権が認められていないこともあって会社側が復職を拒否したりすることもあり、現実には職場復帰せず（できず）に「解決金」を受け取って退職（労働関係を解消）する労働者も少なくない。

こうした事情もあって、解雇について金銭的解決をできるような（金銭救済）制度を導入すべきであるとの意見が（主に経営者サイドから）ある。

この制度導入のメリットとして、職場復帰か金銭的解決か、不当に解雇された労働者の選択肢が増えることや問題の一回的解決が望めること（解雇無効が決まった後、さらに「解決金」の問題で交渉したり争わずに済むこと）などが挙げられている。一方、制度導入のデメリットとして、解雇された労働者は裁判で争うよりも泣き寝入りすることが多いという実情がある中で、金銭的解決が制度化された場合、安易で不当な解雇が横行するおそれ等が指摘され、制度導入の必要性自体に疑問が呈されている。

解雇（失職）は、多くの労働者にとって死活問題である。そのため労働法は、使用者の解雇権行使に多くの制約を加えてきた。現在は金銭救済制度の法技術的問題が論じられている段階であるが、仮にこの制度を導入するとしても、これが実態として使用者の解雇権行使に対する制約を緩めるようなものとして機能しないような形を模索すべきであろう。

もっと知りたい人へ

● 荒木尚志「労契法 16 条」部分　西谷敏＝野田進＝和田肇編『新基本法コンメンタール労働基準法・労働契約法』（日本評論社、2012 年）

● 厚生労働省「解雇無効時の金銭救済制度に係る法技術的論点に関する検討会」https://www.mhlw.go.jp/stf/shingi2/0000211235.html（2018 年 6 月 12 日取得）

3 定年による雇用の終了 ▎165

知識を確認しよう

・・・・・・・・・・・・・・・・・・・・・・・・・・・・・・・

問題

(1) A氏は、正社員として働き始めて1年経過した後、会社を辞めようと考えた。A氏が退職する場合、どのような法的制約があるか。もしA氏が有期労働契約を締結した労働者であった場合には、正社員の場合とは異なるのか。

(2) B氏は、1か月に2度も朝寝坊をして大事な仕事に遅刻してしまった。そのことを理由として会社はB氏を解雇した。B氏はそれまで職務上重大なミスをしたことはなかった。この場合、会社がB氏を解雇したことはどのような法的評価を受けるか。

(3) C社は、ライバル企業との競争に勝つために、国内生産部門の大幅な合理化と人員削減をする必要に迫られている。人員削減が適法であると評価されるために、C社はどのような措置や手順をとる必要があるか。

解答への手がかり

(1) 労働者には「退職の自由」（民法627条1項）があるが、契約が終了するのは2週間経ってからである。有期労働契約の場合には、民法628条が適用され「退職の自由」が一定程度制約されるが、1年を経過した後は労働者はいつでも退職できる（労基法附則137条）。

(2) 大事な仕事に遅刻することが就業規則に規定された「解雇事由」に該当するのか。仮に該当するとしても「解雇」することの社会的相当性があるかが問われることになる。

(3) 整理解雇の適法性を検討するための4要件（要素）のうち、この場合、必要性は認められるとして、解雇回避努力義務、被解雇者の人選の合理性、労働組合等への説明や協議などが必要とされる。

第11章 団結権保障と労働組合法

本章のポイント

1. 憲法 28 条は、団結権、団体交渉権および争議権を保障している。これを具体化したのが労働組合法であって、団結の承認と労働組合の保護育成が図られている。一方、公務員については、一部の労働基本権が制限・禁止されている。

2. 労組法上の労働組合は「労働者が主体となって自主的に労働条件の維持改善その他経済的地位の向上を図ることを主たる目的として組織する団体又はその連合団体」（2 条）である。労働組合が不当労働行為の救済を受けるためには、自主性の要件の他、民主性の要件を備えることが必要である。

3. 労働組合は、団結目的を達成するために多彩な組合活動を展開する。ユニオン・ショップ、統制権、チェック・オフなど、集団的労使関係に登場する独特の概念をよく理解してほしい。

1 団結権保障の意義

A 団結権の性格
[1] 国家による団結の承認

　憲法 28 条は「勤労者の団結する権利及び団体交渉その他の団体行動をする権利は、これを保障する」と規定する。同条は、広義の団結権を保障したものであり、その内容は、狭義の団結権、団体交渉権、争議権のいわゆる労働三権を含んでいる。これら 3 つの権利に優劣関係はなく、相互に密接な関連を有するものとして理解すべきである。

　憲法で団結権を保障するということは、何よりも労働組合を合法的な団体として国家が承認したことを意味する。労働組合の活動は、本質的に一般的な市民的自由の範囲におさまらないものが多い。団結権の保障は、労働者および労働組合を、市民法レベルでの違法評価から解放するという意義をもつ。

[2] 団結権の法的性格

　憲法における団結権の保障は、具体的には次のような性格をもっている。

　第 1 に、法令の違憲審査としての性格をもつ。団結権を制限・禁止する法令は違憲である。例えば、公務員は、一律に争議行為が全面的に禁止されているが（国公法 98 条 2 項、地公法 37 条 1 項など）、現在もなお、これらの争議行為禁止規定の合憲性が問われているのである。

　第 2 に、団結権の保障は、国家との関係ばかりではなく、使用者に対しても、労働組合への妨害や干渉を禁止することになる。憲法 28 条は、他の基本的人権とは異なり私人間にも直接適用される（直接適用説、通説）。

　第 3 に、労働組合の正当な行為については、刑事免責および民事免責が認められている。例えば、ストライキは、刑法上の威力業務妨害罪などに該当するおそれがあるが、正当性を逸脱するような暴力行為を伴わない限りは正当行為ないし社会的相当行為として免責される（労組法 1 条 2 項、刑法 35 条）。同様に、民事上も多数労働者の債務不履行や不法行為責任を生じる可能性があるが、正当なものであれば免責される（労組法 8 条）。

[3] 団結権の主体

団結権の主体は「勤労者」である。勤労者とは、労働者と同義であり「職業の種類を問わず、賃金、給料その他これに準ずる収入によって生活する者」をいう（労組法3条参照）。したがって、民間企業の労働者はもとより公務員および失業者も勤労者に含まれる（通説判例）。

勤労者とは、第一義的には個人の労働者を意味する。個人の労働者が団結を結成すると、集団としての団結体（典型的には労働組合）も団結権の主体となる。憲法28条が「団体交渉その他の団体行動をする権利」を保障しているのは、団結体自体が権利主体となりうることを認めたものと解される。なお、労働組合以外にも、争議団のような一時的団体が結成される場合があるが、これも、労働者が中心となった団体であるかぎり、団結権の主体となりうる。

B 労働三権の内容

[1] 狭義の団結権

「勤労者の団結する権利」とは、第1に、労働者個人が労働組合を結成し、これに加入し、組合活動に参加する権利を意味する。使用者は、労働者の組合結成・加入を妨害・干渉してはならない。

第2に、団結権は、労働組合という団結体が、組織の維持・強化のために行動する権利を保障する。使用者は、組合活動への介入・妨害をしてはならないことはもちろん、わが国における企業別組合の性格上、組合活動への一定の便宜供与（組合事務所、会議室、光熱費の負担など）を容認すべき場合がある。

第3に、団結内部の問題として、強固な内部統制が求められる。なぜなら、労働組合は、一般の市民的団体とは異なり、ストライキを武器にもつ闘争的な性質を秘めている団体だからである。いわゆる労働組合の統制権が肯定されるのも、団結権に由来すると考えられる。

なお、以上の積極的団結権に対して、団結しない自由または労働組合からの脱退の自由を内容とする消極的団結権は認められるかという問題がある。これについては、否定説が通説である[1]。

[2] 団体交渉権

団体交渉（団交）とは、労働組合が労働協約の締結を目的として、使用者と労働条件等について交渉・協議することである。使用者は、労働組合からの団交申入れを無視することは許されず、団交に応じる義務がある（団交応諾義務）[2]。また、団交の場では、使用者は、誠実に説明・回答・協議すべき義務がある（誠実交渉義務）。使用者が正当な理由なく団交を拒否したり不誠実な態度をとったりすることは、不当労働行為として禁止されている（労組法7条2号）。

使用者の団交権は認められるか、いいかえれば労働組合にも団交応諾義務があるか、という問題があるが、少なくとも憲法レベルでの権利義務という意味では問題とならない。憲法28条の主体は、あくまでも勤労者およびその団結体だからである。

[3] 争議権

憲法28条の「その他の団体行動をする権利」の中心は、争議権ないしストライキ権である。争議権の主体は、労働者個人と労働組合である。ストライキは労働放棄であるから、団結放任の時代にあっては、個々の労働者は労働契約違反ないし債務不履行責任を追求された。また労働組合のストライキは、使用者の営業権を妨害し、多大な損害を発生させる。しかし争議権保障の効果として、正当な争議行為については、個々の労働者は債務不履行責任を免除され、労働組合も不法行為責任を免れるのである。なお、個人の争議権といっても「1人ストライキ」のようなものは認められない。争議権の行使は、あくまでも「団体行動」として行われなければならないからである。

C　団結権保障と企業別組合

わが国の労使関係においては企業別組合が中心的役割を果たしていることを考慮すると、団結権の保障とは、何よりも企業内で労働組合を結成する権利および企業内で組合活動を展開する権利を保障することを意味する。使用者は、従業員が企業内で自由に団結を結成し、あるいは加入する権利を侵害してはならないし、企業内の組合を憲法上保障された団結として承

認しなければならない（団結承認義務）。

　企業別組合の団体交渉は、しばしば企業内で、しかも労働時間中に行われる。使用者は、団体交渉がスムーズに行われるように配慮する必要がある。また、企業別組合の争議行為は、欧米のウォークアウト型に対し、職場滞留型（職場占拠型）になりやすい。このことは、企業別組合の争議権保障の意義および民事刑事免責の適用を考える上で、十分に考慮する必要がある。

2　公務員と労働基本権の制限

A　労働基本権制限の経緯

　昭和20（1945）年8月15日の終戦以降、連合軍総司令部（GHQ）は、民主化政策の一環として労働組合の保護助成を掲げ、同年12月には、いち早く旧労組法が制定された。同法は、適用される労働者の範囲を広く捉え、公務員にも労働三権を認めていた（ただし警察官、消防職員、監獄勤務者を除く）。この頃は、官民を問わず多数の労働組合が結成され、とりわけ官公労働者が当時の労働運動の指導的役割を担っていた。

　昭和22（1947）年2月1日、労働側は、ゼネラルストライキを計画したが（二・一スト）、マッカーサーのスト中止命令により、ゼネストは中止された。この事件をきっかけにしてGHQは日本の占領政策を転換し、公務員の労働基本権[3]が制限されることとなった（第1章コラム参照）。

B　労働基本権の制限の内容

[1]　団結権の制限

　国家公務員、地方公務員は労働基本権の全部または一部が制限されている。まず、国家公務員としての警察職員、海上保安庁職員、刑事施設職員は、職員団体を結成すること自体が禁止されている（国公法108条の2第5項）。地方公務員としての警察職員および消防職員も同様である（地公法52条5項）。この他、自衛隊員も労働組合を結成することができない（自衛隊法64

条1項）。したがって、これらの公務員は、労働三権のすべてが否定されていることになる。

　非現業の一般職国家・地方公務員は、職員団体を結成できる（国公法108条の2第3項、地公法52条3項）。これらの職員団体は、国家公務員の場合は人事院に、地方公務員の場合は人事委員会または公平委員会に登録を申請することができる（国公法108条の3第1項、地公法53条1項）。これに対し、現業公務員は、職員団体を結成でき、登録制度等もない[4]。

[2] 団体交渉権の制限

　非現業国家公務員の職員団体は「職員の給与、勤務時間その他の勤務条件」に関し、当局と団体交渉する権利を認められている（国公法108条の5第1項）。ただし「団体協約を締結する権限」（労働協約締結権）は否定されている（2項）。非現業地方公務員も同様である（地公法55条1項・2項）。これに対し、現業の国家・地方公務員については、労働協約締結権を含む団体交渉権が認められている（行政執行法人法8条、地公労法7条）。

　交渉対象事項については、現業公務員に関しては賃金、労働時間、安全衛生などが列挙されている（同）。非現業公務員については例示がないが、ほぼ同様と解される。しかし、管理運営事項については、現業・非現業を問わず、交渉事項から除外されている（国公法108条の5第3項、地公法55条3項、行政執行法人法8条、地公労法7条）。

[3] 争議行為の禁止

　公務員の争議行為は、現業・非現業を問わず全面一律に禁止されている（国公法98条2項、地公法37条1項、行政執行法人法17条1項、地公労法11条1項）。非現業公務員の争議行為を「共謀し、そそのかし、若しくはあおり、又はこれらの行為を企てた者」は、刑事罰が科せられる（国公法110条1項17号、地公法61条4号）。これに対し、現業公務員の争議行為に関しては、刑罰規定はなく、解雇されるにとどまる（行政執行法人法18条、地公労法12条）。

C　最高裁判例の変遷

　前述のように、公務員もまた憲法28条の「勤労者」に含まれることは通

説判例であり、公務員に対する労働基本権の制限は、憲法 28 条にてらし違憲の疑いを生じさせる。この点につき、初期の判例は、公共の福祉を根拠に挙げて合憲とした（国鉄弘前機関区事件・最大判昭 28.4.8 刑集 7-4-775）。

　その後、官公労働者による ILO 闘争の展開と ILO87 号条約の批准（結社の自由および団結権の保護に関する条約、昭和 40〔1965〕年）などの社会情勢の変化もあり、最高裁は、憲法 28 条は公務員にも適用されることを認め「国民生活全体の利益」との調整の観点から、労働基本権の制限は合理的最小限のものでなければならないと判示した（全逓東京中郵事件・最大判昭 41.10.26 刑集 20-8-901）。これは、限定的合憲論といわれる。

　しかし、最高裁は再び立場を変更し、公務員の地位の特殊性と職務の公共性にかんがみ、公務員の争議行為およびあおり行為等を禁止するのは「国民全体の共同利益の見地からするやむをえない制約というべきであって、憲法 28 条に違反するものではない」とする全面的合憲論に転じた（全農林警職法事件・最大判昭 48.4.25 刑集 27-4-547〔百選 5 事件〕）。現在では、この全面的合憲論が判例として定着している（岩手県教組事件・最大判昭 51.5.21 刑集 30-5-1178、全逓名古屋中郵事件・最大判昭 52.5.4 刑集 31-3-182、熊本県教委事件・最二小判平 12.12.15 労判 803-5、新潟県教委事件・最二小判平 12.12.15 労判 803-8）（**表 11-1** 参照）。

表 11-1　公務員の労働基本権の制限

		団結権	団体交渉権	協約締結権	争議権
国家公務員	警察職員 海上保安庁職員 刑事施設職員 自衛隊員	×	×	×	×
	現業（行政執行法人法）	○	○	○	×
	非現業（国公法）	○	○	×	×
地方公務員	警察職員、消防職員	×	×	×	×
	現業（地公労法）	○	○	○	×
	非現業（地公法）	○	○	×	×

3 労働組合法上の労働組合

A 労働組合の組織と自主性の要件

[1] 労働組合の主体と目的

　労組法上の労働組合とは「労働者が主体となって自主的に労働条件の維持改善その他経済的地位の向上を図ることを主たる目的として組織する団体又はその連合団体」をいう（労組法2条本文）。また、労組法上の労働者とは「職業の種類を問わず、賃金、給料その他これに準ずる収入によって生活する者」をいう（3条）。

　このように、労働組合の主たる目的は「労働条件の維持改善その他経済的地位の向上を図ること」である。したがって、例えば、共済事業その他福利事業のみを目的とする団体および主として政治運動または社会運動を目的とするものは、労働組合とはいえない（2条ただし書3、4号）。ただし、労働組合は、主たる目的の達成に必要な限りで政治・社会活動を行うことができる（三井美唄炭鉱労組事件・最大判昭43.12.4刑集22-13-1425）。

[2] 労働組合の自主性

　労働組合は、労働者が「自主的に」組織し活動するものでなければならない。これを労働組合の自主性の要件という。労組法は、労働組合の自主性を確保するために、組織面と資金面の両方から規制している。

　まず、組織面の規制としては、①会社役員、②雇入れ、解雇、昇進または異動に関して直接の権限をもつ監督的地位にある労働者、③使用者の労働関係についての計画と方針とに関する機密の事項に接し、そのためにその職務上の義務と責任とが当該労働組合の組合員としての誠意と責任とに直接抵触する監督的地位にある労働者、④その他使用者の利益を代表する者（利益代表者）の参加を許すものは、労働組合の自主性がないとする（2条ただし書1号）。

　次に、資金面では「団体の運営のための経費の支出につき使用者の経理上の援助を受けるもの」（経費援助）は、自主性を否定される（同条2号）。ただし、次のものは経費援助にあたらない。①労働時間中の労使協議・交渉

を有給とすること、②労働組合の福利厚生基金への使用者からの寄付、③最小限の広さの組合事務所の供与（2号ただし書）。なお、使用者が労働組合に経費援助することは、不当労働行為として禁止されている（7条3号）。

[3] 組合民主主義

労働組合は、労働条件の維持改善その他経済的地位の向上を図るために、常に使用者、経済団体および政府との対抗関係を強いられている。このことから、組合内部において強固な団結力と連帯性が要求され、それを担保するために組合民主主義が要請される。憲法28条は、闘争団体としての労働組合を承認し、その団体行動権を保障するものであり、組合活動を支える組合民主主義の根拠も憲法28条の団結権に求められる。

組合民主主義といっても、かならずしも議会制民主主義の理念にとらわれる必要はない。組合活動や争議行為は、しばしば迅速かつ臨機応変な対応が求められることから、全体として民主主義的な性格が維持されていれば足りると解される。

B 労働組合の資格審査と民主性の要件

[1] 自由設立主義と資格審査

労働者は団結の自由が保障され、自由設立主義によりなんらの規制を受けることなく労働組合を結成することができる。しかし、労働組合が労働組合法上の手続に参与し、不当労働行為の救済を受けるためには「労働委員会に証拠を提出して第2条及び第2項の規定に適合することを立証」しなければならない（5条1項本文）。これを労働委員会による労働組合の資格審査という。

資格審査をパスした労働組合は、労組法上の労働組合として同法の手続に参与し、また救済を求めることができる（法内組合、資格組合、法適合組合などと呼ばれる）。「手続」とは、①労働組合の法人登記ができること（11条1項）、②労働委員会の労働者側委員の推薦人になれること（19条の3第2項、19条の12第3項）、③地域的一般的拘束力の申立てができること（18条1項）である。また「救済」とは、労働委員会による不当労働行為の救済を指す（7条、27条1項）。

資格審査を受けていない労働組合や資格審査にパスしなかった労働組合は、これらの手続に参与できず、また救済も受けられない。しかし、そのような労働組合であっても憲法上の労働三権は保障され、民事刑事免責も認められる（法外組合、無資格組合、法不適合組合などと呼ばれる）。

[2] 民主性の要件

労組法5条2項は、組合規約の中に民主的手続に関する事項を定めることを要求している。これを労働組合の民主性の要件という。組合規約に記載すべき事項は、①労働組合の名称、②組合事務所の所在地、③組合員の参与権および均等取扱い、④人種、宗教、性別、門地または身分を理由とする組合員資格の差別禁止、⑤組合役員選挙における直接無記名投票、⑥毎年1回の総会の開催、⑦公認会計士等による毎年1回の会計報告、⑧直接無記名投票の過半数によるストライキ開始手続、⑨直接無記名投票の過半数による規約改正手続である（5条2項1～9号）。これらのうち③～⑨までが、労働組合の民主性の要件となる。

C 組合加入・脱退の自由と組織強制

[1] 組合加入・脱退の自由

労働者は、団結の自由が保障されており（憲法28条）、自由に労働組合に加入することができる。一方、労働組合は、組合自治の観点から自主的に組合規約で一定の加入資格を制限することができる。ただし、人種、宗教、性別、社会的身分を理由とする加入制限は許されない（5条2項4号）。

組合員は、原則として自由に労働組合を脱退することができる。脱退自体を禁止することや、脱退の際に執行委員会等の許可・承認を要件とすることは、脱退の自由を不当に制約するものとして無効となる（東芝労働組合小向支部・東芝事件・最二小判平19.2.2民集61-1-86〔百選83事件〕）。ただし、労働組合は強固な団結の維持が求められることから、労働組合が脱退希望者にその理由を問いただし、脱退を思いとどまるよう説得することは許される。

[2] ユニオン・ショップ

労働組合への加入に関連して、労使間でユニオン・ショップ協定（ユシ協

定）が結ばれることがある。これは「従業員は組合員とする」「組合資格を失ったものは解雇する」という2つの内容を含む（完全ユニオン）。前段は、新規に雇い入れた従業員は本人の意思にかかわらず労働組合に加入しなければならないということを意味する。また後段は、労働組合による除名処分や脱退により組合員の資格を失った者は、使用者が解雇するというものである（ユシ解雇という）。もっとも、現実には解雇条項を設けないユシ協定が多い（不完全ユニオン）。

ユシ協定は「間接的に労働組合の組織の拡大強化をはかろうとする制度」（組織強制）であり、そのような正当な機能を果たすかぎりにおいて法的効力が承認される（日本食塩事件・最二小判昭 50.4.25 民集 29-4-456）[5]。脱退者ないし被除名者が、他の労働組合に加入したり新たな労働組合を結成したりした場合、それらの者に対してユシ解雇することは許されない（三井倉庫港運事件・最一小判平元.12.14 民集 43-12-2051〔百選 82 事件〕）。

D 労働組合の統制権

労働組合は、労働組合は組合民主主義に基づいて統一した団結意思を形成し、強固な団結力を背景に組合活動や争議行為を展開する。労働組合は、一般市民団体とは異なり個々の組合員の行動を規制し団結意思に従わない者に対しては、除名、権利停止、罰金、戒告等の統制処分を行う権限を有する。これを労働組合の統制権という。統制権の根拠について、判例は「憲法 28 条による労働者の団結権保障の効果として、労働組合は、その目的を達成するために必要であり、かつ、合理的な範囲内において、その組合員に対する統制権を有するものと解すべきである」としている（三井美唄炭鉱労組事件・最大判昭 43.12.4 刑集 22-13-1425）。

労働組合の政治的・社会的・文化的活動は、それが「広く組合員の生活利益の擁護と向上に直接間接に関係する事項」であれば労働組合の目的の範囲に含まれる。これらに関する決議や指令に反する組合員の言動は、統制処分の対象となりうる（国労広島地本事件・最三小判昭 50.11.28 民集 29-10-1698〔百選 84 事件〕）。

これに対し、純粋の政治的課題にかかわる組合員の市民的政治活動については、統制権は及ばない。例えば、労働組合が組織として支持政党また

は統一候補を決定することは自由になしうるが、それは事実確認的な意味しかもたず、組合員に対し統制力をもって決議に服従させることはできない（前出、国労広島地本事件）。また、労働組合が、統一候補の決定に反して自ら立候補しようとした組合員に対し「勧告または説得の域を超え、立候補を取りやめることを要求し、これに従わないことを理由に当該組合員を統制違反者として処分するがごときは、組合の統制権の限界を超えるものとして、違法といわなければならない」（前出、三井美唄炭鉱労組事件）。さらに、組合の推薦する特定候補以外の立候補者を支持する組合員の政治活動を、統制処分をもって一般的・包括的に禁止することは「組合の統制権の限界を超えるものとして無効」である（中里鉱業所労組事件・最二小判昭44.5.2集民95-257）。

統制手続に関しては、組合民主主義の要請から組合規約の中に適正手続が保障されていなければならない。第1に、統制事由と制裁の種類を明確に規定しておく必要がある。第2に、統制対象者の意見聴取、弁明の機会の提供などの権利を保障するべきである。第3に、統制処分の最終決定をどの機関で行うか、決定方法をどうするか（投票か挙手か、単純過半数か特別過半数かなど）を定める必要がある。これらの手続に違反する統制処分は、統制権の濫用として無効となる。

4 組合活動の法理

A 就業時間中の組合活動

日常的な組合活動権は、憲法28条によって保障されている。わが国労働組合の多くは企業別組合の形態をとっているため、組合活動は主に企業内で行わざるをえず、このことから様々な法的問題が生じている。

組合員が、在職のまま一定期間労働組合の業務にもっぱら従事することを在籍専従という。企業別組合にとって、在籍専従制度の必要性は大きい。労働協約や慣行で在籍専従が認められている場合、その専従役員は、就業時間中に組合活動に専念することができる。この他、就業時間中に有給で

労使協議・交渉を行うことは自主性を損なうものではなく（2条2号ただし書）、不当労働行為としての経費援助にもあたらない（7条3号ただし書）。それ以外の組合活動は、原則として就業時間外に行わなければならない。

就業時間中のいわゆるリボン闘争は、職務専念義務、誠実労働義務に違反し違法とされている（大成観光事件・最三小判昭57.4.13民集36-4-659〔百選86事件〕）。しかし、一般に就業時間中の組合活動については、労使自治にゆだねられており、労働協約の組合活動条項に自由に定めることができる。なお、休憩時間中の組合活動については、他の労働者の休憩自由利用の原則（労基法34条3項）を侵害しない態様のものであれば許されると解される。

B 組合活動と施設管理権

わが国の企業別組合は、その性質上企業施設を利用することが多く、組合活動権と企業の施設管理権との調整が問題となる。具体的には、組合事務所の貸与、組合掲示板の供与、会議室の利用、企業施設へのビラ貼りなどが問題となりうる。

判例は、企業施設であるロッカーへのビラ貼り活動の事案において次のように述べている。「労働組合又はその組合員が使用者の所有し管理する物的施設であって定立された企業秩序のもとに事業の運営の用に供されているものを使用者の許諾を得ることなく組合活動のために利用することは許されないものというべきである」。そして使用者が許諾を与えないことが使用者の権利の濫用にあたるような「特段の事情」がある場合を除いては、使用者の許諾を得ずに組合活動のために企業施設を利用することは「職場環境を適正良好に保持し規律のある業務の運営態勢を確保しうるように当該物的施設を管理利用する使用者の権限を侵し、企業秩序を乱すものであって、正当な組合活動として許容されるところであるということはできない」（国鉄札幌運転区事件・最三小判昭54.10.30民集33-6-647〔百選87事件〕）。この判例の立場は、あえて企業秩序を前面に押し出している点に特徴がある（企業秩序論）。

C 情宣活動

労働組合の日常的な文書活動や街頭宣伝活動（情宣活動という）は、団結の

維持強化、団結の誇示、外部へのアピール等の手段として重要である。具体的な方法としては、ビラ貼りやビラ配布、シュプレヒコール、街頭演説、プラカードの掲示、機関紙の発行、インターネット上のホームページでの意見表明、新聞・雑誌への寄稿などがある。

情宣活動については、会社社長の私宅近隣における街宣活動およびビラ配布行為は、会社社長の住居の平穏を害し名誉・信用を毀損する不法行為に該当し、また会社本社前における街宣活動およびビラ配布行為は、会社の名誉・信用を毀損し平穏に営業活動を営む権利を侵害する不法行為にあたるとした判例がある（東京・中部地域労働者組合事件・東京高判平 17.6.29 労判 927-67）。

D　チェック・オフ

チェック・オフとは、労働組合と使用者との協定に基づき、使用者が個々の組合員の賃金から組合費を控除し、まとめて労働組合に渡すという制度である。組合費の徴収は、労働組合にとって意外に面倒な業務であり、チェック・オフによって確実に組合財政を支えることができる。

チェック・オフは、労基法上の賃金全額払いの原則（24条1項）に抵触するおそれがあり、同項の定める過半数代表との労使協定の要件を満たす必要がある（済生会中央病院事件・最二小判平元.12.11 民集 43-12-1786）。また、この労使協定とは別に、使用者は、個々の組合員の委任を受けることが必要であって、チェック・オフ開始後も、組合員はいつでもチェック・オフの中止を申し入れることができる（エッソ石油事件・最一小判平 5.3.25 労判 650-6〔百選85事件〕）。

┃┃コラム┃┃ 労組法上の労働者

労組法3条の労働者について、近年、個人事業主や業務委託のような働き方が増えたことに伴い、改めて労組法上の労働者とは何かが問われている。いずれも、労働者らが労働組合を通じて使用者に団体交渉を申し入れたところ、使用者から団交を拒否されたという不当労働行為（労組法7条2号）の事案である。

CBC（中日放送）管弦楽団事件（最一小判昭51.5.6民集30-4-437）では、放送局との自由出演契約を締結していた楽団員は「発注に応じて出演すべき義務」があり、その報酬も「演奏という労務の提供それ自体の対価」であると認定判断して、労働者性を肯定した。最近では、オペラの合唱団員が問題となった新国立劇場運営財団事件（最三小判平23.4.12労判1026-6）、カスタマーエンジニアと称される業務委託契約者が争われたINAXメンテナンス事件（最三小判平23.4.12労判1026-27〔百選3事件〕）、同様に個人代行店の労働者性が問われたビクターサービスエンジニアリング事件（最三小判平24.2.21労判1043-5）があり、いずれも労働者性が肯定されている。

これらの最高裁判決を踏まえて、平成25（2013）年7月25日「労組法上の労働者の判断基準」に関する労使関係研究会報告書が発表された。これによると、①基本的判断要素として「事業組織への組入れ」「契約内容の一方的・定型的決定」「報酬の労務対価性」、②補充的判断要素として「業務の依頼に応ずべき関係」「広い意味での指揮監督下の労務提供、一定の時間的場所的拘束」、③消極的判断要素として「顕著な事業者性」等が示されている。要は「賃金、給料その他これに準ずる収入」で生活せざるをえない者に対して、その団結を擁護することが労組法3条の趣旨であると解されよう。

もっと知りたい方へ
- 川口美貴『労働者概念の再構成』（関西大学出版部、2012）
- 西谷敏・道幸哲也・中窪裕也編『別冊法学セミナー・新基本法コンメンタール労働組合法』（日本評論社、2011）

注）
1) 消極的団結権肯定説は、西谷敏『労働組合法〔第3版〕』（有斐閣、2012）54頁、否定説は、菅野和夫『労働法〔第11版補正版〕』（弘文堂、2017）33頁
2) 憲法28条から具体的な団交応諾請求権を導くことができるかどうかは争いがある。判例は、給付の訴えではなく確認の訴えとして労働組合の「団体交渉を求める地位」確認を認容している（国鉄団交拒否事件・最三小判平3.4.23労判589-6〔百選110事件〕）
3) 公務員の「労働基本権」とは、憲法28条の労働三権を意味する。なお、その後の民営化によ

り、公労法は「国営企業労働関係法」さらに「国営企業及び特定独立行政法人の労働関係に関する法律」と改称され、現在は「特定独立行政法人の労働関係に関する法律」（特独労法）に移行している。

4）現業国家公務員とは、行政執行法人法の適用を受ける国家公務員をいう。例えば、造幣局、印刷局、林野庁などの職員がこれにあたる。現業地方公務員とは、地方公営企業等の労働関係に関する法律（地公労法）の適用を受ける地方公務員をいう。例えば、地方公営企業としての電気、ガス、水道等の事業に従事する職員がこれに該当する。これに対し、非現業公務員とは、上記の現業公務員以外の者をいう。

5）ユシ協定無効説として、西谷・前掲注1）101頁以下、大内伸也『労働者代表法制に関する研究』（有斐閣、2007）108以下

知識を確認しよう

問題

(1) 公務員の労働基本権制限に関する最高裁判例の変遷を説明しなさい。

(2) 労組法上の労働組合について説明しなさい。

(3) 労働組合の統制権について説明しなさい。

解答への手がかり

(1) 最高裁判例は、初期の公共の福祉を根拠とする単純合憲論から限定的合憲論へと転換した後、再び全面的合憲論をとるに至っている。公務員の労働基本権が制限された歴史的背景に留意してほしい。また、公務員制度改革が課題となる中で、最高裁の合憲論に説得力があるかどうかも考えてもらいたい。

(2) 労働組合の主体と目的、自主性の要件、民主性の要件などについて、深い知識と理解が求められる。

(3) 労働組合と一般の市民団体との違いに留意しながら、統制権の根拠と限界についても言及してほしい。

第12章 不当労働行為制度

本章のポイント

1. 使用者による労働者または労働組合への不当な抑圧・妨害・干渉は、「不当労働行為」として、労組法7条に予め類型化され、禁止されている。使用者による不当労働行為があった場合、労働者または労働組合は、労働委員会への申立てにより、救済を求めることができる。

2. 具体的には、組合に関する理由による不利益取扱い、団交拒否、組合への支配介入などが、不当労働行為として禁止されており、それらの行為があった場合、労働委員会による行政救済の他、裁判所における司法救済を受けることができる。

3. なお、労組法は「使用者」の定義を欠くが、不当労働行為は使用者が行うものであるところ、使用者概念を明確にする必要があり、集積された判例の理解が重要となる。

184 ■ 第12章 ■ 不当労働行為制度

1 制度の意義と不当労働行為の概要

A 不当労働行為制度の意義と性格

　使用者と労働者の利害が衝突するのは、いわば当然の事理であり、優位に立つ使用者からの攻撃に常にさらされてきたのが、労働者の団結に関する諸活動であった。労組法には、団結権の積極的な実践（争議行為等）のもとで生じ得る刑事上または民事上の責任であって、それが一定範囲にとどまるものにつき、いわゆる免責規定（労組法1条2項・8条）がおかれている（11章、14章も参照）。これは、憲法28条から導かれる当然の帰結であり、労働者または労働組合の「正当」な行為については、そもそも市民法的責任を問われないという前提を確認したものであって、団結に対する国家による弾圧、あるいは使用者による抑圧といった歴史的経験を踏まえたものであった。両規定は、裁判規範性を有し、司法救済において用いられる。

　一方、労働者または労働組合に、独立した専門的行政委員会である労働委員会を利用させることで、使用者による侵害を除去し、簡易迅速かつ柔軟な救済をもたらそうとする一連の手続（労組法20条・27条）は、上の両規定とはまたその性格を異にするものである。すなわち、本章のテーマである不当労働行為制度は、使用者による労働者または労働組合への不当な抑圧・妨害・干渉を「不当労働行為」（同7条）として、予め類型化・禁止し、使用者がそれに反した場合、労働委員会による救済（同27条以下、行政救済）を待つことで、組合活動の自由等を実質的に担保しようとする制度である。

　不当労働行為制度の趣旨については、学説上、大きく2説の対立がある。第1は、憲法28条の団結権等の保障を、より効果的・具体的に実現するための制度として、不当労働行為を理解する見解[1]（団結権保障説）である。第2は、不当労働行為制度を、円滑な団体交渉関係の実現のため、政策的に創設された制度として捉える見解[2]（政策説）である。学説の多くは、団結権保障説の立場に立つ。団結権保障説において、労組法7条は、憲法に基づく権利保障を具体化するものであり、労働委員会による行政救済にとどまらず、裁判所における司法救済の場面においても、規範性を有することとなる。すなわち、労組法7条は、裁判規範性を有し、私法上の強行規定と

しての効力（私法的効力）を有すると解される。一方、政策説において、同法7条は、労使関係について見識と経験を有する労働委員会における判断基準に過ぎないものとされ、司法救済の根拠にならない。なお、判例は、団結権保障説を採る（なお、この点については、本章4のBも参照）。

　そもそも不当労働行為制度の要諦は、労使関係に明るい委員達が構成する労働委員会（本章の4、本章コラムも参照）に救済を委ねることで、柔軟かつ適正な解決が期待できるところにある。そうした意味で、不当労働行為制度の独自性に着目し、司法救済について、否定的あるいは限定的に捉える政策説の立場は一貫性を有するものと言えよう[3]。ただ、政策説については、団体交渉権のみばかりをいわば過大評価し過ぎているという点が非難されることも少なくなく、上で述べたように、やはり団結権保障説が優勢である。

　なお、労働組合が不当労働行為制度を利用するには、当該労働組合が自主性（労組法2条）および民主性（同法5条2項）の要件に適合していることを立証（同法5条1項）しなければならない（法適合組合）（11章の3のBの[1]も参照）。

　また、不当労働行為制度自体の利用数減少、本来迅速であるべき審査の遅延（迅速な救済がなされなければ、侵害状況が長期に亘ってしまう）などが課題とされ、平成16（2004）年労組法改正で、証拠調べの権限強化や、労働委員会における審査計画作成義務付けとその遵守努力義務などの整備により、審査体制の強化と迅速化が図られた。

B　不当労働行為のあらましと沿革

　不当労働行為として、労組法7条が挙げるのは、以下の通りである。

　すなわち、使用者は、①労働者が労働組合の組合員であること、労働組合に加入もしくはこれを結成しようとしたこと、労働組合の正当な行為をしたことを理由として、その労働者を解雇その他不利益な取扱いをしてはならない（不利益取扱い、1号）、②労働者が労働組合に加入しないこと、もしくは労働組合から脱退することを雇用条件としてはならない（黄犬契約、同号）、③雇用する労働者の代表者と団体交渉をすることを正当な理由なく拒んではならない（団交拒否、2号）、④労働者が労働組合を結成し、もしく

186 ■ 第 12 章 ■ 不当労働行為制度

は運営することを支配し、もしくはこれに介入してはならない（支配介入、3 号）、⑤労働組合の運営のための経費を援助してはならない（経費援助、同号）、⑥労働者が労働委員会に不当労働行為の申立てをしたこと等を理由として解雇等の不利益な取扱いをしてはならない（不利益取扱い、4 号）。

　②については、既に大正 9（1920）年の労組法内務省案にみることができ、①の萌芽も同時にみることができる。戦後の昭和 20（1945）年旧労組法は、①と②につき、違反使用者に刑罰を科すという科罰主義を採用した。以上は、欧州の影響を受けたものであったが、旧労組法を改正した昭和 24（1949）年労組法における不当労働行為制度は、アメリカの 1935 年全国労働関係法（ワグナー法[4] Wagner Act）の影響を受けたものであった。これを参考として、③④⑤が導入され、また、労働委員会の救済命令で不当労働行為のもたらした結果を排除する原状回復主義が、科罰主義に代わって採用された。さらに、昭和 27（1952）年改正で昭和 21（1946）年旧労調法において規定されていた不利益取扱いの類型が取り入れられ、⑥となり、現行の不当労働行為制度が整うに至った。

2　不当労働行為の類型

A　総論

　前節の B で挙げたように、不当労働行為には①から⑥の類型がある。以下では、これを整序し、不利益取扱い、黄犬契約、団交拒否、支配介入、経費援助の 5 類型として、条文の解釈を中心に述べる。

　労組法 7 条各号を解釈する上では、その効果が原状回復にあること、また行政救済が前提とされた条項であることの 2 点が、念頭におかれなければならない。すなわち、使用者が労組法 7 条各号に違反していたとしても、わが国の労組法が科罰主義を採っていないことから、その解釈において、刑事ほどの厳格性は要請されない。また、不当労働行為制度は、行政救済を前提とし、労働委員会による命令において多様性と柔軟性が期待されることに鑑みれば、その解釈は同制度の趣旨・目的に従って、柔軟なもので

なければならない。よって、各要件については、弾力的な解釈が要請されよう。

B　不利益取扱い

①「労働者が労働組合の組合員であること、労働組合に加入し、若しくはこれを結成しようとしたこと若しくは労働組合の正当な行為をしたことの」、②「故をもって」、③「その労働者を解雇し、その他これに対して不利益な取扱い」をした場合、不当労働行為となる（労組法7条1号）。また、同条4号では、労働者の不当労働行為申立て行為等への使用者による報復的不利益取扱いを禁止している。

解釈上まず問題となるのは、要件①の「労働組合の正当な行為」である。何が「正当」であるかということについては、個別具体的に判断されることとなる。より規範的には、当該行為の手段・目的・態様や、使用者側の対応等を総合考量すべきであろう。なお、当該「正当」性要件の判断は、いわゆる刑事免責（同法1条2項）および民事免責（8条）における「正当」性判断とは異なることに留意せねばならない。あくまで、不当労働行為制度上、保護すべきか否かの問題であって、当該行為が使用者による不利益取扱いになじむほどの不当性を有するか否かという点に視点がおかれるべきである。また、「労働組合の行為」については、組合が組織・指令するすべての行為と解され、組合員個人の自発的行為も、これに含まれる。さらに、その自発的行為が組合執行部批判や決定違反の活動であったとしても、組合内部における対立・抗争は本来的に予定されており、そうした組合自体を全体として使用者の介入から保護しようとするのが不当労働行為制度の基本的趣旨であるところ、上のような行為も「労働組合の行為」に含まれる[5]。

要件②の「故をもって」は、労働者の行為等と使用者による不利益取扱いとの間に、何らかの関連性が認められることを必要とする。多数説は、反組合的な意図や動機、すなわち不当労働行為意思が使用者において存在している、ないし、日頃の使用者の言動あるいは諸事情を総合しそれが推認される場合、②の要件に該当するとしている（不当労働行為意思必要説）。

要件③においては、何が「不利益な取扱い」となるかが問題となる。こ

れについては、労働者にとっての経済的・精神的不利益はもとより、組合活動や家庭生活における不利益など、実に多様な不利益が含まれよう。具体的には、解雇・職場いじめ、配転・出向などが挙げられる。経営譲渡など企業再編過程において、特定組合員を再採用しないことも、不当労働行為にあたる（青山会事件・東京高判平 14.2.27 労判 824-17）。

そして、労組法 7 条 4 号は、不当労働行為を受けた労働者または労働組合が、労働委員会に申立てをした場合や、証人になったことなどへの報復として、使用者が解雇などの不利益取扱いをなすことを不当労働行為として禁止している。

C　黄犬契約

上に述べた不利益取扱いの他、労組法 7 条 1 号には、「労働者が労働組合に加入せず、若しくは労働組合から脱退することを雇用条件とすること」という文言がある。これは、黄犬契約（yellow-dog contract）と呼ばれる不当労働行為類型で、労働組合の組織率を下げようと企図するものであり、さらに言えば、団結の存在を否認するに等しい。複数の組合が存在する場合にある特定の組合に加入させないことを誓約させることや、加入後において積極的な活動を禁止することも、これに該当すると解されている。

D　団交拒否

労組法 7 条 2 号は、「使用者が雇用する労働者の代表者と団体交渉をすることを正当な理由がなくて拒むこと」を不当労働行為として禁止する。使用者は、労働組合から労働条件をはじめとする労使関係上の諸問題に関する交渉（団体交渉、団交）を要求された場合、その諾否はともかくとして、話し合いに応じなければならない（団交応諾義務）と解される。

これは、憲法 28 条で、団体交渉権が保障されていることに由来し、団交拒否を不当労働行為とすることで、団体交渉権を担保する趣旨と言えよう。また、使用者に団交応諾義務が課せられている事項（義務的団交事項）は、労働者の「労働条件の維持改善その他経済的地位の向上」（労組法 2 条本文）ないし当該労使関係に関する事項などがこれにあたることとなろう。しかし、およそ想定され得る交渉事項の大多数は、義務的団交事項となりうる。む

しろ、まったく労働条件等に関係のない、ないし使用者による処理に馴染まない事項（任意的団交事項）は、少数に留まろう。よって、使用者の団交拒否についての「正当な理由」の判断にあたっては、交渉事項および交渉態様等、諸事情から総合判断することとなる。

さらに進んで、使用者は、ただ単に団体交渉に応じればいいというわけではなく、誠実に団体交渉を行う義務（誠実交渉義務）も負う（カール・ツアイス事件・東京地判平元.9.22 労判 548-64〔百選 102 事件〕）。使用者は、労働組合の要求に対する回答や反論の根拠について、具体的に説明せねばならず、必要な資料を用意するなど、合意形成に向けた真摯な努力をなさねばならない。なお、以上については、13章の1および2においても取り上げる。

E 支配介入

[1] 総論

労働組合法 7 条 3 号は、「労働者が労働組合を結成し、若しくは運営することを支配し、若しくはこれに介入すること」を不当労働行為として禁止している。これは「支配介入」と呼ばれるが、「支配」というのは、使用者が労働組合の結成や運営を主導することであり、「介入」とは、「支配」までは至らないものの、影響を与えたり、干渉したりすることである。もっとも、いずれであろうと不当労働行為として禁止されているもの以上、特段区別する実益はない。

支配介入については、そのようなおそれのある行為があれば、成立するものであり、実際に具体的な影響を与えたかどうか、ないし支障を生じさせたかについては、問題とならない。すなわち、抽象的な危険で足りる。具体的な態様としては、使用者が労働組合に対して非難を加える目的で行う言動、複数の労働組合が企業内に併存する場合ある特定の労働組合のみに肩入れをする行為、労働組合の結成を妨害し中心人物を解雇・配転する行為、組合活動に対する妨害や嫌がらせ、組合役員への買収工作、労働組合の分裂画策、企業施設の使用拒否や組合事務所などの一方的閉鎖、労働組合内部へのスパイ送り込みなど、枚挙に暇がなく、極めて多様なものとなっている。

[2] 使用者による組合批判

　支配介入として考えられるものの1つとして、使用者が組合批判を行う場合がある。言論の自由の保障は使用者にも及ぶところ、ややセンシティブな論点となる。すなわち、使用者による組合批判につき、どの程度までが支配介入となるかが問題となりうる。この点、アメリカにおいては、1935年全国労働関係法の後に制定された1947年労使関係法（タフト・ハートレー法[6]Taft-Hartley Act）により、報復・暴力の威嚇・利益の約束を含む言論でない限り、不当労働行為にあたらないとされた。これにならい、使用者の言論が反組合的なものであったとしても、必然的に支配介入たり得ず、言論の内容に報復・暴力の威嚇・利益の約束等の示唆が含まれるもののみ支配介入と解するべきとする見解[7]がある（プラス・ファクター説）。

　しかし、アメリカとわが国は、団結権保障にかかる理念や組合形態において、多くの差異を有している。よって、多数説は、使用者の言論に、報復・暴力の威嚇等が含まれていなくとも、当該言論の内容、発言者の地位、発言の時期、発言のなされた場所・態様、発言の対象者（例えば、組合幹部のみに向けられた発言であるか）等を総合勘案し、本来労働組合により自主決定すべき組織運営等に関しなされる発言については、支配介入と考えるべきとしている。そもそも労働者の従属的地位からすれば、使用者の言論が労働者に与える影響は大きく、同時に労働組合に与える動揺も少なくない[8]はずであり、そういった意味において、報復・暴力の威嚇等の要素を支配介入の要件とするのは、やや厳格に過ぎるのではないだろうか。

　なお、最高裁は、「使用者の言論は、労働者の団結権との関係において一定の制約を免れないが、原則的には使用者にも言論の自由は保障されており、労使双方が自由な論議を展開することは、正常な労働関係の形成発展にも資する」とした上で、使用者の発言内容、発言時期、発言場所、対象者などについて考慮しつつ、総合的に判断しており（全逓新宿郵便局事件・最三小判昭58.12.20労判421-20）、多数説に親和的と言えよう。

[3] 使用者の中立保持義務

　同じ企業の中に複数の労働組合が併存しているということは、特に珍しいことではない。例えば、穏健な労働組合と、闘争的な労働組合が併存す

る場合もあるところで、それぞれ路線が違うということは多々みられるであろう。しかし、使用者において、複数組合間で対応に差を設けるなどすることは支配介入として、不当労働行為となる。この点に関し、特定組合員に残業を命じないという残業差別が問題となった日産自動車（残業差別）事件（最三小判昭60.4.23民集39-3-730〔百選105事件〕）の判決を引きつつ最高裁は、組合事務所貸与差別が争点となった事案につき、「同一企業内に複数の労働組合が併存している場合には、使用者としては、すべての場面で各組合に対し中立的な態度を保持し、その団結権を平等に承認、尊重すべきであり、各組合の性格、傾向や従来の運動路線等のいかんによって、一方の組合をより好ましいものとしてその組織の強化を助けたり、他方の組合の弱体化を図るような行為をしたりすることは許されない」とした（日産自動車〔組合事務所〕事件・最二小判昭62.5.8労判496-6）。これは、使用者が、それぞれの労働組合を平等に取り扱うべきであるという中立保持義務を負うことを示したものである。よって、少数組合に対する団結権の否認など、使用者による恣意的な組合間差別は禁止されるのであって、そうした意図が認められる場合については、不当労働行為が成立する。

[4] 使用者の施設管理権との対立

　組合形態として企業別組合が主流であるわが国において、労働組合の活動は、必然的に企業施設内で行われることが多い。組合事務所は、企業施設内にあることが一般的で、組合集会の開催場所・組合掲示板の設置場所・ビラ配布の場所などについても、企業施設内であることが通常であり、ときとして使用者の施設管理権との衝突を招いてきた。

　そして、組合による企業施設利用の拒否や、許可のない施設利用に対する解散命令などを、使用者がなした場合、支配介入となるかが問題となる。最高裁は、労働組合または組合員が使用者の許諾を得ないで、「企業の物的施設を利用して組合活動を行うことは、これらの者に対しその利用を許さないことが当該物的施設につき使用者が有する権利の濫用であると認められるような特段の事情がある場合を除いては、職場環境を適正良好に保持し規律のある業務の運営態勢を確保しうるように当該物的施設を管理利用する使用者の権限を侵し、企業秩序を乱すものであつて、正当な組合活動

として許容され」ないとしている（国鉄札幌運転区事件・最三小判昭 54.10.30 民集 33-6-647〔百選 87 事件〕）。

　この後、同旨の判例・裁判例が相次いでいるものの、これらは、労働組合の企業施設利用について、使用者の許諾を必要とし、使用者が利用を許さない場合であっても、それが権利濫用となるような「特段の事情」がない限り、支配介入にあたらないとするものである。これについて学説の多くは、漠然不明確な「企業秩序」なるものを前提とすることへの疑問を提起し、あるいは、労働組合活動を不活発化させた要因の 1 つとして、これを強く批判している。

F　経費援助

　労働組合法 7 条 3 号は、「労働組合の運営のための経費の支払につき経理上の援助を与えること」を、不当労働行為として禁止している。かかる規定の趣旨は、労働組合の自主性を失わせないようにさせるためであるとされる。ただ、例外があり、①労働時間中に賃金を失うことなく使用者と協議すること、②厚生資金または福利その他の基金に対する使用者の寄付、③最小限の広さの事務所の供与については、許容される（労組法 7 条 3 号ただし書）。これら以外であっても、労働組合の自主性を侵害するおそれのあるものでない限り、経費援助にはあたらないと考えるべきであろう。逆に、何らかの経費援助を受けていたにもかかわらず、突如それを打ち切られた場合に、使用者の権利濫用の一局面として問題となりうる。

3　使用者概念

A　労組法上の「使用者」概念の拡大

　労組法 7 条は、使用者の行う不当労働行為を禁止しているものの、そもそも労組法は「使用者」の定義規定をおいていない。これは、「使用者」の定義規定をおく労基法（10 条）や労契法（2 条 2 項）との違いでもある。よって、労組法上の「使用者」概念が問題となる。

この点、雇用形態が複雑化しつつあることを反映して、行政救済や司法救済の場においては、より実質的に、より実態に即した使用者性判断が行われているといってよい。例えば、最高裁は、請負契約によって設計に従事する社外工を受け入れた油圧器製造会社（油研工業事件・最一小判昭 51.5.6 民集 30-4-409）や、ダンス音楽演奏楽団員を受け入れるキャバレー経営会社（阪神観光事件・最一小判昭 62.2.26 労判 492-6）などの「使用者」性を肯定してきた。そして、このような考え方がより明確になされたのが、朝日放送事件最高裁判決であった。すなわち、同事件においては、放送局における番組制作のための撮影、音響、照明などに従事する労働者を、当該放送局の下請会社が派遣していた事案であった。最高裁は、「雇用主以外の事業主であっても、雇用主から労働者の派遣を受けて自己の業務に従事させ、その労働者の基本的な労働条件等について、雇用主と部分的とはいえ同視できる程度に現実的かつ具体的に支配、決定することができる地位にある場合には、その限りにおいて、右事業主は同条の『使用者』に当たるものと解するのが相当である」として、労働者を派遣していた企業が雇用主としての実体をもつ場合であっても、受入企業は「使用者」に該当し得るとしている（朝日放送事件・最三小判平 7.2.28 民集 49-2-559〔百選 4 事件〕）。これは、昭和 60（1985）年派遣法以前に生じた事案であるが、この判示内容は、派遣法下の労働者派遣はもとより、その他間接雇用形態についても、適用可能と解されている（なお、以上と関連し、労組法上の「労働者」概念につき、**11 章コラム**を参照）。

B 支配介入における使用者

こと支配介入の場面では、労働組合の分裂画策、組合活動の妨害や嫌がらせなどについて、中間管理職や下級管理職が、これを行う場合が多い。そのため、どこまでの者の行為までを、使用者の行為としてみることができるかが、問題となりうる。この点につき、東海旅客鉄道事件[9]において、最高裁は、「使用者の利益代表者に近接する職制上の地位にある者が使用者の意を体して労働組合に対する支配介入を行った場合には、使用者との間で具体的な意思の連絡がなくとも、当該支配介入をもって使用者の不当労働行為と評価することができる」とした（最二小判平 18.12.8 労判 929-5）。そうすると、中間管理職の行為であったとしても、特段の事情のない限り、

194 ■ 第12章 ■ 不当労働行為制度

使用者の意思を受けたものとして、使用者の行為と評価し得る。下級管理職の場合については、その者自体が組合員であることもありうるところ、若干複雑となるが、明示または黙示に予め使用者から権限を付与されている場合、その下級管理者の行為は、使用者の行為と評価し得るであろう。

4 不当労働行為の救済

A 行政救済

不当労働行為を受けた労働者または労働組合は、使用者を被申立人として、労働委員会に救済を申立てることができる。申立期間は、原則として、行為の日から1年であり（労組法27条2項）、多数説はこれを除斥期間と捉えている。なお、労働組合が救済を申立てる場合、当該労働組合は、法適合組合（本章の1のA参照）である必要がある。労働委員会は、使用者を代表する使用者委員、労働者を代表する労働者委員、学識経験者など公益を代表する公益委員により構成される。通常、申立先は都道府県労働委員会（都道府県労委）となり、具体的には、不当労働行為の中止や、受けた被害を回復するための措置を使用者に命じるよう申立てできる[10]。

労働委員会は、申立てに理由があると判断したとき、すなわち不当労働行為の成立を認める場合は、先述の原状回復主義を基本としつつ、広範な裁量により多様な救済命令を発する。例えば、解雇については、復職と解雇期間中の賃金の遡及払い（バック・ペイ）を、団交拒否については、交渉に応じるよう（団交応諾）に命じることができる。また、当該不当労働行為について、使用者に謝罪を求め、今後不当労働行為を行わないと誓約する内容の謝罪文を、一定期間企業施設内に掲示する、ないし手交すること（ポスト・ノーティス）が命じられることもある。なお、審査の結果、不当労働行為が認められない場合、労働委員会は棄却命令を発する。

都道府県労委の出した命令に不服のある場合、労働者または労働組合は、中央労働委員会（中労委）に再審査請求を求めることができ、またあわせて、地方裁判所において行政訴訟（行政事件訴訟法に基づく取消訴訟）を提起するこ

とができる。使用者も都道府県労委命令に不服のある場合、中労委に再審
査請求ができ、それに不服のある場合は、取消訴訟を提起することとなる。
取消訴訟を提起した場合、解決まで相当の時間を要することが多い。最多
で5審制となってしまうからである。使用者が取消訴訟を提起している場
合、労働委員会による救済実現からの引き延ばし策となってしまう可能性
があるが、これを防止するため、緊急命令の制度がある。これは、取消訴
訟の受訴裁判所が、判決確定に至るまで、労働委員会の命令の全部または
一部に従うべき旨を、使用者に命じることができるというものである（労
組法27条の20）。また、これに反した場合、過料の制裁を受ける（同32条）。

B 司法救済

　不当労働行為の救済方法には、行政救済のみならず、裁判所の利用によ
る司法救済を受けることができる。1のAにおいて先述したように、多数
説・判例は団結権保障説の立場に立つところ、労組法7条各号の規定は裁
判規範性を有することとなり、これを直接根拠として民事訴訟を提起可能
である。同条1号違反の不利益取扱いによる解雇等は無効となる（医療法
人新光会事件・最三小判昭43.4.9民集22-4-845）。また、同条2号の団交拒否に関
しては、団交に応じるべき地位の確認請求を認めるのが、判例の立場であ
る（国鉄団交拒否事件・最三小判平3.4.23労判589-6〔百選110事件〕）。さらに、同
条3号については、団結権侵害を理由とした不法行為訴訟が提起され、損
害賠償請求等が行われている。
　司法救済の場面における裁判所のロジックは、それを詳細に見るに、必
ずしも一定ではない。また、争われているのが解雇に関する事案の場合、
復職が命じられることのある行政救済と異なり、司法救済では当該労働者
の地位の確認にとどまることとなる。すなわち、司法救済の場合、復職を
強制させることができない。

■コラム■　労働委員会

　不当労働行為の救済機関として、独立の専門的行政委員会である労働委員会が大きな役割を果たしていることは、本章において先述した通りである。

　労働委員会は、使用者委員、労働者委員、公益委員それぞれ同数からなる三者により構成される（労組法19条）。各委員は、労使関係について豊富な経験と専門的知識を有することが期待される。そして、各委員の任命は、中労委の場合、内閣総理大臣が、都道府県労委の場合、各知事が、それぞれこれを行い、使用者委員は使用者団体の推薦に基づき、労働者委員は労働組合の推薦に基づき任命される（同法19条の3第2項〔中労委〕、同法19条の12第3項〔都道府県労委〕）。公益委員は学識経験者や法曹から選任されることが多く、その選任については使用者委員と労働者委員の同意を必要とする。中労委においては各15名の計45名（同法19条の3第1項）、都道府県労委においては東京各13名の計39名、大阪各11名の計33名、北海道・神奈川・愛知・兵庫・福岡各7名の計21名、以外府県各5名の計15名が、それぞれの労働委員会における原則的な委員数である（同法19条の12第2項）。なお、各委員は原則として非常勤であるが、公益委員の2名以内を常勤とし得る（同法19条の3第6項〔中労委〕、同法19条の12第6項〔都道府県労委〕）。

　労働委員会の任務が、不当労働行為の審査と救済にあることは、本章に詳（つまび）らかであろうが、それのみに尽きるわけでない。労働組合の資格審査（同法5条1項）はもとより、法人格取得のための資格証明（同法11条）、労働協約の地域的一般的拘束力の決議（同法18条）の権限が与えられている。また、労働争議が発生した場合、労働組合や労働者の団体または使用者のいずれか一方または双方からの申請に基づき、「あっせん」・「調停」・「仲裁」を行う（同法20条）。

●もっと知りたい方へ

- 道幸哲也『労使関係のルール──不当労働行為と労働委員会』（旬報社、1995）
- 青野覚監修『労働紛争あっせん実例集』（中央経済社、2013）

注）

1) 籾井常喜『経営秩序と組合活動──不当労働行為の法理』66頁以下（総合労働研究所、1965）、外尾健一『労働団体法』208頁（筑摩書房、1975）、西谷敏『労働組合法〔第3版〕』142頁以下（有斐閣、2012）等。

2) 菅野和夫『労働法〔第10版〕』748頁以下（弘文堂、2012）、水町勇一郎『労働法〔第3版〕』370頁（有斐閣、2010）等。

3) なお、わが国の不当労働行為制度に影響を与えたアメリカにおいて、不当労働行為の救済は、専門的行政機関である全国労働関係局の専属的な任務とされている。

4) アメリカにおいては、ワグナー法によって、団結権と不当労働行為制度が確立された。交渉の単位ごとに団体交渉権を交渉代表に選ばれた労働組合のみがもつ排他的交渉代表制を採用、使用者による不当労働行為については全国労働関係局による救済が与えられることとなった。

5) なお、詳しくは、西谷・前掲注1) 163-164頁を参照。

6) ワグナー法の内容を後退させ、大きな影響力をもつに至った労働組合への規制を強めたのが、タフト・ハートレー法である。基本的な労使関係構造は、ワグナー法を継承したものの、労働組合の一定の行為を、「労働組合の不当労働行為」として禁止するなど、積極的な団結・団体交渉の姿勢を大きく後退させた。

7) 山口浩一郎『労働組合法〔第2版〕』103頁（有斐閣、1996）。

8) 例えば、プリマハム事件（最二小判昭57.9.10労判409-14）における事実が、顕著であろう。すなわち、組合による団交決裂宣言後、社長による「……会社も現在以上の回答を出すことは絶対不可能でありますので、重大な決意をせざるを得ません。お互いに節度ある行動をとられんことを念願いたしております」といった声明文が出され、これが掲示された。この結果、組合内部に大きな動揺を生じさせ、193名の脱落者が出るなどして、ストライキは中止となった。なお、判決では、本件社長声明文は、支配介入行為にあたるとされ、会社側による上告は棄却された。

9) 本件は、鉄道会社において「科長」が脱退勧奨をなしたという事案であった。「科長」は、東京運転所長（現場長）の補佐役であり、同科の他の助役のまとめ役であった。

10) なお、国が設置する中労委が申立先となることが例外的にあり、中労委が全国的に重要な事件と認めた場合等がそれにあたる。

198 ■第 12 章■不当労働行為制度

知識を確認しよう

問題

(1) 不当労働行為制度について、その概略を説明しなさい。

(2) 不当労働行為として禁止される行為について整序し、それぞれ具体的に説明しなさい。

(3) 労組法上の使用者概念について説明しなさい。

解答への手がかり

(1) 不当労働行為制度は、そもそもどのような要請のもと設けられた制度だったか確認してみよう。また制度の趣旨を語る上で、学説は大きく2つに分けることができる。それぞれの説の内容と、違いはいかなるものであったか整理してみよう。また、どのような行為が禁止されているのか、そのあらましについて説明するとともに、救済の方法について思い出してみよう。

(2) 不当労働行為については、労組法7条各号に定めがあるところ、特に1号と3号については解釈上または実際の適用上問題となる論点が比較的多いように思われる。よって、論述においては、各号各論点に濃淡をつけつつ整理し、主要な判例についても確認してみよう。

(3) そもそも、なぜそれが問題となるのかを、まず確認してみよう。そして、労組法上の使用者概念については、判例の集積があるところ、それについて整理しよう。また、不当労働行為との関連についても、考えてみよう。

第13章

団体交渉と労働協約

本章のポイント

1. わが国において団体交渉は、労働組合など
   労働者の団結体により、使用者またはその
   団体との間で行われる。団体交渉は、労働
   条件の維持改善という目的を達成するため
   になされ、労使間において合意に達した事
   項を文書化した労働協約の締結によって、
   団体交渉は結実することとなる。

2. 労働協約の労働条件その他労働者の待遇に
   関する部分には、就業規則および労働契約
   を規律する「規範的効力」が認められてお
   り、「有利原則」、「協約自治の限界」といっ
   た論点において、その効力が問題となる。

3. また、労働協約の規範的効力を非組合員に
   も拡張適用しうる効力である「一般的拘束
   力」の制度趣旨およびその根拠条文である
   労組法17条の解釈が、重要な論点となる。

1 ● 団体交渉の意義とその主体

A　団体交渉の意義

　労働組合など労働者の団結体が、使用者または使用者団体との間におい
て、労働条件をはじめとする事項を交渉することを、団体交渉（collective
bargaining）という。わが国において団体交渉は、労働条件の維持改善とい
う目的を達成するためになされるものであり、労働組合は、その団結力の
もとストライキを中心とした争議行為を背景として、対等な立場で使用者
と交渉する。そして、労使間において合意に達した事項を文書化した労働
協約（collective agreement）の締結によって、団体交渉は結実することとなる。
もっとも、団体交渉のすべてが、必然的に労働協約の締結を導くわけでな
い。必ずしも協約化を伴わないものについても、団体交渉は行われること
に留意する必要がある。そして、これについては、ある労働者の個人的労
働条件などが挙げられる。

　団体交渉それ自体が団体交渉権に基づくものであることはいうまでもな
いが、その他の労働基本権、すなわち団結権および争議権があってこその
団体交渉なのであって、憲法 28 条に由来する労働基本権はそれぞれ相互
に密接であることが再確認されよう。すなわち、労働者個人で使用者と対
等な交渉を遂行することが困難であるからこそ、労働者は団結し、ときと
して争議行為にでることで、団体交渉の対等性が担保されうるのである。
そうした意味では、労働者の団結体としての労働組合の存在意義を、最も
端的に示すのが、団体交渉の局面であるといってよい。

　労組法 1 条 1 項は、労使対等の促進による労働者の地位向上、団結の擁
護とともに、「労働協約を締結するための団体交渉をすること及びその手
続を助成すること」を、同法の立法目的としている。これは、憲法 28 条の
精神に基づくものといえよう。そして、「正当」な団体交渉については、刑
事と民事において、いわゆる免責規定（労組法 1 条 2 項・8 条）がおかれ（**11 章**、
14 章も参照）、「正当な理由」なき団交拒否が不当労働行為（同法 7 条 2 号）と
なることは、**12 章**で述べた通りである。このような手厚い権利保障から、
労使関係における団体交渉の重要性がみてとれよう。

B　団体交渉の主体

　では、団体交渉において、当事者となるのは、双方具体的にどういった団体であろうか。そして、団体交渉のテーブルにつく交渉担当者は具体的に誰なのだろうか。

[1]　団体交渉の当事者

　団体交渉の当事者とは、団体交渉権を持ち、自らの名において団体交渉をする主体を意味する。わが国における団体交渉は、企業内交渉が一般的であり、労働者側の当事者は当該企業内組合となり、使用者側の当事者は、当該企業において労働者を雇用する使用者となることが多い。

　しかし、これですべてというわけではない。法文上「労働組合」（労組法1条2項・6条）と表記されていたとしても、それは労働組合以外の労働者の団結体について、団体交渉の当事者性を否定する趣旨でないものと解される。憲法28条は、団体交渉権の主体を労働組合に限定しているわけでなく、およそ労働者が主体となって結成された団結体であって、組織としての統制力を有するのであれば、団体交渉の当事者性を肯定しても差し支えないであろう。すなわち、一時的な団体である争議団はこれに該当するであろうし、リストラに遭った被解雇者団体も未払い賃金の要求をする場合や解雇自体の無効を争う場合、やはり当事者性が肯定されるものと考えられる。また、当該企業内組合のみならず、当該組合の上部団体（企業連など）あるいは下部組織（支部など）も、それぞれが独自の規約と社団的組織性を有するのであれば、当事者性を肯定しうる。なお、企業内に複数の組合が存在する場合、使用者がある特定の労働組合のみとしか団体交渉に応じない場合がある。すなわち、特定組合と使用者間における唯一交渉団体条項の設定という問題であるが、このような条項は他組合の団体交渉権を否定するものであり、無効である（関西汽船事件・東京地判昭60.5.27労判454-10）。

　一方、使用者については、**12章の3のA**でも述べたところ（朝日放送事件・最三小判平7.2.28民集49-2-559〔百選4事件〕など）であるが、労組法上におけるその概念は拡大傾向にあり、親会社や元請会社、派遣先会社なども団体交渉の当事者となりえる場合があろう。

[2] 団体交渉の担当者

　上のように団体交渉の当事者が考えられるとして、労働者側から現実に交渉のテーブルにつくのは、交渉権限を持った「代表者」または「委任を受けた者」(労組法6条)である。通常、前者は労働組合の委員長・副委員長・書記長の組合三役または執行委員がこれにあたる。また、後者は上部団体の役員や弁護士等、当該組合から委任を受けた者がこれに該当する。ただ、外部者である上部団体役員などが団体交渉に関与することをきらう使用者が、組合から第三者への交渉委任を禁ずる条項 (第三者委任禁止条項) を労働協約の内に含めることがある。このような条項につき、学説においては、組合の自己決定が担保されていたなどの事情があるのであれば、これを有効とする説と、組合内部運営への干渉であることを理由として、これを無効とする説とが拮抗している。

　一方、使用者側の交渉担当者は、必ずしも代表取締役等いわゆる企業のトップである必要はないものの、交渉事項について、決定権限を持たない者は、原則として交渉担当者たりえない。決定権限を持たない者との交渉は、意義に乏しいからである。そうすると、当該企業の役員クラスが団体交渉にあたるのが通常となろう。

2　団体交渉権の内容

A　団体交渉の対象事項

　使用者において、団体交渉に応じなければならない団交応諾義務があること、さらにその交渉態度として誠実交渉義務を負うことは、それぞれ12章の2のＤで述べた (その根拠は、憲法28条および労組法7条2号から導かれる)。また、同所では、団体交渉の対象事項としての義務的団交事項と任意的団交事項についても言及した。この2者の区別や範囲について、特に明文の規定があるわけではないが、これは重要な問題である。使用者による団交拒否があった場合において、その対象事項が義務的団交事項に該当するならば、不当労働行為 (団交拒否、労組法7条2号) が成立するからである。

3 労働協約の締結 ■ 203

そもそも団体交渉の目的は、労働条件をはじめとする事項の維持改善等にあると解されるところ（労組法1条1項・2条）、義務的団交事項は、広く想定されるべきであろう。通説は、義務的団交事項を、労働条件や待遇に関係がある事項または労使関係に関連する事項であって、使用者の処理権限内のものとしている[1]。すなわち、賃金や労働時間などの典型的労働条件のみならず、解雇や配転、就業規則の制定や改定についても、それは労働条件や待遇に関する事項であるから、義務的団交事項となる。さらに、いわゆる経営権的事項（使用者の専権的事項）とされる、リストラ計画や事業所の再編あるいは営業譲渡など経営方針にかかわる事項、役員や管理職人事などについても、それが、労働条件や待遇に関連するのであれば、義務的団交事項となりうる。また、団体交渉手続や組合活動あるいは争議行為に関するルールや、労働組合への便宜供与等も、それは労使関係に関連する事項なので義務的団交事項となろう。以上の結果、任意的団交事項は少数に局限されるといえよう。

B 団交拒否の救済

義務的団交事項について、使用者が団交拒否することは、不当労働行為（労組法7条2号）を構成し（行政救済）、団交応諾命令やポストノーティスなどの救済命令が発せられる（詳細につき、**12章の4のA**を参照）。一方、司法救済の場合、労働組合は使用者に対し、団体交渉を求め得る法的地位にあることを確認することとなる（国鉄団体交渉拒否事件・最三小判平3.4.23労判589-6〔百選110事件〕）。また、民法709条の要件を満たすのであれば、団交拒否を団結権侵害の不法行為として、損害賠償（慰謝料）請求が可能と解されている（スカイマーク事件・東京地判平19.3.16労判945-76）。

3　労働協約の締結

A 労働協約の意義と当事者

労働協約とは、労働組合と使用者または使用者団体が、団体交渉を通じ

て、労働条件その他労使関係に関することにつき、合意したものをいう。団体交渉の実践結果としての結晶体といえよう。なお、以下 B で述べるように、通常、労働協約は書面であることと、協約当事者の署名等を必要とする。

　協約当事者は、労働協約の締結能力ないし締結権限を有するものであり、労働組合と使用者または使用者団体を指すが、労働組合に関しては労組法2条の自主性の要件を満たす必要があるものの、必ずしも同法5条2項の民主性の要件を満たす必要はない。労働協約の締結は、同法5条1項の定める「手続」にあたらないからである。また、いわゆる上部団体ないし支部なども、状況に応じて、協約当事者となりうる。一方、使用者または使用者団体についても、直接の雇用関係の有無に拘泥せず、当該労働組合と対抗関係が認められ、影響力を及ぼし得る地位にあるのであれば、当事者性が肯定されよう。

B　労働協約の方式

　労働協約は、協約当事者間において、①書面に作成し、②協約当事者双方の署名または記名押印がなされることによって、その効力が生じる（労組法14条）。すなわち、①口頭の合意では効力は認められないとされ、協約内容は紙に化体される必要があり、かつ②当事者双方が自ら自己の氏名を記す（署名）か、または印字された氏名の脇に自己の印鑑を押さねばならない（記名押印）とされる（要式性）。かかるような要式性を欠く場合、労働協約としての規範的効力（後述4のA参照）は付与されない（都南自動車教習所事件・最三小判平13.3.13民集55-2-395〔百選88事件〕）。同判決は、要式性の趣旨につき、合意の有無及びその内容を明確にすることによって後日の紛争を予防することにあると指摘した。もっとも、要式性を欠く労働協約であったとしても、その法的効力につき、諸学説は結論を異にしている[2]。

　なお、書面に付される題名は、必ずしも「労働協約」とせず、「協定」、「覚書」などとしても差し支えない（青森放送事件・青森地判平5.3.16労判630-19）。

C　労働協約の終了

　労働協約は、3年以上の有効期間[3]を定めて締結することはできず、3年

を超える期間の定めは3年とみなされる（労組法15条1項・2項）。これは、余りに長期にわたる期間設定をしてしまうと、刻々と変化する社会・経済情勢に対応できなくなってしまうおそれがあるためとされている。そして、期間満了により、労働協約は終了（失効）する。

　また、労働協約の終了原因としては期間満了の他、解約、協約目的の達成、協約当事者の組織変更や解散などが挙げられる。もっとも、協約当事者の組織変更や解散については、それぞれの組織が従前の組織との実質的同一性を有している限り、労働協約は新たな組織に承継されるものと解されている。

　なお、労働協約の規範的部分（後述4のA参照）について、協約の終了後も効力が継続する旨の立法がドイツにある。このような引き続きの効力を余後効という。このような明文規定は、わが国においてみられない。しかし、労働協約の終了とともにすべての部分が無効となると解するのは妥当でなく、規範的部分について、効力が存続するというのが、多数説の立場である。

4　労働協約の効力

A　労働協約の法的性質

　以下Bで述べるように、労働協約は法的な拘束力、すなわち「規範」としての効力をもつ。特に労働協約に違反する労働契約部分を無効とする効力は、強行法規的である。例えば、ボーナスにつき3か月分とする労働契約を締結し雇用されたが、当該労働者に適用されるボーナスは4か月分とする労働協約が存在した場合、労働協約基準に違反する労働契約の3か月分という部分は、無効となり、その部分は4か月分に置き換わる（労働協約の「強行的効力」）（以下Bも参照）。

　しかし、「私的自治」に裏打ちされた「契約自由の原則」を重要な柱とする近代市民社会において、契約を超越し、その修正原理となりうるのは、法規範以外にない。そうすると、強行法規的効力をもつ労働協約は法規範

なのであろうか、あるいは、何らかの法律によってそうした効力を与えられたのが労働協約なのであろうか。すなわち、なぜ労働協約が法的な拘束力を持ちうるのか、そもそも労働協約の法的性質とは何なのかが、かつてより、論争の対象となってきた。わが国における論争[4]は、戦前から継続しているものであるが、昭和20（1945）年旧労組法22条が規範的効力を明確に規定（現行労組法において16条）してから、一層の盛り上がりをみせることとなった。現在においても、論争は継続している。

　これについては、まず、当事者による社会規範の設定に法的効力を認めるという法源論に基礎をおく社会自主法説をはじめとする学説群が存在し、これらによれば労組法16条の規定がなかったとしても、労働協約の法的拘束力は肯定されるとする（労組法16条を確認規定と解する）。一方、労組法16条が労働協約の法的拘束力を創設したとする授権説によるなら、同法同条なくして労働協約の法的効力を説明できない。現在においては、授権説が優勢である[5]。

B　労働協約の効力

[1]　規範的効力と債務的効力

　労働協約の効力としては、組合員の労働契約を規律する「規範的効力」と、協約当事者間における契約としての「債務的効力」とがある。

　第1に「規範的効力」は、①「労働協約に定める労働条件その他労働者の待遇に関する基準に違反する労働契約の部分（労組法16条前段）」を無効とする「強行的効力」と、②無効になった部分・労働契約に定めがない部分については、労働協約の基準によって直接規律する（同条後段）という「直律的効力」の2つからなっている。規範的効力が認められるのは、労働協約のうち、「労働条件その他の労働者の待遇に関する基準」を定めた部分であり、これは「規範的部分」と呼ばれる。具体的には、賃金、労働時間、人事、解雇事由などについての客観的水準を定めた部分である。

　第2に「債務的効力」は、協約当事者間における一種の契約としての効力をいう。労働組合と使用者の合意にかかわる部分は「債務的部分」と呼ばれ、集団的労使関係上のルールにかかわる事項となる。具体的には、団体交渉の対象事項や手続、組合活動、ユニオン・ショップ、争議などに関

する条項がある。

　そもそも労働協約それ自体、協約当事者間のいわば契約と解することもでき、まず労働協約全体に債務的効力があり、さらに規範的部分と呼ばれる部分について規範的効力があると考えることができよう。もっとも、いわば契約といっても、通常一般の契約と違って明確な双務関係は存在しない。どちらかといえば、契約的側面を有するのが労働協約であるといった方が正しいだろう。

[2] 有利原則

　労働協約で定められている基準（例えば、ボーナスは3か月分など）より、有利な基準（ボーナスは4か月分など）で労働契約が定められる場合、その有利な基準がそのまま有効に存続するか、規範的効力との関係で問題となる。すなわち、労組法16条の「基準に違反する労働契約の部分」とは、労働協約よりも不利な労働契約のみならず、有利な労働契約についても、当該部分（4か月分のボーナス）を無効とするのかという問題である。

　個別の企業ごとの労働協約が一般のわが国と異なり、産業別または地域別の協約が一般のドイツなどヨーロッパ諸国において、協約における賃金その他労働条件の定めは、当該産業などにおける企業を越えた次元での横断的な最低基準としての性格を有する。そのために、ヨーロッパ諸国においては、個々の企業や個々の労働契約に、労働協約の基準よりも有利な労働条件を設定することが認められている（有利原則）。しかし、先にも述べたが、そもそもドイツなどにおける労働組合は、産業別組合となっており、企業別組合が主流のわが国とは前提からして異なるし、わが国の労働協約は最低基準でなく、個々の企業における労働条件を直接定めるものとなっている。そのため、わが国においては、協約当事者が有利原則を認めるような特段の事情がない限り、原則として有利原則を認めない。わが国において、労働協約の規範的効力は労働条件を引き上げたり、引き下げたりする両面的な効力（両面的拘束力）をもつものとして理解されている。

[3] 平和義務

　平和義務は、協約当事者が、労働協約の有効期間中に争議行為をしない

とする義務のことをいう。形式上労使ともに課される義務ではあるものの、実際は労働者側に大きな負担をかける義務といえ、使用者側にとっては、メリットあるものといえよう。

具体的には、労働協約の有効期間中は一切の争議行為ができないという「絶対的平和義務」と、有効期間中は労働協約に定められた事項の改廃を目的とした争議行為はできないという「相対的平和義務」との2つが観念されている。

絶対的平和義務を課す場合は、争議権への過度な制約となることに鑑み、労働協約上明示されるべきである。一方、相対的平和義務については、明示が必要とされていないが、このような義務の法的根拠としては、労働協約への本質的内在、協約当事者間における合意、信義則などが挙げられている[6]。なお、弘南バス事件において、最高裁は、(相対的)平和義務違反の争議行為につき、債務不履行責任はともかく、参加労働者の懲戒処分はなしえないと判示した(最三小判昭43.12.24民集22-13-3194〔百選94事件〕)。

C 協約自治の限界

労働協約による、労働条件の不利益変更や、労働者に義務を課すような条項の設定は、無制約に認められるのであろうか、それとも、一定の限界があるのだろうか。この論点は、協約当事者による労働条件決定という協約自治における限界として意識化されている(協約自治の限界)。これに関連し、上のBの[2]では有利原則という局面をみた。しかし、労働条件の不利益変更については、労働協約と労働契約の間においてのみ問題となるわけでない。従来の労働協約と新しい労働協約との間において、または、労働協約と就業規則もしくは労使慣行との間において、不利益変更は問題となりうる。なお、いうまでもないが、労働協約において、強行法規違反となる条項や、公序良俗違反(民90条)となる条項を設定することはできない。また、労働組合内部の手続に違反して労働協約が締結された場合[7]や、労働組合内で十分な討議を経ないで労働協約が締結された場合などについて、規範的効力を肯定することはできない。

そもそも労働組合は、「労働条件の維持改善その他経済的地位の向上」(労組法2条)を目的とする以上、労働条件を不利に変更するような労働協約を

労働組合が締結することがあってはならないように思われる。しかし、団体交渉にあって、労使双方が互譲しつつ、労働協約が締結された場合などにおいて、一定程度の不利益を甘受せねばならない場合もありえよう[8]。以下においては、具体的に不利益変更があった代表的事案を時系列順に概観し、裁判所における法理の展開をみる。

　まず、タクシー会社で賃金につきオール歩合制導入の是非が問題となった事案において、大阪地裁は、上のような労働組合の目的論に立ちつつ、現行の労働条件よりも不利なものにつき「使用者と協定を締結する場合には個々の組合員の授権を要する」とし（大阪白急タクシー事件・大阪地決昭53.3.1労判298-73）、労働協約による労働条件の不利益変更について制限的に判断した[9]。

　しかし、その後、業務災害による休業に関する労災保険への付加給付額が労働協約の改訂で引き下げられた事案において、名古屋地裁は、労働条件を切り下げるような「労働協約を無効とする規定が存しないこと、労組法16条の趣旨は、労働組合の団結と統制力、集団的規制力を尊重することにより労働者の労働条件の統一的引き上げを図つたものと解されることに照らし、改訂労働協約が極めて不合理であるとか、特定の労働者を不利益に取り扱うことを意図して締結されたなど、明らかに労組法、労基法の精神に反する特段の事情がないかぎり、これを積極的に解するほかはない」とし、そうした事情の不存在等を理由として、改訂労働協約の規範的効力を認めた（日本トラック事件・名古屋地判昭60.1.18労民集36-6-698）。

　さらに、最高裁は、定年の引き下げと退職金算定方法が不利益に変更されたとして争われた事案において、「同協約が締結されるに至った……経緯、当時の被上告会社の経営状態、同協約に定められた基準の全体としての合理性に照らせば、同協約が特定の又は一部の組合員を殊更不利益に取り扱うことを目的として締結されたなど労働組合の目的を逸脱して締結されたものとはいえず、その規範的効力を否定すべき理由はない」とした。また「本件労働協約に定める基準が上告人の労働条件を不利益に変更するものであることの一事をもってその規範的効力を否定することはできないし、……また、上告人の個別の同意又は組合に対する授権がない限り、その規範的効力を認めることができないものと解することもできない」とした（朝

日火災海上保険〔石堂〕事件・最一小判平 9.3.27 労判 713-27〔百選 89 事件〕)。すなわち、極めて不合理な特段の事情のない限り、労働協約による労働条件の不利益変更が規範的効力を有する旨を判示している。

D 一般的拘束力

　労働協約が締結された場合、その効力は、協約当事者である使用者と労働組合の組合員にしか及ばないというのが原則である。しかし、規範的効力については、当該労働協約当事者の労働組合に所属する組合員だけでなく、それ以外の労働者にも、一定の条件のもと、拡張適用される。これは、労働協約の「一般的拘束力」と呼ばれる。一般的拘束力については、労組法 17 条と 18 条とに定めがあり、前者では工場事業場単位での一般的拘束力を、後者では地域単位での一般的拘束力を、それぞれ規定している。

[1] 工場事業場単位の一般的拘束力 (労組法 17 条)

　そもそも、なぜこのような制度があるのだろうか。これについては、おおよそ 2 つの見解がある。すなわち、①労働協約の基準よりも低劣な労働条件で働く労働者の存在によって、労働協約の実効性が損なわれることを防止し、多数組合の組織強化を図る制度とする見解と、②労働協約の労働条件を当該工場事業場の最低条件とすることを意図し、少数労働者を保護しようとする制度とする見解の 2 つである。しかし、①については、多数組合が団体交渉の末にようやく獲得した労働条件に、組合に加入していない者が「ただ乗り（フリーライド）」することを許すものであって、多数組合に加入するメリットを稀薄にしてしまうこととなり、多数組合の組織強化にはつながらないという疑問が提起され、②については、有利な拡張適用については意味があるかもしれないものの、仮に不利な拡張適用もあり得るとすると、少数労働者の保護として適切でないとする批判がある。

　朝日火災海上保険 (高田) 事件において、最高裁は、労組法 17 条の趣旨は、「主として一の事業場の 4 分の 3 以上の同種労働者に適用される労働協約上の労働条件によって当該事業場の労働条件を統一し、労働組合の団結権の維持強化と当該事業場における公正妥当な労働条件の実現を図ることにあると解される」と説明し、一般的拘束力について、複数の考え方をミッ

クスしつつ、判示しているように思われる（最三小判平 8.3.26 民集 50-4-1008）。

[2] 労組法 17 条の要件と効果

　では、労組法 17 条は、どのような要件を具体的に満たせば適用されるのだろうか。

　まず、「一の工場事業場」という文言があるが、これについては、1 つの工場、オフィスを指すものと解される。ある企業において、複数の工場やオフィスがあるとすると、それぞれがこれに該当しよう。

　「常時使用される」という文言に関しては、実質的な判断が求められることになろう。つまり、有期雇用の労働者であったとしても、契約更新を重ねて就労している場合、「常時使用される」者と考えられるべきである。

　次に、「同種の労働者」という文言であるが、これについては、かつてよりいわゆる正規労働者（本工、正社員）が組織する労働組合と使用者が締結した労働協約が、いわゆる非正規労働者（臨時工、契約社員やパート、アルバイトなど）にも適用されるべきかという観点において、一大論点を形成している。学説の多くは、職務内容やその態様といった実態を重視しつつ、拡張適用を肯定しやすい方向で論を立てているものの、裁判例[10]は、契約期間や賃金体系までの同種性を要求するため、拡張適用は否定されやすい。これについては、当該労働協約の趣旨、「他の同種の労働者」の職務内容・職務態様など実質的にみて判断するべきであろう。

　また、「4 分の 3 以上」という文言については、本条により拡張適用されうる労働協約それ自体の適用を受ける組合員の数をいう。

　以上の要件を満たした場合、当該工場事業場の他の同種の労働者に、当該労働協約が拡張適用されるという効果を生じるが、当該労働協約によって、①労働条件が不利になる場合どうなるのかという問題と、②他の組合に属する組合員にも適用があるのかという問題の 2 つについて考える必要がある。

　まず①の労働条件が不利になる場合については、拡張適用されないという学説が有力であったが、最高裁は、上記朝日火災海上保険（高田）事件において、原則として不利な労働協約も拡張適用されるとしている。しかし、「未組織労働者は、労働組合の意思決定に関与する立場になく、また逆に、

労働組合は、未組織労働者の労働条件を改善し、その他の利益を擁護するために活動する立場にないことからすると、労働協約によって特定の未組織労働者にもたらされる不利益の程度・内容、労働協約が締結されるに至った経緯、当該労働者が労働組合の組合員資格を認められているかどうか等に照らし、当該労働協約を特定の未組織労働者に適用することが著しく不合理であると認められる特段の事情があるときは、労働協約の規範的効力を当該労働者に及ぼすことはできない」として、例外を認めている。

次に②の他の組合に属する組合員に適用があるかどうかについては、諸説あるが、否定的に考える見解が有力である。その理由としては、少数派組合の自主性を損なう可能性があること、仮に有利な場合にのみ拡張適用されるとすると少数派組合を優遇することになることなどが挙げられている。

E 地域単位の一般的拘束力

労組法 18 条によれば、1 つの地域において、同種の労働者の大部分が、1 つの労働協約の適用を受けるに至ったとき、当該労働協約の当事者の双方または一方の申立てに基づき、労働委員会の決議と厚生労働大臣または都道府県知事の決定と公告があった場合、当該地域の他の同種の労働者およびその使用者も、当該労働協約の規範的部分における拡張適用を受けることになる。①公的機関の関与を要する点、および、②拡張適用には同種の労働者のみならず、その使用者も含まれる点において、工場事業場単位の一般的拘束力の場合と大きく異なる。この制度は、ドイツにあった制度を移入したものとされるが、企業別の労働協約が主流のわが国においては、前提状況が大きく異なり、ほとんど利用されていないのが現状で、現在までの拡張適用の例はわずか 10 件程度にとどまる。

コラム 地域労組への駆込み加入

一定地域において超企業的に存在する地域労組は、企業別組合に組織されにくい非正規労働者や管理職者の受け皿となっている。アルバイト労働者・派遣労働者らの個人加入を多数受け、地域労組は、その存在感を増し

つつある。こうした地域労組は、コミュニティ・ユニオンなどと呼称され、多くの労使紛争当事者として、際立った動きをみせるに至っている。

そして、解雇等の問題に直面し、いわば駆込みといった態様で、地域労組に加入する労働者も少なくない。そうした場合、駆け込み加入を受けた地域労組は、当該問題につき、当該労働者の使用者と団体交渉を行うこととなる。

なお、企業別組合の組織が難しいような中小企業の労働者が、一定地域において加入する地域労組である合同労組は、コミュニティ・ユニオンよりも古くから存在し、分化するなどして存続している。

もっと知りたい方へ

- 「コミュニティ・ユニオン研究の新たな動向」大原社会問題研究所雑誌 642-1 以下（2012）
- 菅野和夫『労働法〔第 11 版補正版〕』776 頁以下（弘文堂、2017）

注)

1) 菅野和夫『労働法〔第 10 版〕』655 頁以下（弘文堂、2012）、西谷敏『労働組合法（第 3 版）』296 頁以下（有斐閣、2012）など。

2) 端的に、百選 93 解説 2、3〔山田省三〕、ないし、新コンメ労組法 14 条解説 3.(2)〔奥田香子〕など参照。

3) なお、期間の定めがない場合で、労働協約を解約するためには、90 日以上前に解約告知をせねばならない（労組法 15 条 3 項・4 項）。

4) なお、ドイツでは 1918 年に、フランスでは 1919 年に、わが国の 1945 年旧労組法 22 条同様、労働協約を下回る労働条件を定める労働契約部分が無効であることが、既に明定されていた。

5) 以上の労働協約の法的性質を巡る学説の争いにつき、西谷・前掲注 1)324 頁以下、ないし中窪裕也「労働協約の規範的効力」季刊労働法 172-94（1994）以下など。

6) 平和義務の法的根拠につき端的に、百選 101 解説 2〔石井保雄〕。

7) 中根製作所事件・最三小決平 12.11.28 労判 797-12。

8) 例えば、ある企業において経営が極端に悪化している場合など、共倒れを避けるため、労使が互いに譲歩し合う可能性がある。

9) もっとも、かかる決定については、以下のような批判が加えられた。すなわち、労働組合が労働条件の維持・改善を目的にするからといって、労働協約による労働条件の不利益な変更の場面において、個々の組合員の授権を必要とするのは、労働組合の任務の著しい縮減とい

214 ■ 第 13 章 ■ 団体交渉と労働協約

え、労使自治の理念からも妥当でないというものであった。以上につき、菅野和夫『労働法
〔初版〕』448 頁（弘文堂、1985）。
10) 大平製紙事件・東京地判昭 34.7.14 労民集 10-4-645 など。

知識を確認しよう

・・・・・・・・・・・・・・・・・・・・・・・・・・・・・

問題

(1) 団体交渉の主体および対象事項、ならびに団交拒否の救済について説明しなさい。

(2) 労働協約の規範的効力について説明しなさい。

(3) 労働協約の一般的拘束力について説明しなさい。

解答への手がかり

(1) 団体交渉の主体については、当事者の問題と実際に交渉にあたる担当者の問題とがあった。それぞれ確認してみよう。また対象事項については、義務的団交事項と任意的団交事項とがあった。2 つの事項がどのように理解されているのか、特に前者について考えてみよう。また、救済については行政救済と司法救済の双方について思い出し、論述してほしい。

(2) まず、前提として、労働協約の法的性質につき考えてみよう。そして、規範的効力がいかなるものかについて、説明するとともに、有利原則および協約自治の限界といった論点について、詳述してほしい。特に後者については、集積された判例・裁判例の知識が不可欠である。

(3) そもそも、なぜこのような制度があるのか、学説と判例を踏まえつつ、考えてみよう。そして、具体的にどのような要件を満たせば、どのような効果が得られるのか、詳しく考えてみよう。

第14章 争議行為

本章のポイント

1. 使用者への要求の実現や抗議を目的とした労働者たちの集団的行為（ストライキなど）を総称し、争議行為という。団体行動権（憲28条）の中心をなす争議権がその根拠となり、正当な争議行為は、いわゆる民刑事の免責を受ける。

2. 一定程度の法益侵害は、争議権保障に内在したものであり、許容されうる。すなわち、争議行為に正当性があれば、いわゆる民刑事免責をはじめとする法的な保護を受けることができる。正当性の判断は、当該争議行為の目的および手段・態様により、個別具体的に行われる。

3. 使用者の争議権は法的に保障されているわけでなく、必ずこれを認めねばならないものでもないが、ロックアウトが判例上承認されている。しかし、それが許容されるのは、ディフェンシブな状況下であって、手段として相当な場合に限られる。

216 ■ 第 14 章 ■ 争議行為

1 争議行為の意義

A 争議行為の概要

　使用者への要求の実現や抗議を目的とした労働者たちの集団的行為（ストライキなど）を総称し、争議行為[1]という。憲法 28 条の保障する労働基本権のうち「団体行動をする権利（団体行動権）」の中心をなすのが争議権である。争議行為は労働者たちの最大の武器であり、要求完遂のための手段である。また、団体交渉において、切り札として行使されるのが争議権であり、戦略的に用いられる。

　わが国における争議行為の種類には、ストライキ、ピケッティング、怠業[2]（go-slow）、順法闘争、職場占拠などのバリエーションがみられる。ストライキは同盟罷業とも呼ばれ、労務拒否行為をいう。ピケッティングというのは、スト破り労働者が企業の敷地に入構するのを阻止し、スト脱落者を監視する行為のことをいう。怠業は、労働者が使用者のもとで就労しながらも、一部の業務の遂行を拒否することをいう。民営化前の国鉄で行われたものが著名であった順法闘争は、法令などを厳格に解釈・適用して、作業の能率を低下させるものをいう。職場占拠というのは、ストをするとともに、そのまま職場に居座るもので、ピケッティング同様、ストライキ脱落者が出ることを阻止しながら、ストライキ参加者の連帯感を維持・強化しようとするものをいう。

　わが国の争議行為、とりわけストライキの特徴は、短期間に行われ、組織的であり、戦術的であるという点に求められよう。企業別組合を典型とするわが国の労働組合は、産業別組合が一般的な欧米に比べると、各組合の組合員数は相当少ないのであって、必然的に財政基盤も貧弱である。よって、単独で長期のストライキに耐えることを得意としないし、長期化させえたとしても当該企業もろとも共倒れの可能性が強くなってしまう。また、労働組合内における綿密な事前の討議や決議を経た後に、ストライキが行われるのが一般的であり、自発的散発的ストライキを労働組合が追認するということは、ほぼみられない。限られた資金のもと、限られた期間において、効果的なストライキをなすために、様々な戦術的工夫をみるこ

とができる[3]。

B いわゆる刑事免責と民事免責

　争議行為が法によって承認される以前において、ほとんどの争議行為は、刑事や民事における責任追及を免れなかった。前者においては、威力業務妨害罪をはじめとする諸種の罪責を問うという形で、後者においては、不法行為責任や債務不履行責任を問うという形で、法的に認識されてきたのが、争議行為の諸類型であったといえよう。刑事の局面においては国家からの、民事の局面においては使用者からの脅威に、常に曝されてきたのが、争議行為であった。争議行為に対する民刑事責任からの解放が、労働者たちの悲願であったことはいうまでもないであろう。

　わが国における、民刑事のいわゆる免責[4]の法定については、戦後の昭和20 (1945) 年旧労組法成立を待たねばならなかった (刑事免責は1条2項、民事免責は12条)。現行労組法における規定 (刑事免責は1条2項、民事免責は8条) はともに旧労組法の法文をほぼそのまま承けたものである[5]。これら免責の根拠は、憲法28条による労働基本権保障、とりわけ争議権保障に求めることができ、労組法における民刑事の免責規定は、確認的規定に過ぎないと解するのが、通説的である。また、使用者による争議権への侵害が不当労働行為となりうることについては、12章で述べた通りである。さらに、争議権は私人間においても直接効力を有すると解され、使用者による争議権の侵害は憲法28条違反として違法・無効となる。

　刑事免責について論じられる場合、その法構造が刑法35条をいわば経由するものとなっているために、労働法学者および刑法学者による論争が激しくなされるところであった。かかる論争は、「正当な」団体活動における刑事免責の理論的根拠として、構成要件該当性阻却説を採るのか、あるいは、違法性阻却説を採るのか、という点に収斂される。すなわち、「正当な」争議行為については、そもそも刑法およびその他刑罰法規の構成要件に該当しないとするのが、構成要件該当性阻却説[6]であり、一方、「正当な」争議行為であっても構成要件に該当するとした上で違法性が阻却されるとするのが違法性阻却説[7]である。構成要件該当性阻却説から違法性阻却説に向けられる批判として、代表的なものは、争議行為をまず違法行為

として捉えるのは憲法の精神に反するとする批判[8]、および、争議行為を違法視する検察意識の温存に資するとする批判[9]の2つである。一方、違法性阻却説は、市民刑法規範の上から構成要件該当の判断を受けた後において労働法規範の介入が行われ、違法性判断の段階において初めて、市民刑法規範と労働法規範との交渉が展開される[10]とし、また、労組法1条2項の援用する刑法35条は違法性阻却事由の1つとして規定されたものに他ならない[11]とする。かかる論争は、現在、違法性阻却説の通説化に伴い下火となっており、理論的課題としては重要であるにせよ、いずれの説を採ろうと結論に与える影響は大差ないとの指摘もある。しかし、この論点においては、団結それ自体、あるいは争議行為それ自体をいかように捉えるか（適法な契機からそれを捉えるのか、違法な契機から出発し修正を図るのか）という根源的な問いが横たわっていることが忘れられてはならない[12]。

さて、民刑事免責が認められるためには、争議行為による他人への権利・利益侵害が一定の限度にとどまる必要がある。当然ながら、民刑事免責は無制約に認められるものでない。例えば、争議行為によって、重大な身体的侵襲が行われ、重篤な傷害結果が生じた場合、これも不問に付されるとは考えにくい（これに関し、注5）も参照されたい）。規範的には、いずれの免責においても、当該争議行為が「正当なもの」であることを要求される（労組法1条2項、8条）。よって、争議行為論の中心的論点として提起されるのは、争議行為の正当性にかかる議論ということになる。

2　争議行為の正当性

A　争議行為の正当性

争議行為が争議権の行使として法的な保護を受けるためには、それが「正当」なものでなければならない。ここでいう「正当」というのは、労働法（団結原理）の見地からみた社会的妥当性のことを指す。主としてその判断は、**[1]** 目的、**[2]** 手段・態様から判断されることになる。

[1] 目的について

　労働条件の維持改善・その他経済的地位の向上という労働組合の目的にかかわりのある争議行為が正当性を有することに異論を差し挟む余地はない。すなわち、例えば賃上げ・労働時間の短縮といった事項についての争議行為は、労働条件の改善に関するものなので、正当なものとなる。

　争議目的に関して、学説・判例の対立がみられるのは、いわゆる政治ストの場合である。政治ストというのは、国または地方自治体に対して、政治的な要求または抗議をするために行われるストライキである。団体交渉によって処理できない事柄を目的とした争議行為は使用者にとって、解決できる問題でないため、かかる政治ストにつき、正当性を否定するのが判例（全農林警職法事件・最大判昭 48.4.25 刑集 27-4-547〔百選 5 事件〕）の立場である。しかし、多数説は、一律に政治ストを違法とするのではなく、労働者の経済的地位の向上という労働者団結の目的を実現するために、労働組合による一定の政治的活動は不可欠と考え、「年金・医療保険改悪反対」などの「経済的政治スト」や、労働組合の存立に係る事項に関する「労働法規改悪反対」などの政治ストについては、正当とすべきとする。一方、有力説はいわゆる団交中心論（労働基本権のうち、団体交渉権を中心的権利と捉え、団結権も団体行動権も団体交渉により処理しうる事柄を目的とする限り法的保障を受けるとする立場）に立脚し、使用者の手に負えない政治ストを一律違法とし、判例・裁判例にも影響を与えている（政治スト違法説）。さらに、多数説の許容する「経済的政治スト」のみならず「自衛隊海外派遣反対」などの「純粋政治スト」についても、労働者の生活に関連するものとして、これを合法とする立場もみられる（政治スト合法説）。なお、他の労働組合のスト（原スト）を支援するために行われる「同情スト」については、原スト参加労働者と同情スト参加労働者との間に利害の共通性があれば、正当性を有すると解するのが多数説である。

[2] 手段・態様について

　争議行為の類型として、ストライキ、ピケッティング、怠業、順法闘争、職場占拠などがあることについては、先述の通りである。それぞれどの行為によっても、一定程度の法益侵害がもたらされるであろうことは、いわ

ば争議権保障という文脈に織込み済みであり、権利保障に内在する危険として許容されよう。よって、いかなる類型の争議行為であったとしても、その手段・態様、より具体的には使用者側の対応を含めて、正当性判断は柔軟に行われるべきであろう。往時の争議においては、使用者側が「警備員」と称し、暴力団員を差し向けるというようなことも、一般に行われており、労働組合側が対抗的物理力に訴え出ざるを得ない局面もみられた。とにもかくにも個別具体的な判断が求められるところであり、労働組合の側において威力や脅迫を用いたらすぐに違法、といった硬性の運用に理論的妥当性を見出すことは困難である。

　また、民事と刑事それぞれにおいて、違法性は異なりうるところ、その相対性も意識されるべきである。つまり、一定の違法性の程度を超え、民事責任が生じたとしても、その違法性の程度は、刑事における違法性の程度と異なるので、刑事責任も当然に生じるとは限らない。

B　正当性を欠く争議行為の法的責任

　正当性を欠く争議行為と判断された場合、どのような法的責任が生じるのか。

　刑事責任として想定されうるのは、暴行罪（刑208条）、傷害罪（204条）、器物損壊罪（261条）、威力業務妨害罪（234条）といったところであろう。

　民事責任として想定されるのは、労働契約上の労働義務不履行などを理由とした労働者への債務不履行責任（民415条）、あるいは、ピケッティングなどにより使用者の業務が妨害された場合など不法行為責任（709条）が生じることもあり得よう。しかし、その責任主体が、労働組合自体そのものにとどまるのか、個々の組合員にも及ぶのか、ということについては、争いがある。すなわち、争議行為の本質的な責任の所在は、組織化された団体にあるのであって、労働組合内の意思決定を経て行われたものである以上、当該争議行為は、労働組合の行為であり、労働組合のみが責任を負うとする説と、争議行為は労働組合の行為ではあるが、同時に組合員の行為でもあると考え、労働組合に第1次的責任を、個々の組合員に第2次的責任を負わせる説との対立がある。学説上、前者が有力である。

　なお、違法な争議行為の責任追及の帰結として、使用者が、労働組合の

幹部役員を懲戒解雇などの懲戒処分に付することがあるが、①争議が違法とされた場合であったとしても、日常的労働関係が停止された状況下における行為について、就業規則の懲戒規定を適用できるのか、②なぜ幹部役員のみが懲戒処分を甘受せねばならないのか、学説から批判を受けるところとなっている[13]。

3 争議行為と賃金

A 争議行為参加者の賃金

争議行為が正当であったにせよ、違法評価を受けるにせよ、「ノーワーク・ノーペイの原則」(p.71参照)により、労働者は、使用者に対して、賃金請求権を有しないというのが原則となる。争議期間中、労働者は労務の提供をなしていないため、労務と対価関係にある賃金については、その部分について支払い義務が生じないものとされている。民法624条は任意規定と考えられるところ、絶対そうでなくてはならないということではなく、特約などによって異なる合意がされていれば、それに従うことになろう。

争議行為を行った労働者に対して、その期間の賃金を控除することは「賃金カット」と呼ばれているが、いったん生じた賃金を減額するものでなく、発生しない賃金債権に対応した賃金カットである限り、労基法24条1項の賃金全額払いの原則等に抵触するおそれはない。

B 賃金2分説

問題なのは、賃金カットの範囲である。かつてこの問題は、「賃金2分説」という見解によって処理されてきた。賃金2分説は、賃金を、①家族手当・住宅手当などの生活補助部分であって、当該企業の従業員たる地位を有することに対して支払われる「保障的部分」と、②労働時間に応じて支払われる部分であって、日々の労務提供の対価としての性格を有する「交換的部分」という2種類に分析する。この見解からすると、争議行為を理由に使用者が賃金カットすることができるのは、このうち、「交換的部分」に限

られるのであって、「保障的部分」については、争議期間中も労働者は従業員たる地位を有しているのであるから、その控除は許されず、賃金カットの対象とはならないとする。判例においても、この見解を採用したと思われるものが存在した。すなわち、明治生命事件・最二小判昭40.2.5民集19-1-52において、最高裁は、「勤務手当および交通費補助は、労働の対価として支給されるものではなくして、職員に対する生活補助費の性質を有することが明らかであるから、これら項目の給与は、職員が勤務に服さなかつたからといつてその割合に応ずる金額を当然には削減し得るものでないと認むべきである」とした。

　しかし、その後、どの部分を賃金カットすべきかという問題は、むしろ当事者の意思を尊重し、契約解釈によって判断されるべきであるとの見解が有力となった。三菱重工業長崎造船所事件・最二小判昭56.9.18民集35-6-1028〔百選96事件〕において、最高裁は、「まず、被上告人らは、本件家族手当は賃金中生活保障部分に該当し、労働の対価としての交換的部分には該当しないのでストライキ期間中といえども賃金削減の対象とすることができない部分である、と主張する。しかし、ストライキ期間中の賃金削減の対象となる部分の存否及びその部分と賃金削減の対象とならない部分の区別は、当該労働協約等の定め又は労働慣行の趣旨に照らし個別的に判断するのを相当とし、上告会社の長崎造船所においては、昭和44年11月以降も本件家族手当の削減が労働慣行として成立していると判断できることは前述した通りであるから、いわゆる抽象的一般的賃金2分論を前提とする被上告人らの主張は、その前提を欠き、失当である」として、賃金2分説を明確に否定するに至った。賃金カットの要否、範囲については、労働協約、就業規則、慣行などに照らして、個別具体的に解釈することが求められようが、合理性を有しない保障的部分の賃金カットについては、疑義を差し狭まずにはいられない。

　なお、怠業の場合については、労務提供は一応なされており、その中で作業能率・作業効率の意識的低下を付随させるという方式の争議行為であるところ、いかように賃金カットするか、問題となる。学説・裁判例は、不完全な部分に応じた賃金カットを可能とするが、実際どのように不完全部分を算定するかについては、困難を伴う。

C　ストライキ不参加者の賃金

　ストライキに参加していない労働者がストライキによって就労できなかった場合、その労働者の賃金の帰趨が問題となる。すなわち、組合員の一部によるストライキ（部分スト）や別労働組合によるストライキ（一部スト）によって、ある労働者が争議に直接参加していない場合、どのような処理があるべきだろうか。

　基本的に、学説・判例は、当該問題点を、危険負担の問題（p.69参照）として考えている。すなわち、ストライキ不参加者による労務不提供が使用者の「責めに帰すべき事由」であるならば、労働者は「反対給付」である賃金を失わない（民536条2項）のであって、こうした場合、使用者の「責めに帰すべき事由」に該当しうるのかが、問題となる。部分ストの事案であったノース・ウエスト航空事件・最二小判昭62.7.17民集41-5-1283・1350〔百選97事件〕において、最高裁は、「ストライキは労働者に保障された争議権の行使であつて、使用者がこれに介入して制御することはできず、また、団体交渉において組合側にいかなる回答を与え、どの程度譲歩するかは使用者の自由であるから、団体交渉の決裂の結果ストライキに突入しても、そのことは、一般に使用者に帰責さるべきものということはできない。したがつて、労働者の一部によるストライキが原因でストライキ不参加労働者の労働義務の履行が不能となった場合は、使用者が不当労働行為の意思その他不当な目的をもつてことさらストライキを行わしめたなどの特別の事情がない限り、右ストライキは民法536条2項の『債権者ノ責ニ帰スヘキ事由』には当たらず、当該不参加労働者は賃金請求権を失うと解するのが相当である」として、部分スト不参加者の賃金請求権を否定した。そして、部分スト不参加者が就労できなかった場合、労基法26条の休業手当の問題が生じるところ、最高裁は、同事件において、同条の「使用者の責に帰すべき事由」とは、「使用者側に起因する経営、管理上の障害を含むものと解するのが相当である」とした。しかし、「本件ストライキは、もつぱら被上告人らの所属する本件組合が自らの主体的判断とその責任に基づいて行つたものとみるべきであつて、上告会社側に起因する事象ということはできない」として、部分スト不参加者の休業手当請求権をも否定した。もっとも休業手当請求権の趣旨は、労働者の生活保障にある。そのため、

以上のような最高裁判決判旨につき、批判的な立場が有力である。

　一方において、一部ストの場合、当該ストライキは、労使関係という「経営、管理上の障害」といえるところから、労基法26条により、依然として休業手当請求権を失わないものと考えられる。

4 使用者の争議行為

A 使用者による対抗手段──ロックアウト

　労働者の争議行為に対して、使用者も対抗手段をとりうる。例えば、使用者は、ストライキ中も管理職や非組合員を用いて操業を継続するなどして、ストライキに対抗しうる。あるいは、ときとして、妨害排除請求など司法的な措置がとられることもありえよう。

　使用者の争議行為への対抗手段として、典型的であり、よく観察されるのが、「ロックアウト」である。ロックアウトについて、法律上特段の規定は存在しないし、そもそも使用者の争議権自体保障されていないが、一般的にロックアウトとは、争議中において使用者が労働者の労務提供を受領拒否し、または労働者を事業場から退出させ、事業場を閉鎖して立入を禁止することで、賃金支払義務を免れようとする行為と考えられている。ロックアウトは、あくまで使用者側が著しく不利な圧力を被っているときなどにおいて、初めて防衛的に用いることができる手段であり、争議が始まる前から先制攻撃的に行うようなロックアウトは認められず、あるいは、自己の主張をのませるために行うような攻撃的なロックアウトも認められない。

　ロックアウトの正当性が争われた丸島水門事件・最三小判昭50.4.25民集29-4-481〔百選98事件〕において、最高裁は、労働者の争議権を法が認めた趣旨は、「労使対等の促進と確保の必要」であり、究極的には、「公平の原則に立脚するもの」とした上で、「力関係において優位に立つ使用者」に対して、一般的に労働者に対するのと同じように使用者側の争議権を認める理由も、必要も無いけれども、そうであるからといって、使用者側の

争議権を一切否定することはできないとしている。すなわち、具体的な労働争議の場において、労働者側の争議行為によって、労使間の勢力の均衡が崩れ、「使用者側が著しく不利な圧力を受けることになるような場合」においては、「衡平の原則に照らし、使用者側においてこのような圧力を阻止し、労使間の勢力の均衡を回復するための対抗防衛手段として相当性を認められるかぎりにおいては、使用者の争議行為も正当なものとして是認される」とし、衡平の原則のもと、使用者の防衛的なロックアウトを認めている。ロックアウトの正当性の判断基準としては、「個々の具体的な労働争議における労使間の交渉態度、経過、組合側の争議行為の態様、それによって使用者側の受ける打撃の程度等に関する具体的諸事情に照らし、衡平の見地からみて労働者側の争議行為に対する対抗防衛手段として相当と認められるかどうかによってこれを決す」るとしている。なお、最高裁は、同事件における使用者のロックアウトを相当とした。

　また、比較的近時の事例で短時間のストを繰り返す「時限スト」の反復に対するロックアウトの正当性が争われた安威川生コンクリート事件・最三小判平 18.4.18 民集 60-4-1548 では、争議行為の態様、それによって使用者の受ける打撃の程度、争議における使用者と労働組合との交渉態度、経過に関する具体的事情に照らし、「衡平の見地からみて、本件争議行為に対する対抗防衛手段として相当と認められるものというべき」として、使用者のロックアウトの正当性を肯定した。

B　ロックアウトの成立

　では、どのような場合にロックアウトが成立したとみるべきであろうか。これについては、使用者から労働組合への意思表示である宣言ないし通告のみで足りるとする説と、労働者の事実上の閉め出し行為が必要とする説が対立している。この点、前者が多数説となっているが、その場合、労働組合に対して、集団的労務受領拒否の意思を明確にせねばならない。なお、後者に立つ場合、「閉め出し」という行為は、労働者を完全に企業内施設から遮断し、敷地外に追いやるといった厳格さを要するものではない。

C　ロックアウトの正当性と賃金支払義務

　ロックアウトに正当性が認められる場合、その期間中の労働者に対する賃金支払義務から使用者は免れることができるとしたのが、先述の丸島水門事件最高裁判決であった。しかし、正当性が認められないロックアウトの場合、就労を拒絶された労働者に対し、使用者は賃金を支払わねばならない。

┃┃コラム┃┃　労働争議の調整

　労働争議については、労使自治の見地から、まず労使双方の当事者が自主的に解決すべきことが予定されている。しかし、第三者による争議調整が必要となることもあろう。そうした場合に備え、労調法は、労働委員会による争議調整のシステムを用意している。具体的には、斡旋（労調法10〜16条）、調停（17〜28条）、仲裁（29〜35条）という3つの方法がある。斡旋よりも厳格な手続となるのが、調停であるが、当事者に調停案受諾義務はない。仲裁は最も強力な手段といえ、仲裁裁定は労働協約と同一の効力を有する。

もっと知りたい方へ
- 厚生労働省労政担当参事官室『五訂新版 労働組合法 労働関係調整法』（労務行政、2006）

注)

1) なお、労調法7条において、争議行為は、同盟罷業・怠業・作業所閉鎖その他労働関係の当事者が、その主張を貫徹することを目的として行う行為およびこれに対抗する行為であって、業務の正常な運営を阻害するもの、と定義される。労調法は、争議調整という目的実現のための法律であり、7条もかかる法目的のもと設けられた定義規定であるが、「争議行為」がいかなるものか理解される上で参考となる規定といえる。

2) わが国では、サボタージュを「怠業」の意味で用いる。しかし、英語のsabotageは、「機械等の破壊」といった意味で用いられ、原語となったフランス語も同様の語義を有する（これにつき、わが国で「積極的サボタージュ」と呼称することがある）。わが国でいうところの「怠業」は、イギリスにおいてgo-slow、アメリカにおいてslow-downと呼ばれる。

3) 争議行為を予め類型化し、一種の限定を付そうとする試みもみられるが、そうした試みは、争議行為における多様な戦術の展開を阻害するおそれがあるといえ、それは同時に団体行動権保障の趣旨を没却する可能性さえ秘めている。

4) 本文でも述べるように「免責」という語については、かつてにおいても指摘されたような疑義を想起せざるを得ない。すなわち、例えば「刑事免責」であれば、あたかも違法かつ有責であるが、責任が免除されるかのような不正確な語義に理解されるおそれがあり、妥当でない。本書においては、読者の便宜のため、以降「いわゆる」を付さずに論を進めるが、このような問題意識は持ち続けていただきたい。また、かかる指摘を包含するものとして、蓼沼謙一「争議行為のいわゆる刑事免責について」一橋論叢 71 巻 1 号 1 頁（1974）が第一に参照されるべきである。

5) もっとも、昭和 24（1949）年における旧労組法の全面改正、すなわち現行労組法の制定時に 1 条 2 項にただし書が付加されたが、ここに規範的意義を見出す必要性は乏しいものと解される。争議権に内在する他の法益への侵害可能性は、争議権保障の段階で既に織り込まれたものと解するべきであり、文字通りただし書を理解するについては、多分の疑義なくしていられない。しかし、これは、人の身体に対するような有形力の行使を是認するつもりで述べているわけでもないことを、念のため付言しておく。

6) 例えば、山中康雄『労働争議（法学理論篇）』70 頁（日本評論社、1951）、宮内裕「労組法一条二項における『暴力』について」旧講座 140 頁（弘文堂、1956）、近藤昭雄『労働法 I』251 頁（中央大学出版部、2003）など。

7) 例えば、荘子邦雄『労働刑法（法律学全集 42 巻）』28 頁（有斐閣、1959）、菅野和夫『労働法〔第 10 版〕』706 頁（弘文堂、2012）、水町勇一郎『労働法〔第 3 版〕』358 頁（有斐閣、2010）など。

8) 平川亮一「労働法と可罰的違法性の理論」名城法学 37 巻別冊西山還暦記念 275 頁（1988）

9) 佐藤昭夫『ピケット権の研究』199 頁（勁草書房、1961）

10) 荘子・前掲注 7）28 頁

11) 荘子・前掲注 7）30 頁、なお、蓼沼・前掲注 4）4 頁

12) なお、刑法学における争議行為についての争いにつき、ここで付言しておく。まず、刑法学者の多くは違法性阻却説を採るものの、以下で指摘するように、必ずしも刑法学で一致した見解が違法性阻却説というわけでない。そして、争議行為の法的性格としては、①法令行為説、②正当業務行為説、③社会的相当行為説の 3 つの立場がある（曽根威彦『刑法総論〔第 4 版〕』118 頁〔弘文堂、2008〕）。社会的相当行為説に立ち、構成要件該当性を否定するものとして、藤木英雄「社会的相当行為雑考」警察研究 28 巻 1 号 44 頁（1957）、西原春夫「構成要件の価値的性格」早稲田法学 41 巻 1 号 161 頁、170 頁（1965）。なお、西原博士は、行為論に立ち、犯罪論体系において、3 分法を採る。また、戦後ドイツ刑法学の礎を築き、わが国の刑法に多大な影響を与えたヴェルツェルは、その刑法研究における後期（1965-1969 年）、社会的相当行為は構成要件に該当しないと、確定的に帰結させている（ヴェルツェルは初期から中期、中期から後期にかけ、社会的相当行為の体系的地位を変遷させている）。以上につ

228 ■第14章■争議行為

き、安達光治「社会的相当性の意義に関する小考——ヴェルツェルを中心に」立命館法学
327 = 328 号 20 頁（2009）

13）詳細につき、西谷敏『労働組合法〔第 3 版〕』440 頁（有斐閣、2012）以下。

知識を確認しよう

・・・・・・・・・・・・・・・・・・・・・・・・・・・・・・

問題

(1) 争議行為における、いわゆる民刑事免責について説明しなさい。

(2) いわゆる政治ストについて、具体例を用いつつ説明しなさい。

(3) ロックアウトについて説明しなさい。

解答への手がかり

(1) そもそも争議行為とは何なのかという前提から考えてみよう。そして、歴史的経緯を踏まえながら、いわゆる免責について、刑事における議論を中心としつつ、振り返ろう。また、法的効果として、いわゆる免責を受けるために、必要な事項とは何であったかを思い出し、仮に免責が受けられない場合の帰結についても簡単に確認してみよう。

(2) まず、争議行為の本質とは何であるかに留意しながら論述を始めよう。そして、いわゆる政治ストについては、その正当性について、学説がおおよそ 3 つに分かれることを思い出してほしい。その上で、判例の立場も確認し、また、具体例を用いて、わかりやすい論述を心がけよう。

(3) 前提として、使用者の争議行為の許容性について考えてみよう。その上で、ロックアウトとは何か、判例上承認されたロックアウトの要件とは何か、それぞれ述べてほしい。またロックアウトの成立要件、賃金との関係についても留意して論述しよう。

参考文献

【概説書・体系書等】

荒木尚志『労働法〔第3版〕』（有斐閣、2016）

犬丸義一校訂『職工事情（上）（中）（下）』（岩波文庫、1998）

エンゲルス（一條和生・杉山忠平訳）『イギリスにおける労働者階級の状態（上）（下）』（岩波文庫、1990）

大河内一男＝松尾洋『日本労働組合物語（明治）（大正）（昭和）』（筑摩書房、1965）

片岡昇（村中孝史補訂）『労働法(1)総論・労働団体法〔第4版〕』（有斐閣、2007）

鎌田耕一編著『労働契約の研究――アウトソーシングの労働問題』（多賀出版、2001）

熊沢誠『労働組合運動とはなにか』（岩波書店、2013）

厚生労働省労働基準局編『労働法コンメンタール3 平成22年版労働基準法(上)』（労務行政、2011）

厚生労働省労働基準局労災補償部労災管理課編『労働法コンメンタール5〔7訂新版〕労働者災害補償保険法』（労務行政、2008）

角田邦重ほか『新現代労働法入門〔第4版〕』（法律文化社、2009）

菅野和夫『労働法〔第11版補正版〕』（弘文堂、2017）

蓼沼謙一『蓼沼謙一著作集第2巻労働団体法論』（信山社、2008）

蓼沼謙一『蓼沼謙一著作集第3巻争議権論(1)』（信山社、2005）

蓼沼謙一『蓼沼謙一著作集第4巻争議権論(2)』（信山社、2006）

土田道夫『労働契約法〔第2版〕』（有斐閣、2016）

東京大学労働法研究会『注釈労働組合法(上巻)』（有斐閣、1980）

東京大学労働法研究会『注釈労働組合法(下巻)』（有斐閣、1982）

道幸哲也ほか編『変貌する労働時間法理』（法律文化社、2009）

西谷敏ほか編『新基本法コンメンタール労働組合法』（日本評論社、2011）

西谷敏『労働組合法〔第3版〕』（有斐閣、2012）

西谷敏＝野田進＝和田肇『新基本法コンメンタール労働基準法・労働契約法』（日本評論社、2012）

日本労働法学会編集『講座21世紀の労働法第7巻健康・安全と家庭生活』（有斐閣、2000）

野田進『事例判例 労働法〔第2版〕』（弘文堂、2013）

林和彦編著『労働法〔第2版〕』（三和書籍、2013）

細井和喜蔵『女工哀史』（岩波文庫、1954）

水野勝先生古稀記念論集編集委員会『労働保護法の再生――水野勝先生古稀記念論集』（信山社、2005）

水町勇一郎『労働法〔第7版〕』（有斐閣、2018）

和田肇＝脇田滋＝矢野昌浩『労働者派遣と法』（日本評論社、2013）

第1章

細井和喜蔵『女工哀史』(岩波文庫、1954)

大河内一男＝松尾洋『日本労働組合物語（明治）（大正）（昭和）』(筑摩書房、1965)

遠藤公嗣『日本占領と労資関係政策の成立』(東京大学出版会、1989)

エンゲルス（一條和生＝杉山忠平訳）『イギリスにおける労働者階級の状態(上)(下)』(岩波文庫、1990)

犬丸義一校訂『職工事情(上)(中)(下)』(岩波文庫、1998)

第2章

荒木尚志『労働法〔第3版〕』(有斐閣、2016)

菅野和夫『労働法〔第11版補正版〕』(弘文堂、2017)

土田道夫『労働契約法〔第2版〕』(有斐閣、2016)

西谷敏『労働法〔第2版〕』(日本評論社、2013)

林和彦編著『労働法〔第2版〕』(三和書籍、2013)

水町勇一郎『労働法〔第7版〕』(有斐閣、2018)

第3章

荒木尚志『労働法〔第3版〕』(有斐閣、2016)

菅野和夫『労働法〔第11版補正版〕』(弘文堂、2017)

土田道夫『労働契約法〔第2版〕』(有斐閣、2016)

東京大学労働法研究会編『注釈労働基準法（上巻）』(有斐閣、2003)

東京大学労働法研究会編『注釈労働基準法（下巻）』(有斐閣、2003)

西谷敏『労働法〔第2版〕』(日本評論社、2013)

西谷敏＝野田進＝和田肇編『新基本法コンメンタール労働基準法・労働契約法』(日本評論社、2012)

水町勇一郎『労働法〔第7版〕』(有斐閣、2018)

籾井常喜編『戦後労働法学説史』(旬報社、1999)

第4章

荒木尚志『労働法〔第3版〕』(有斐閣、2016)

菅野和夫『労働法〔第11版補正版〕』(弘文堂、2017)

西谷敏『労働法〔第2版〕』(日本評論社、2013)

林和彦編著『労働法〔第2版〕』(三和書籍、2013)

水町勇一郎『労働法〔第7版〕』(有斐閣、2018)

第5章

荒木尚志『労働法〔第3版〕』(有斐閣、2016)

菅野和夫『労働法〔第11版補正版〕』(弘文堂、2017)

土田道夫 = 山川隆一編『成果主義人事と労働法』（日本労働研究機構、2003）

西谷敏『労働法〔第2版〕』（日本評論社、2013）

林和彦編著『労働法〔第2版〕』（三和書籍、2013）

水町勇一郎『労働法〔第7版〕』（有斐閣、2018）

第6章

荒木尚志『労働法〔第3版〕』（有斐閣、2016）

菅野和夫『労働法〔第11版補正版〕』（弘文堂、2017）

東京大学労働法研究会『注釈労働時間法』（有斐閣、1990）

林和彦編著『労働法〔第2版〕』（三和書籍、2013）

水町勇一郎『労働法〔第7版〕』（有斐閣、2018）

道幸哲也ほか編『変貌する労働時間法理』（法律文化社、2009）

山川隆一編『プラクティス労働法』（信山社、2009）

第7章

有泉亨『労働基準法』（有斐閣、1963）

厚生労働省労働基準局編『労働法コンメンタール3 平成22年版労働基準法（上)』（労務
　　行政、2011）

菅野和夫『労働法〔第11版補正版〕』（弘文堂、2017）

土田道夫『労働契約法〔第2版〕』（有斐閣、2016）

東京大学労働法研究会『注釈労働基準法（下巻)』（有斐閣、2003）

西谷敏 = 野田進 = 和田肇『新基本法コンメンタール 労働基準法・労働契約法』（日本評
　　論社、2012）

野田進『事例判例 労働法〔第2版〕』（弘文堂、2013）

林和彦編著『労働法〔第2版〕』（三和書籍、2013）

林弘子『労働法』（法律文化社、2012）

第8章

厚生労働省労働基準局労災補償部労災管理課編『労働法コンメンタール5〔7訂新版〕労
　　働者災害補償保険法』（労務行政、2008）

佐久間大輔『安全衛生・労働災害』宮里邦雄 = 徳住堅治編『問題解決 労働法7』（旬報社、
　　2008）

日本労働法学会編集『講座21世紀の労働法第7巻 健康・安全と家庭生活』（有斐閣、2000）

野田進『事例判例 労働法〔第2版〕』（弘文堂、2013）

林和彦編著『労働法〔第2版〕』（三和書籍、2013）

林弘子『労働法』（法律文化社、2012）

保原喜志夫 = 山口浩一郎 = 西村健一郎編『労働保険・安全衛生のすべて』（有斐閣、1998）

水野勝先生古稀記念論集編集委員会『労働保護法の再生――水野勝先生古稀記念論集』
　　（信山社、2005）

第9章

鎌田耕一編著『労働契約の研究――アウトソーシングの労働問題』（多賀出版、2001）

菅野和夫『労働法〔第 11 版補正版〕』（弘文堂、2017）

土田道夫『労働契約法〔第 2 版〕』（有斐閣、2016）

土田道夫ほか『ウォッチング労働法〔第 3 版〕』（有斐閣、2009）

野田進『事例判例　労働法〔第 2 版〕』（弘文堂、2013）

林和彦編著『労働法〔第 2 版〕』（三和書籍、2013）

林弘子『労働法』（法律文化社、2012）

和田肇＝脇田滋＝矢野昌浩『労働者派遣と法』（日本評論社、2013）

第10章

荒木尚志『労働法〔第 3 版〕』（有斐閣、2016）

菅野和夫『労働法〔第 11 版補正版〕』（弘文堂、2017）

土田道夫『労働契約法〔第 2 版〕』（有斐閣、2016）

東京大学労働法研究会編『注釈労働基準法（上巻）』（有斐閣、2003）

東京大学労働法研究会編『注釈労働基準法（下巻）』（有斐閣、2003）

西谷敏『労働法〔第 2 版〕』（日本評論社、2013）

西谷敏ほか編『新基本法コンメンタール労働基準法・労働契約法』（日本評論社、2012）

野田進ほか編『解雇と退職の法務』（商事法務、2012）

水町勇一郎『労働法〔第 7 版〕』（有斐閣、2018）

柳澤武『雇用における年齢差別の法理』（成文堂、2007）

第11章

東京大学労働法研究会『注釈労働組合法（上巻）』（有斐閣、1980）

東京大学労働法研究会『注釈労働組合法（下巻）』（有斐閣、1982）

西谷敏『労働組合法〔第 3 版〕』（有斐閣、2012）

片岡曻（村中孝史補訂）『労働法（1）総論・労働団体法〔第 4 版〕』（有斐閣、2007）

熊沢誠『労働組合運動とはなにか』（岩波書店、2013）

第12章

浅倉むつ子ほか『労働法〔第 4 版〕』（有斐閣、2011）

荒木尚志『労働法〔第 3 版〕』（有斐閣、2016）

角田邦重ほか『新現代労働法入門〔第 4 版〕』（法律文化社、2009）

蓼沼謙一『蓼沼謙一著作集　第 2 巻 労働団体法論』（信山社、2008）

西谷敏『労働組合法〔第 3 版〕』（有斐閣、2012）

林和彦編著『労働法〔第 2 版〕』（三和書籍、2013）

水町勇一郎『労働法〔第 7 版〕』（有斐閣、2018）

宮里邦雄『不当労働行為と救済――労使関係のルール』（旬報社、2009）

第13章

浅倉むつ子ほか『労働法〔第4版〕』（有斐閣、2011）

荒木尚志『労働法〔第3版〕』（有斐閣、2016）

菅野和夫『労働法〔第11版補正版〕』（弘文堂、2017）

角田邦重ほか『新現代労働法入門〔第4版〕』（法律文化社、2009）

蓼沼謙一『蓼沼謙一著作集 第2巻 労働団体法論』（信山社、2008）

西谷敏『労働組合法〔第3版〕』（有斐閣、2012）

西谷敏ほか編『新基本法コンメンタール 労働組合法』（日本評論社、2011）

林和彦編著『労働法〔第2版〕』（三和書籍、2013）

水町勇一郎『労働法〔第7版〕』（有斐閣、2018）

第14章

浅倉むつ子ほか『労働法〔第4版〕』（有斐閣、2011）

荒木尚志『労働法〔第3版〕』（有斐閣、2016）

荘子邦雄『労働刑法（法律学全集42巻）』（有斐閣、1959）

角田邦重ほか『新現代労働法入門〔第4版〕』（法律文化社、2009）

蓼沼謙一『蓼沼謙一著作集 第3巻 争議権論（1）』（信山社、2005）

蓼沼謙一『蓼沼謙一著作集 第4巻 争議権論（2）』（信山社、2006）

西谷敏『労働組合法〔第3版〕』（有斐閣、2012）

林和彦編著『労働法〔第2版〕』（三和書籍、2013）

藤木英雄『可罰的違法性の理論』（有信堂、1967）

事項索引

あ行

ILO87号条約	173
足止め	151
斡旋	226
安全委員会	117
安全衛生委員会	117
安全衛生管理体制	116
安全衛生責任者	117
安全管理者	116
安全配慮義務	128
異議留保付き承諾	162
意見聴取義務	40
一部スト	223
一斉付与の原則	102
逸脱	127
一般女性保護	143
一般的拘束力	210
委任契約	19
違法性阻却説	217
威力業務妨害罪	220
請負契約	19,140,193
打切補償	155
衛生委員会	117
衛生管理者	116
応援	55

か行

解雇	150,153
戒告	46
解雇権濫用	156
解雇権濫用法理	153,156
解雇制限期間	155
解雇制限の適用除外	155
海上保安庁職員	171
下級管理職	193
拡張適用	210

確定給付企業年金	73
確定拠出年金	73
確認的規定	217
片面的雇用平等立法	133
科罰主義	186
下部組織	201
仮眠時間	99
過労死	123
環境型セクシュアルハラスメント	135
間接差別	133
管理運営事項	172
企業秩序	44,179,191
企業内交渉	201
企業別組合	170,207
危険負担	71,223
記載事項	91
規制緩和	86
偽装請負	140
規範的効力	39,204,206
規範の部分	206
器物損壊罪	220
義務的団交事項	188,202
客観的合理的理由	157
休暇闘争	111
休業手当	223
休憩時間	102
休憩時間中の組合活動	179
休日の振替	107
旧労働組合法	8
狭義の団結権	169
強行的効力	20,38,39,205
強行法規的効力	205
行政救済	184
行政訴訟	194
業務関連性説	122
業務起因性	121
業務執行性	136

業務上外認定	121
業務遂行	91
業務の繁閑	86
業務命令	54
業務命令権	54
協約自治	208
協約自治の限界	208
協約当事者	204
緊急命令	195
勤続給	68
勤労権	10
勤労者	10,169
組合規約	14
組合自治	176
組合民主主義	175
経営権の事項	203
計画年休	111
経済的政治スト	219
警察職員	171
刑事施設職員	171
刑事免責	11,168,217
継続勤務	108
継続雇用制度	163
経費援助	174,186
契約自由の原則	205
契約説	45
経歴詐称	46
決定権限	202
減給	47
現業公務員	172
健康管理時間	98
原状回復主義	186
原スト	219
譴責	46
限定的合憲論	173
権利の濫用	99
権利の濫用の禁止	59
言論の自由	190

事項索引 ■ 235

合意解約……………………152
合意原則……………………36
合意退職……………………150
公益委員……………………194
降格………………………47
交換的部分…………………221
公共職業安定所……………27
黄犬契約……………………185
工場事業場単位の一般的拘束
　力………………………210
工場法………………………3
構成要件該当性阻却説……217
高度プロフェショナル制度
　………………………97
高年齢者雇用確保措置……163
高年齢労働者………………163
公平委員会…………………172
衡平の原則…………………225
合理性………………………42
合理的な経路及び方法……125
合理的な労働条件…………37
国民全体の共同利益………173
国家………………………217
個別的合意説………………95
個別的労働法………………11
固有権説……………………45
雇用契約……………………18
雇用保障法…………………11

さ行

罪刑法定主義………………49
在籍出向……………………56
最低基準……………………207
最低基準効…………………38
最低賃金法…………………75
裁判規範性…………………184
債務的効力…………………206
債務的部分…………………206
債務不履行…………………217
採用内々定…………………31
裁量労働制…………………91
詐欺・強迫…………………152
作業主任者…………………116
錯誤………………………152

三六協定……………………86
産業医……………………117
産業別労働組合………4,207
産後休業…………………144
産前休業…………………144
自衛隊員…………………171
GHQ………………………8
資格審査…………………175
時間外労働………………93
時間単位の年休…………109
時季指定権………………110
指揮命令権………………54
支給日在籍条項…………73
事業計画…………………93
始業終業時刻……………87
時限スト…………………225
自社年金…………………73
自主性の要件……………174
辞職………………………150
施設管理権…………179,191
実労働時間………………84
私的自治…………………205
支配介入…………………186
司法救済…………………184
私法的効力………………185
社会自主法説……………206
社会的相当性……………157
週休制の原則……………105
従業員代表者……………94
就業関連性………………125
就業規則
　…13,36,38,39,40,41,156
自由設立主義……………175
従属労働…………………2
集団的労働法……………11
周知義務…………………41
周知性……………………42
自由利用の原則……102,111
授権説……………………206
主体的・創造的な労働……92
出勤停止…………………47
出勤日……………………108
出向………………………56
準委任……………………19
純粋政治スト……………219

順法闘争…………………216
傷害罪……………………220
試用期間…………………31
消極的団結権……………169
上限規制…………………94
使用者………………21,217
使用者委員………………194
使用者団体………………200
使用者の権利濫用………192
使用者の時季変更権……110
少数派組合………………212
情宣活動…………………179
上部団体…………………201
消防職員…………………171
職員団体…………………172
職業安定法………………11
職業性疾病………………122
職種別労働組合……………4
職能給……………………68
職能資格制度……………69
職場環境配慮義務………136
職場占拠…………………216
職務給……………………68
職務懈怠…………………46
所定労働時間………85,86,89
人事委員会………………172
人事院……………………172
人事考課…………………81
人身拘束…………………151
人身の拘束………………151
親睦会……………………94
心理的負荷による精神障害等
　に係る業務上外の判断指針
　………………………124
心理的負荷による精神障害の
　認定基準………………124
ストライキ………………216
ストレスチェック制度…119
成果主義賃金制度………69
政策説……………………184
清算期間…………………88
清算期間の上限…………90
政治スト…………………219
政治スト違法説…………219
政治スト合法説…………219

誠実交渉義務‥‥170,189,202
生存権‥‥‥‥‥‥‥‥‥‥3
生存権的基本権‥‥‥‥‥‥9
正当性‥‥‥‥‥‥‥‥218
正当なもの‥‥‥‥‥‥218
整理解雇‥‥‥‥‥‥‥157
税理士の業務‥‥‥‥‥‥92
生理日の就業‥‥‥‥‥145
セクシュアルハラスメント
　（セクハラ）‥‥‥‥46,134
積極的団結権‥‥‥‥‥169
絶対的必要記載事項
　‥‥‥‥‥‥‥40,88,156
絶対的平和義務‥‥‥‥208
責めに帰すべき事由‥‥223
全労働日‥‥‥‥‥‥‥108
総括安全衛生管理者‥‥116
争議権‥‥‥‥‥170,216
争議行為‥‥‥‥‥‥216
争議団‥‥‥‥‥‥169,201
相対的必要記載事項‥‥‥40
相対的平和義務‥‥‥‥208
相当因果関係説‥‥‥‥121
組織強制‥‥‥‥‥‥177

た行

対価型セクシュアルハラスメ
　ント‥‥‥‥‥‥‥‥135
代休‥‥‥‥‥‥‥‥‥107
怠業‥‥‥‥‥‥‥‥‥216
第三者委任禁止条項‥‥202
対象業務‥‥‥‥‥‥‥91
退職勧奨‥‥‥‥‥‥152
退職の意思表示‥‥‥‥152
退職の自由‥‥‥‥‥150
大日本労働総同盟友愛会‥8
脱退の自由‥‥‥‥‥176
タフト・ハートレー法‥190
団結権‥‥‥‥10,168,184
団結権保障説‥‥‥‥184
団結原理‥‥‥‥‥‥218
団結体‥‥‥‥‥‥‥200
団交応諾‥‥‥‥‥‥194
団交応諾義務‥‥170,188,202

団交拒否‥‥‥‥‥185,200
団交中心論‥‥‥‥‥219
団体交渉‥‥‥‥‥‥200
団体交渉権‥‥‥‥170,200
団体交渉の担当者‥‥‥202
団体交渉の当事者‥‥‥201
団体行動権‥‥‥‥‥216
治安警察法‥‥‥‥‥‥8
地域別最低賃金‥‥‥‥75
チェック・オフ‥‥‥180
中央労働委員会（中労委）
　‥‥‥‥‥‥‥‥‥194
中間管理職‥‥‥‥‥193
仲裁‥‥‥‥‥‥‥‥226
中断‥‥‥‥‥‥‥‥127
中途解約‥‥‥‥‥‥151
中立保持義務‥‥‥‥190
懲戒解雇‥‥‥‥‥‥48
懲戒権‥‥‥‥‥‥‥44
懲戒権の濫用‥‥‥‥48
懲戒事由‥‥‥‥‥‥46
懲戒処分の種類‥‥‥46
調整的相殺‥‥‥‥‥77
調停‥‥‥‥‥‥‥226
直律的効力‥‥‥‥20,38,39
賃金カット‥‥‥‥‥221
賃金支払義務‥‥‥‥224
賃金請求権‥‥‥‥‥221
賃金2分説‥‥‥‥‥221
定年‥‥‥‥‥‥‥‥162
手待時間‥‥‥‥‥‥85
転勤‥‥‥‥‥‥‥‥55
店社安全衛生管理者‥117
転籍‥‥‥‥‥‥‥‥56
転籍出向‥‥‥‥‥‥56
統括安全衛生責任者‥117
当事者性‥‥‥‥‥‥204
当事者の合意‥‥‥36,38
同情スト‥‥‥‥‥‥219
統制権‥‥‥‥‥169,177
同盟罷業‥‥‥‥‥‥216
登録制度‥‥‥‥‥‥172
特定最低賃金‥‥‥‥75
特例労働時間‥‥‥‥84
都道府県労働委員会（都道府

県労委）‥‥‥‥‥‥194
取消訴訟‥‥‥‥‥‥194

な行

二重派遣‥‥‥‥‥‥141
日常生活上必要な行為‥127
日本型雇用慣行‥‥‥‥69
任意的団交事項‥‥189,202
人間の尊厳‥‥‥‥‥3
ネガティブリスト方式‥142
年休の買い上げ‥‥‥112
年休の繰越‥‥‥‥‥112
年休の法的性質‥‥‥109
年休付与義務‥‥‥‥110
年功の賃金制度‥‥‥68
年齢給‥‥‥‥‥‥‥68
ノーワーク・ノーペイの原則
　‥‥‥‥‥‥‥‥‥221

は行

配置転換‥‥‥‥‥‥55
配転‥‥‥‥‥‥‥‥55
働き方改革‥‥‥‥‥90
バック・ペイ‥‥‥160,194
罰則‥‥‥‥‥‥‥‥95
パートタイム労働者‥‥138
パートタイム労働者の年休
　‥‥‥‥‥‥‥‥‥108
ハローワーク‥‥‥‥27
パワハラ‥‥‥‥‥‥46
反対給付‥‥‥‥‥‥223
被解雇者団体‥‥‥‥201
ピケッティング‥‥‥216
非現業‥‥‥‥‥‥‥172
PTSD（心的外傷後ストレス
　障害）‥‥‥‥‥‥146
ビラ貼り・ビラ配布
　‥‥‥‥‥‥‥179,180
不活動時間‥‥‥‥‥85
付随義務‥‥‥‥‥‥18
不当労働行為‥‥155,185,200
不当労働行為意思必要説
　‥‥‥‥‥‥‥‥‥187

事項索引 237

不当労働行為制度………184
部分スト………………223
不法行為…………203,217
プラス・ファクター説…190
不利益取扱い……………185
不利益変更………………208
フリーライド……………210
フルタイムパート労働者
………………………139
フレックスタイム制………88
プログラミング業務………92
平均賃金………47,153,160
変形週休制………………106
変形労働時間制……………86
変更解約告知……………161
包括的合意説………………95
法規範……………………205
暴行罪……………………220
法定労働時間………………84
法適合組合…175,185,194
報復的解雇………………154
法不適合組合……………176
ポジティブアクション…134
ポジティブリスト方式…142
保障的部分………………221
ポスト・ノーティス……194
母性保護…………………143

ま行

未組織労働者……………211
「みなし」労働時間………90
民事免責………11,168,217
民主性の要件……………176
免責規定…………………200
面接指導…………………119
専ら派遣…………………141

元方安全衛生管理者……117

や行

やむを得ない事由…137,154
唯一交渉団体条項………201
友愛会…………………………8
有期労働契約者…………136
有期労働契約の無期転換制度
………………………137
有利原則……………39,207
ユシ解雇…………………177
諭旨退職……………………48
ユニオン・ショップ協定
………………157,159,176
要式性……………………204
予告期間……………150,153
余後効……………………205
4週間単位…………………86

ら行

利益代表者………………174
履行不能……………………71
リボン闘争………………179
両面的拘束力……………207
例示疾病…………………122
連続労働日数………………88
労災保険の一人歩き……119
労使慣行……………………14
労使協定…………………14,87
労使協定代替決議…………92
労使対等…………………224
労使対等決定の原則………22
労組法上の「使用者」概念の
拡大………………192
労組法上の労働者………174

労働委員会………184,212
労働関係調整法………………9
労働基準監督官……………19
労働基準監督署……………19
労働基準法…………………9,19
労働基準法施行規則………13
労働基本権………200,216
労働義務……………………85
労働協約
………13,38,39,156,200,203
労働協約締結権…………172
労働協約の終了…………204
労働組合の自主性………192
労働契約…………13,18,39
労働契約の申込み義務…143
労働契約法…………………20
労働三権…………………168
労働三法………………………9
労働時間配分………………91
労働者………………………20
労働者委員………………194
労働者性の問題…………120
労働者派遣………………139
労働者派遣事業…………141
労働条件……………36,200
労働条件の不利益変更……41
労務指揮権…………………54
ロックアウト……………224

わ行

ワイマール憲法………………4
ワグナー法………………186
割増賃金……………86,92
割増賃金代替休暇…………96
割増賃金率…………………96

判例索引

昭和 28 年～40 年

最大判昭和 28.4.8 刑集 7-4-775
　〔国鉄弘前機関区事件〕……………… 173
最二小判昭和 31.11.2 民集 10-11-1413
　〔関西精機事件〕…………………………77
東京地判昭和 34.7.14 労民集 10-4-645
　〔大平製紙事件〕……………………… 214
最二小判昭和 35.3.11 民集 14-3-403
　〔細谷服装事件〕〔百選 69 事件〕……… 153
最大判昭和 36.5.31 民集 15-5-1482
　〔日本勧業経済界事件〕…………………77
最二小判昭和 38.6.21 民集 17-5-754
　〔十和田観光電鉄事件〕…………… 26,44
最二小判昭和 40.2.5 民集 19-1-52
　〔明治生命事件〕……………………… 222

昭和 41 年～50 年

東京地判昭和 41.3.31 労民集 17-2-368
　〔日立電子事件〕…………………………61
最大判昭和 41.10.26 刑集 20-8-901
　〔全逓東京中郵事件〕………………… 173
最三小判昭和 43.3.12 民集 22-3-562
　〔小倉電話局事件〕………………………73
最三小判昭和 43.4.9 民集 22-4-845
　〔医療法人新光会事件〕……………… 195
最大判昭和 43.12.4 刑集 22-13-1425
　〔三井美唄炭鉱労組事件〕…… 174,177,178
最三小判昭和 43.12.24 民集 22-13-3194
　〔弘南バス事件〕〔百選 94 事件〕……… 208
最大判昭和 43.12.25 民集 22-13-3459
　〔秋北バス事件〕〔百選 18 事件〕
　……………………………… 37,43,162
最二小判昭和 44.5.2 集民 95-257
　〔中里鉱業所労組事件〕……………… 178
最一小判昭和 44.12.18 民集 23-12-2495
　〔福島県教組事件〕………………………77

大阪地裁堺支判昭和 45.2.3 判時 586-94
　〔セントラル硝子事件〕…………………23
最二小判昭和 48.1.19 民集 27-1-27
　〔シンガー・ソーイング・メシーン事件〕
　……………………………………………78
最二小判昭和 48.3.2 民集 27-2-191
　〔白石営林署事件〕〔百選 41 事件〕
　………………………………… 109,111
最二小判昭和 48.3.2 民集 27-2-210
　〔国鉄郡山事件〕……………………… 109
最大判昭和 48.4.25 刑集 27-4-547
　〔全農林警職法事件〕〔百選 5 事件〕
　………………………………… 173,219
最大判昭和 48.12.12 民集 27-11-1536
　〔三菱樹脂事件〕〔百選 8 事件〕…23,27,32
最一小判昭和 49.7.22 民集 28-5-927
　〔東芝柳町工場事件〕………………… 138
最三小判昭和 50.2.25 民集 29-2-143
　〔陸上自衛隊八戸車両整備工場事件〕〔百選
　47 事件〕……………………………… 128
秋田地判昭和 50.4.10 労民集 26-2-388
　〔秋田相互銀行事件〕……………………23
最三小判昭和 50.4.25 民集 29-4-481
　〔丸島水門事件〕〔百選 98 事件〕……… 224
最二小判昭和 50.4.25 民集 29-4-456
　〔日本食塩製造事件〕………………… 157,177
最三小判昭和 50.11.28 民集 29-10-1698
　〔国労広島地本事件〕〔百選 84 事件〕
　………………………………… 177,178
長崎地大村支判昭和 50.12.24 労判 242-14
　〔大村野上事件〕……………………… 158

昭和 51 年～60 年

最一小判昭和 51.5.6 民集 30-4-409
　〔油研工業事件〕……………………… 193
最一小判昭和 51.5.6 民集 30-4-437
　〔CBC（中日放送）管弦楽団事件〕…… 181

最大判昭和 51.5.21 刑集 30-5-1178
〔岩手県教組事件〕 ……………… 173
最一小判昭和 51.7.8 民集 30-7-689
〔茨城石炭商事事件〕〔百選 26 事件〕 …… 25
東京地決昭和 51.7.23 判時 820-54
〔日本テレビ放送網事件〕 ……………… 58
最二小判昭和 51.11.12 判時 837-34
〔熊本地裁八代支部廷吏事件〕 ………… 121
最二小判昭和 52.1.31 労判 268-17
〔高知放送事件〕〔百選 71 事件〕 ……… 157
最大判昭和 52.5.4 刑集 31-3-182
〔全逓名古屋中郵事件〕 ……………… 173
最二小判昭和 52.8.9 労経速 958-25
〔三晃社事件〕 ……………………………… 74
最三小判昭和 52.10.25 民集 31-6-836
〔三共自動車事件〕 ……………… 128
最三小判昭和 52.12.13 民集 31-7-1037
〔富士重工業事件〕 ………………… 45
最三小判昭和 52.12.13 民集 31-7-974
〔電電公社目黒局事件〕〔百選 55 事件〕 … 45
大阪地決昭和 53.3.1 労判 298-73
〔大阪白急タクシー事件〕 ………… 209
大阪地決昭和 54.5.31 労経速 1025-5
〔横堀急送事件〕 ……………………… 155
最二小判昭和 54.7.20 民集 33-5-582
〔大日本印刷事件〕〔百選 9 事件〕 ……… 30
東京高判昭和 54.10.29 労民集 30-5-1002
〔東洋酸素事件〕〔百選 73 事件〕 ……… 158
最三小判昭和 54.10.30 民集 33-6-647
〔国鉄札幌運転区事件〕〔百選 87 事件〕
……………… 44, 45, 103, 179, 192
最三小判昭和 54.11.13 労タ 402-64
〔住友化学工業事件〕 ……………… 103
水戸地裁龍ヶ崎支判昭和 55.1.18 労経速
1056-21
〔東洋特殊土木事件〕 ……………… 155
横浜地判昭和 55.3.28 判時 339-20
〔三菱重工横浜造船所事件〕 ………… 107
最二小判昭和 55.5.30 民集 34-3-464
〔電電公社近畿電通局事件〕 ………… 30
最一小判昭和 55.7.10 労判 345-20
〔下関商教論退職勧奨損害賠償請求事件〕
〔百選 68 事件〕 ……………… 152
東京地判昭和 55.12.15 労民集 31-6-1202
〔イースタン・エアポートモータース事件〕

……………………………………… 55
最一小判昭和 55.12.18 民集 34-7-888
〔大石塗装・鹿島建設事件〕〔百選 49 事件〕
……………………………………… 128
最二小判昭和 56.2.16 民集 35-1-56
〔航空自衛隊芦屋分遣隊事件〕 ……… 127
千葉地判昭和 56.5.25 労判 372-49
〔日立精機事件〕 ……………………… 64
最二小判昭和 56.9.18 民集 35-6-1028
〔三菱重工業長崎造船所事件〕〔百選 96 事
件〕 …………………………………… 222
最一小判昭和 57.3.18 民集 36-3-366
〔此花電報電話局事件〕 ……………… 110
最三小判昭和 57.4.13 民集 36-4-659
〔大成観光事件〕〔百選 86 事件〕 ……… 179
最二小判昭和 57.9.10 労判 409-14
〔プリマハム事件〕 ……………… 197
最一小判昭和 57.10.7 判時 1061-118
〔大和銀行事件〕 ……………………… 73
最三小判昭和 58.4.19 民集 37-3-321
〔東都観光バス事件〕 ……………… 128
最一小判昭和 58.9.8 労判 415-29
〔関西電力事件〕〔百選 51 事件〕 ……… 45
最二小判昭和 58.9.16 労判 415-16
〔ダイハツ工業事件〕 ……………… 48
最二小判昭和 58.11.25 労判 418-21
〔タケダシステム事件〕 ……………… 37
最三小判昭和 58.12.20 労判 421-20
〔全逓新宿郵便局事件〕 ……………… 190
最三小判昭和 59.4.10 民集 38-6-557
〔川義事件〕 ……………………… 128
名古屋地判昭和 60.1.18 労民集 36-6-698
〔日本トラック事件〕 ……………… 209
最一小判昭和 60.3.7 労判 449-49
〔水道機工事件〕 ……………………… 71
最三小判昭和 60.3.12 労経速 1226-25
〔ニプロ医工事件〕 ……………… 74
最三小判昭和 60.4.23 民集 39-3-730
〔日産自動車（残業差別）事件〕〔百選 105 事
件〕 …………………………………… 191
東京地判昭和 60.5.27 労判 454-10
〔関西汽船事件〕 ……………… 201

昭和 61 年～64 年

最二小判昭和 61.7.14 労判 477-6
　〔東亜ペイント事件〕〔百選 61 事件〕
　　　　　　　　　　　　　　　　　……… 46,59
最一小判昭和 61.12.4 労判 486-6
　〔日立メディコ事件〕〔百選 79 事件〕… 138
最一小判昭和 62.2.26 労判 492-6
　〔阪神観光事件〕……………………… 193
最一小判昭和 62.4.2 労判 506-20
　〔あけぼのタクシー事件〕〔百選 76 事件〕
　　　　　　　　　　　　　　　　　…… 160
最二小判昭和 62.5.8 労判 496-6
　〔日産自動車（組合事務所）事件〕…… 191
最二小判昭和 62.7.10 民集 41-5-1202
　〔青木鉛鉄事件〕〔社保百選 60 事件〕… 128
最二小判昭和 62.7.10 民集 41-5-1229
　〔弘前電報電話局事件〕……………… 111
最二小判昭和 62.7.17 民集 41-5-1283・1350
　〔ノース・ウエスト航空事件〕〔百選 97 事件〕
　　　　　　　　　　　　　　　　　…72,223
最三小判昭和 62.9.18 労判 504-6
　〔大隈鐵工所事件〕〔百選 67 事件〕…… 152
最三小判昭和 63.2.16 労判 512-7
　〔大曲農協事件〕………………………37
最一小判昭和 63.7.14 労判 523-6
　〔小里機材事件〕………………………96

平成元年～10 年

大阪地決平成 元.3.27 労判 536-16
　〔澤井商店事件〕……………………… 152
札幌高判平成 元.5.8 労判 541-27
　〔札幌中央労基署長（札幌市農業センター）
　事件〕………………………………… 127
高松地判平成 元.5.25 労判 555-81
　〔倉田学園高松高校事件〕………………47
東京地判平成 元.9.22 労判 548-64
　〔カール・ツアイス事件〕〔百選 102 事件〕
　　　　　　　　　　　　　　　　　…… 189
最一小判平成 元.12.7 労判 554-6
　〔日産自動車（配転）事件〕………………58
最一小判平成 元.12.11 民集 43-12-1786
　〔済生会中央病院事件〕……………77,180
最一小判平成 元.12.14 民集 43-12-2051

　〔三井倉庫港運事件〕〔百選 82 事件〕… 177
最二小判平成 2.11.26 民集 44-8-1085
　〔日新製鋼事件〕〔百選 29 事件〕………78
最三小判平成 3.4.23 労判 589-6
　〔国鉄団交拒否事件〕〔百選 110 事件〕
　　　　　　　　　　　　　　　　… 195,203
最三小判平成 3.11.19 労判 599-6
　〔津田沼電車区事件〕〔百選 42 事件〕… 111
最一小判平成 3.11.28 民集 45-8-1270
　〔日立製作所武蔵工場事件〕〔百選 36 事件〕
　　　　　　　　　　　　　　　　　………95
東京地決平成 4.1.31 判時 1416-130
　〔三和機材事件〕………………………64
福岡地判平成 4.4.16 労判 607-6
　〔福岡セクシュアル・ハラスメント事件〕〔百
　選 16 事件〕………………………… 135,136
大阪地決平成 4.6.1 労判 623-63
　〔栄大事件〕…………………………… 155
最三小判平成 4.6.23 民集 46-4-306
　〔時事通信社事件〕〔百選 43 事件〕…… 111
東京地判平成 5.3.4 労判 626-56
　〔東京貯金事務センター事件〕………… 110
青森地判平成 5.3.16 労判 630-19
　〔青森放送事件〕……………………… 204
最一小判平成 5.3.25 労判 650-6
　〔エッソ石油事件〕〔百選 85 事件〕…… 180
最二小判平成 5.6.25 民集 47-6-4585
　〔沼津交通事件〕……………………… 113
福岡高判平成 6.3.24 労民集 45-1=2-123
　〔三菱重工長崎造船所事件〕………… 112
最二小判平成 6.6.13 労判 653-12
　〔高知県観光事件〕〔百選 38 事件〕……96
最三小判平成 7.2.28 民集 49-2-559
　〔朝日放送事件〕〔百選 4 事件〕…… 193,201
東京地決平成 7.4.13 労判 675-13
　〔スカンジナビア航空事件〕〔百選 74 事件〕
　　　　　　　　　　　　　　　　　…… 161
横浜地決平成 7.11.8 労判 701-70
　〔学校法人徳心学園（横浜高校）事件〕
　　　　　　　　　　　　　　　　　…… 152
最二小判平成 8.2.23 民集 50-2-249
　〔コック食品事件〕〔社保百選 66 事件〕… 128
最二小判平成 8.2.23 労判 690-12
　〔JR 東日本（本庄保線区）事件〕………55

最三小判平成 8 .3.5 労判 689-16
〔地公裁基金愛知県支部長（瑞鳳小学校教員）事件〕〔社保百選 53 事件〕………… 122
最三小判平成 8 .3.26 民集 50-4-1008
〔朝日火災海上保険（高田）事件〕
………………………………… 210,211
東京高判平成 8 .5.29 労判 694-29
〔帝国臓器製薬事件〕………………………60
最一小判平成 8 .9.26 労判 708-31
〔山口観光事件〕〔百選 52 事件〕………… 49
最一小判平成 8 .11.28 労判 714-14
〔横浜南労基署長（旭紙業）事件〕〔百選 1 事件〕………………………………………… 21
最二小判平成 9 .2.28 労判 710-12
〔第四銀行事件〕〔百選 20 事件〕…… 37,43
最一小判平成 9 .3.27 労判 713-27
〔朝日火災海上保険（石堂）事件〕〔百選 89 事件〕……………………………………… 209
津地判平成 9 .11.5 労判 729-54
〔三重厚生農協連合会事件〕…………… 136
東京高判平成 9 .11.20 労判 728-12
〔横浜セクシュアル・ハラスメント事件〕
…………………………………………… 135
大阪高判平成 9 .11.25 労判 729-39
〔光洋精工事件〕………………………… 81
福岡地裁小倉支決平成 9 .12.25 労判 732-53
〔東谷山家事件〕………………………… 55
大阪地判平成 10.8 .31 労判 751-38
〔大阪労働衛生センター第一病院事件〕
…………………………………………… 161
最一小判平成 10.9 .10 労判 757-20
〔九州朝日放送事件〕……………………58

平成 11 年～20 年

大阪地判平成 11.7 .28 労判 770-81
〔塩野義製薬事件〕………………………23
最一小判平成 12.3 .9 労判 778-8
〔三菱重工長崎造船所事件〕〔百選 33 事件〕
…………………………………………… 85
東京地判平成 12.3 .10 判時 1734-140…… 146
東京地判平成 12.4 .27 労判 782-6
〔JR 東日本（横浜土木技術センター）事件〕
…………………………………………… 87
最一小判平成 12.7 .17 労判 785-6

〔横浜南労基署長（東京海上横浜支店）事件〕
〔百選 45 事件〕………………………… 123
大阪地判平成 12.8 .28 労判 793-13
〔フジシール事件〕………………………60
最三小決平成 12.11.28 労判 797-12
〔中根製作所事件〕……………………… 213
最二小判平成 12.12.15 労判 803-5
〔熊本県教委事件〕……………………… 173
最二小判平成 12.12.15 労判 803-8
〔新潟県教委事件〕……………………… 173
最三小判平成 13.3 .13 民集 55-2-395
〔都南自動車教習所事件〕〔百選 88 事件〕
…………………………………………… 204
最二小判平成 13.6 .22 労判 808-11
〔トーコロ事件〕…………………………94
東京高判平成 14.2 .27 労判 824-17
〔青山会事件〕…………………………… 188
最一小判平成 14.2 .28 民集 56-2-361
〔大星ビル管理事件〕〔百選 34 事件〕
……………………………………… 85,87
広島高判平成 14.6 .25 労判 835-43
〔JR 西日本（広島支社）事件〕〔百選 35 事件〕
…………………………………………… 87
福岡高決平成 14.9 .18 労判 840-52
〔安川電機事件〕………………………… 154
東京高判平成 14.11.26 労判 843-20
〔日本ヒルトンホテル（本訴）事件〕… 162
最二小判平成 15.4 .18 労判 847-14
〔新日本製鐵（日鐵運輸第 2）事件〕〔百選 62 事件〕……………………………… 62,63
最二小判平成 15.10.10 労判 861-5
〔フジ興産事件〕〔百選 19 事件〕………… 45
東京高判平成 15.12.11 労判 867-5
〔小田急電鉄（退職金請求）事件〕〔百選 31 事件〕…………………………………… 74
水戸地判平成 17.2 .22 判時 1901-127…… 124
東京高判平成 17.6 .29 労判 927-67
〔東京・中部地域労働者組合事件〕…… 180
名古屋高判平成 18.1 .17 労判 909-5
〔山田紡績事件〕………………………… 158
最三小判平成 18.3 .28 労判 933-12
〔いずみ福祉会事件〕…………………… 160
最三小判平成 18.4 .18 民集 60-4-1548
〔安威川生コンクリート事件〕………… 225
最二小判平成 18.10. 6 労判 925-11

〔ネスレ日本事件〕〔百選 53 事件〕… 45, 49

最二小判平成 18.12.8 労判 929-5
　〔東海旅客鉄道事件〕……………… 193

東京高判平成 18.12.26 労判 931-30
　〔CSFB セキュリティーズ・ジャパン・リミ
　テッド事件〕…………………… 158

最二小判平成 19.2.2 民集 61-1-86
　〔東芝労働組合小向支部・東芝事件〕〔百選
　83 事件〕………………………… 176

東京地判平成 19.3.16 労判 945-76
　〔スカイマーク事件〕……………… 203

大阪高判平成 19.5.17 労判 943-5
　〔関西金属工業事件〕……………… 161

平成 21 年〜29 年

最二小判平成 21.12.18 労判 993-5
　〔パナソニックプラズマディスプレイ（パス
　コ）事件〕〔百選 81 事件〕…………… 140

福岡高判平成 23.3.10 労判 1020-82
　〔コーセーアールイー事件〕………………31

最三小判平成 23.4.12 労判 1026-27
　〔INAX メンテナンス事件〕〔百選 3 事件〕
　…………………………………… 181

最三小判平成 23.4.12 労判 1026-6

　〔新国立劇場運営財団事件〕…………… 181

京都地判平成 23.10.31 労判 1041-49
　〔エーディーディー事件〕………………92

最三小判平成 24.2.21 労判 1043-5
　〔ビクターサービスエンジニアリング事件〕
　…………………………………… 181

大阪高判平成 24.7.27 労判 1062-63
　〔エーディーディー事件〕………………92

東京高判平成 24.10.31 労経速 2172-3
　〔日本アイ・ビー・エム事件〕………… 152

最一小判平成 25.6.6 判時 2192-135
　〔八千代交通事件〕…………………… 113

札幌地判平成 25.12.2 労判 1100-70
　〔専修大学事件〕……………………… 158

最二小判平成 26.1.24 労判 1088-5
　〔阪急トラベルサポート（第 2）事件〕〔百選
　39 事件〕…………………………………90

東京高判平成 26.2.27 労判 1086-5
　〔レガシー事件〕…………………………92

最二小判平成 27.6.8 労判 1118-18
　〔専修大学事件〕〔百選 70 事件〕……… 156

津地決平成 28.7.25 労判 1152-26
　〔ジーエル（保全異議）事件〕………… 154

最二小判平成 29.7.7 労判 1168-49
　〔医療法人康心会事件〕…………………96

編者・執筆分担

新谷眞人（あらや　まさと）・・・・・・・・・・・・・・・・・・・・・・・・・はじめに、第1章、第11章
日本大学法学部　特任教授

執筆者（五十音順）・執筆分担

大山盛義（おおやま　せいぎ）・・・・・・・・・・・・・・・・・・・・・・・・・・・・第3章、第10章
日本大学法学部　教授

小俣勝治（おまた　かつじ）・・・・・・・・・・・・・・・・・・・・・・・・・・・・・・・・第6章
青森中央学院大学経営法学部　教授

滝原啓允（たきはら　ひろみつ）・・・・・・・・・・・・第12章、第13章、第14章
労働政策研究・研修機構　研究員

田中建一（たなか　けんいち）・・・・・・・・・・・・・・第7章、第8章、第9章
東洋大学ライフデザイン学部　非常勤講師

長谷川聡（はせがわ　さとし）・・・・・・・・・・・・・・第2章、第4章、第5章
専修大学法学部　教授

Next 教科書シリーズ 労働法［第 2 版］

2014（平成 26）年 2 月 15 日	初　版 1 刷発行	
2019（平成 31）年 2 月 15 日	第 2 版 1 刷発行	
2020（令和 2 ）年 3 月 30 日	同　　2 刷発行	

編　者　新　谷　眞　人

発行者　鯉　渕　友　南

発行所　株式会社　弘　文　堂　　101-0062　東京都千代田区神田駿河台 1 の 7
　　　　　　　　　　　　　　　　TEL 03（3294）4801　　振替 00120-6-53909
　　　　　　　　　　　　　　　　https://www.koubundou.co.jp

装　丁　水木喜美男

印　刷　三美印刷

製　本　井上製本所

©2019　Masato Araya. Printed in Japan

[JCOPY]〈（社）出版者著作権管理機構　委託出版物〉
本書の無断複写は著作権法上での例外を除き禁じられています。複写される場合は、
そのつど事前に、（社）出版者著作権管理機構（電話 03-5244-5088、FAX 03-5244-5089、
e-mail : info@jcopy.or.jp）の許諾を得てください。
また本書を代行業者等の第三者に依頼してスキャンやデジタル化することは、たとえ個
人や家庭内の利用であっても一切認められておりません。
ISBN978-4-335-00237-3

Next 教科書シリーズ

■好評既刊

授業の予習や独習に適した初学者向けの大学テキスト

（刊行順）

『心理学』［第3版］　和田万紀＝編
定価（本体2100円＋税）　ISBN978-4-335-00230-4

『政治学』［第2版］　吉野　篤＝編
定価（本体2000円＋税）　ISBN978-4-335-00231-1

『行政学』［第2版］　外山公美＝編
定価（本体2600円＋税）　ISBN978-4-335-00222-9

『国際法』［第3版］　渡部茂己・喜多義人＝編
定価（本体2200円＋税）　ISBN978-4-335-00232-8

『現代商取引法』　藤田勝利・工藤聡一＝編
定価（本体2800円＋税）　ISBN978-4-335-00193-2

『刑事訴訟法』［第2版］　関　正晴＝編
定価（本体2500円＋税）　ISBN978-4-335-00236-6

『行政法』［第3版］　池村正道＝編
定価（本体2800円＋税）　ISBN978-4-335-00229-8

『民事訴訟法』［第2版］　小田　司＝編
定価（本体2200円＋税）　ISBN978-4-335-00223-6

『日本経済論』　稲葉陽二・乾友彦・伊ヶ崎大理＝編
定価（本体2200円＋税）　ISBN978-4-335-00200-7

『地方自治論』［第2版］　福島康仁＝編
定価（本体2000円＋税）　ISBN978-4-335-00234-2

『憲法』［第2版］　齋藤康輝・高畑英一郎＝編
定価（本体2100円＋税）　ISBN978-4-335-00225-0

『教育政策・行政』　安藤忠・壽福隆人＝編
定価（本体2200円＋税）　ISBN978-4-335-00201-4

『国際関係論』［第3版］　佐渡友哲・信夫隆司・柑本英雄＝編
定価（本体2200円＋税）　ISBN978-4-335-00233-5

『労働法』［第2版］　新谷眞人＝編
定価（本体2000円＋税）　ISBN978-4-335-00237-3

『刑事法入門』　船山泰範＝編
定価（本体2000円＋税）　ISBN978-4-335-00210-6

『西洋政治史』　杉本　稔＝編
定価（本体2000円＋税）　ISBN978-4-335-00202-1

『社会保障』　神尾真知子・古橋エツ子＝編
定価（本体2000円＋税）　ISBN978-4-335-00208-3

『民事執行法・民事保全法』　小田　司＝編
定価（本体2500円＋税）　ISBN978-4-335-00207-6

『教育心理学』　和田万紀＝編
定価（本体2000円＋税）　ISBN978-4-335-00212-0

『教育相談』　津川律子・山口義枝・北村世都＝編
定価（本体2200円＋税）　ISBN978-4-335-00214-4

Next 教科書シリーズ

好評既刊

（刊行順）

『法学』［第3版］　髙橋雅夫＝編
　　　　　　　　　　定価（本体2200円＋税）　ISBN978-4-335-00243-4

『経済学入門』［第2版］　楠谷　清・川又　祐＝編
　　　　　　　　　　定価（本体2000円＋税）　ISBN978-4-335-00238-0

『日本古典文学』　近藤健史＝編
　　　　　　　　　　定価（本体2200円＋税）　ISBN978-4-335-00209-0

『ソーシャルワーク』　金子絵里乃・後藤広史＝編
　　　　　　　　　　定価（本体2200円＋税）　ISBN978-4-335-00218-2

『現代教職論』　羽田積男・関川悦雄＝編
　　　　　　　　　　定価（本体2100円＋税）　ISBN978-4-335-00220-5

『発達と学習』［第2版］　内藤佳津雄・北村世都・鏡　直子＝編
　　　　　　　　　　定価（本体2000円＋税）　ISBN978-4-335-00244-1

『哲学』　石浜弘道＝編
　　　　　　　　　　定価（本体1800円＋税）　ISBN978-4-335-00219-9

『道徳教育の理論と方法』　羽田積男・関川悦雄＝編
　　　　　　　　　　定価（本体2000円＋税）　ISBN978-4-335-00228-1

『刑法各論』　沼野輝彦・設楽裕文＝編
　　　　　　　　　　定価（本体2400円＋税）　ISBN978-4-335-00227-4

『刑法総論』　設楽裕文・南部　篤＝編
　　　　　　　　　　定価（本体2400円＋税）　ISBN978-4-335-00235-9

『特別活動・総合的学習の理論と指導法』　関川悦雄・今泉朝雄＝編
　　　　　　　　　　定価（本体2000円＋税）　ISBN978-4-335-00239-7

『教育の方法・技術論』　渡部　淳＝編
　　　　　　　　　　定価（本体2000円＋税）　ISBN978-4-335-00240-3

『比較憲法』　東　裕・玉蟲由樹＝編
　　　　　　　　　　定価（本体2200円＋税）　ISBN978-4-335-00241-0

『地方自治法』　池村好道・西原雄二＝編
　　　　　　　　　　定価（本体2100円＋税）　ISBN978-4-335-00242-7